圖說天下

中國大歷史

◎主編 童超

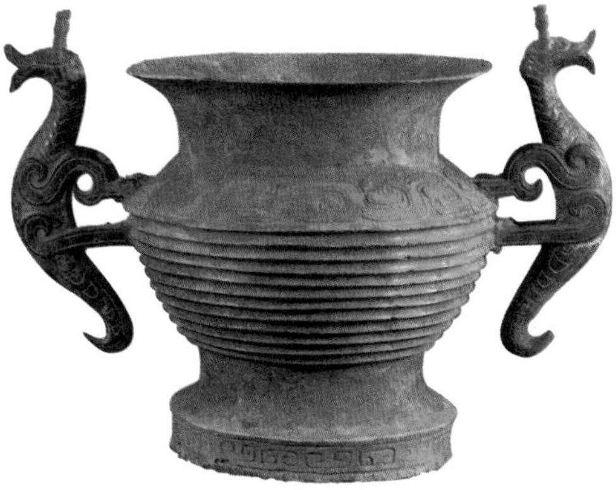

宮廷政變

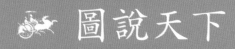

圖說天下

前言

在古代中國，無論王朝如何更迭，也無論天下是一統或者分裂割據，在傳統政治體制中，皇帝都是「總攬威權，柄不借下」的最高統治者，不僅擁有至高無上的政治權力，而且過著「後宮佳麗三千人」的奢靡生活。在平民百姓的心目中，「天高皇帝遠」，皇帝就像長空中的一顆巨星，可望而不可即。但在茫茫人海中總會有人懷揣可取而代之的美夢，覬覦著金光閃閃的寶座。

於是，權欲的爭奪戰——宮廷政變也就層出不窮。倉皇出逃而又戴冠而歸的周惠王，殺兄奪位、父死祕而不發的胡亥，幽殺漢帝的呂后，毒害親子嫁禍於人的女皇武則天，殺父救母的拓跋紹，殺弟藉機登帝位的拓跋嗣……上演了一幕幕充滿驚心動魄與刀光劍影的宮廷悲喜劇。

天子至尊，君臨四海，意味著至高無上的權力，而眞正地坐到這個寶座上，才明白這是一條充滿血淚的不歸路。那個寶座下掩藏著太多別人看不見的野心，爲此許許多多的人不惜拋妻棄子，殺父背兄，處心積慮，謀定策劃，也有許多人小心翼翼，裝瘋致病，明哲保身，他們或者成者王侯敗者寇，或者名不見史冊，沒有留下一絲痕跡。

在中國歷史中，幾乎每一段歷史都伴隨著瞬息萬變的如迷霧般的宮廷政變，有流血的，有不流血的，有成功的，也有失敗的。這裡沒有美好的理想，只有貪婪的野心。而那些想要打破所謂規矩、榮登大寶的人，往往擁有孤注一擲的冒險心理和淹沒了理智的慾望，明明知道這個變化要用生命作代價，但總是有人願意成爲那撲火的飛蛾，甘願投身於角逐權力的漩渦。而身處於這個漩渦裡的人就像一匹匹失控的野馬，兄弟鬥狠，手足相殘，父子結怨，上演著一部部驚心動魄的血淚史。至今，沙丘政變、巫蠱之禍、玄武門之變、陳橋兵變、奪門之變、祺祥政變依然在陳舊的歷史魔鏡中，散發著幽藍深邃的光芒。

隨著時光的遠去，那段帶著血腥氣味的歷史早已蒙上了灰塵，但當人們擦亮那面鏡子後，窺見那早已逝去的歷史，依然令人觸目驚心。

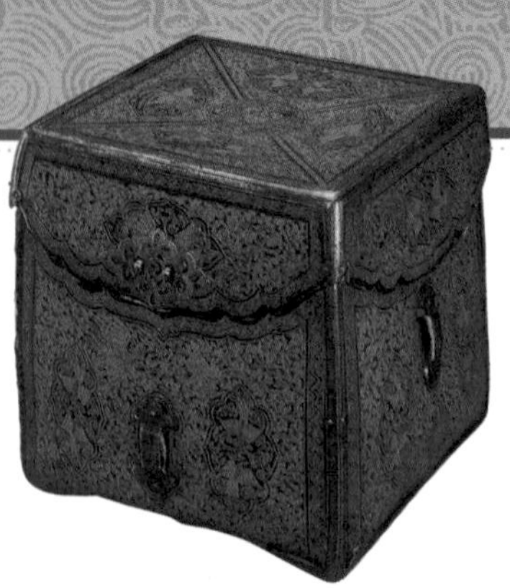

宮廷政變

目次

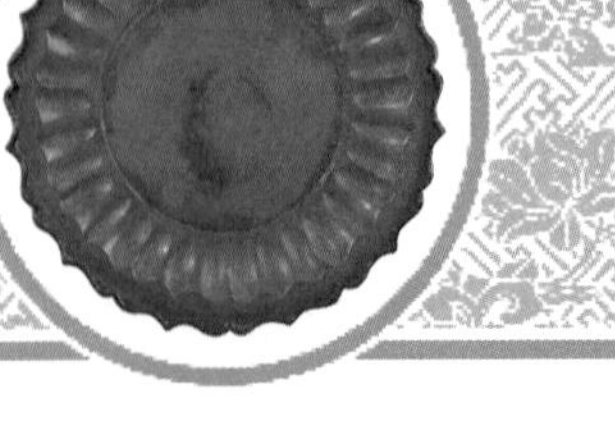

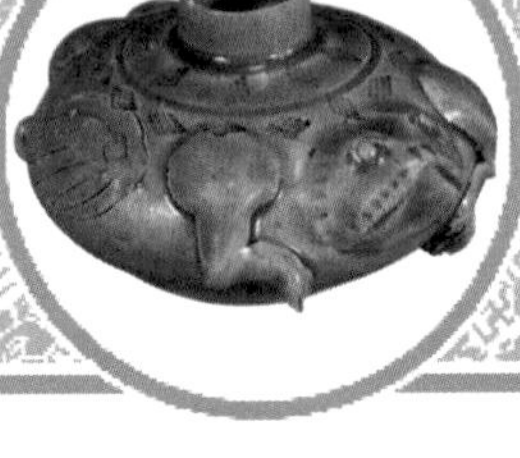

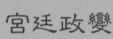

倉皇出逃的周惠王

周惠王二年（西元前六七五年）秋，大夫邊伯等人擁奉周莊王庶子穨發動叛亂，被周惠王姬閬擊敗出逃。沒過多久，王子穨就捲土重來，借助衛國、燕國、宋國軍隊攻入都城雒邑，惠王逃往鄭國，王子穨篡位為王。周惠王四年（西元前六七三年）春，鄭厲公和虢國國君率領聯軍討伐王子穨，王子穨被亂軍殺死於王宮，周惠王回到都城雒邑，重新登上王位。這次內亂，加速了周王朝的衰微。

周惠王逃亡鄭國

周惠王二年（西元前六七五年）冬，周惠王正帶領著狩獵隊伍在寂靜、廣袤的林野中縱馬馳騁，只聽得一聲大叫傳來：「休要讓周王逃跑！」話音未落，只見大夫邊伯等人率領千餘名兵士追來。惠王見此情景，心中大驚，急忙命令身邊隨從上前，護衛自己回城。就在他們快馬加鞭地往回趕時，遠遠看見前方的都城雒邑的城牆上已改換了旗幟，惠王心感不妙，便立刻掉轉馬頭，率領隨從往周王室領地外逃去。

惠王一行人先逃到溫地（今河南溫縣西南），稍事休整，怕後有追兵，又繼續向前奔逃。就這樣沒頭沒腦地奔跑了一天，惠王一行人來到一座城邑前，詢問門前衛兵：「這是何地？」衛兵答道：「這是鄭國的鄢城（今河南鄢陵縣）。」聞聽此言，惠王知道已到了安全地帶，不禁鬆了口氣。惠王連忙命周公忌父、召伯廖兩位大臣前去表明身分，守城士兵眼見周天子駕臨，趕忙打開城門，迎他們進城。到此時，灰頭土臉的惠王一行人才算安頓下來。

人們不禁要問，周王朝自開國以來，不是一直居於統治地位嗎？爲何周惠王才跑出三百里地就跑出了周王室的領地呢？這是因爲周王朝實行分封制，到了東周時期，出現了許多諸侯國，隨著大國爭霸，連年戰亂，加上戎狄不斷侵襲，周天子所轄的「王畿」（即領地），不斷遭受蠶食，到最後僅剩下都城雒邑附近方圓二百里的領地。周釐王三年（西元前六七九年），齊桓公開始稱霸，周天子對諸侯和軍事力量的掌控也日益衰微，空留了個天下「共主」的名號。

「子穨之亂」的眞相

這場史稱「子穨之亂」的政變，表面上看是大夫邊伯等人發動，但眞正的指使者和受益者是周莊王的庶子穨。子穨本是莊王姬佗的妾所生的庶子，但深受莊王的寵愛，莊王也有意在日後將王子穨推上王位，並將此事囑託大夫邊伯等人。不想繼承周莊王王位的周釐王姬胡齊死時，卻將王位傳給周惠王姬閬，大夫邊伯等人十分不滿，卻也無可奈何。

喜好遊獵行樂的惠王即位不久，爲擴張自己餵養野獸的獵場，就侵奪了大臣蔿國的園林。大夫邊伯等人見時機已到，就串通怨恨惠王的蔿國，勾結子穨準備發動一場針對惠王的宮廷政變。身爲惠王叔父的子穨對自己沒能如願登上王位早就耿耿於懷，見大夫邊伯等人找上門來，與他謀劃如何驅趕惠王，心裡自然是喜不自勝。

不久之後，某天夜裡，子穨命大夫邊伯等人帶領百名甲兵，強行撞開王宮大門，準備捉拿睡夢中的惠王。可是子穨等人沒有料到，惠王身邊的周公忌父、召伯廖兩位大臣早就注意到他們的異常舉動，得知他們的陰謀，早就安排衛兵千人埋伏在王宮兩側，只等著他們自投羅網。就在宮門被撞開的那一刻，埋伏的衛兵一擁而上，直擊準備捉拿惠王的甲兵。邊伯等人被打了個措手不及，見對方人多勢眾，匆忙中落荒而逃。邊伯等人逃到城外，與子穨商議下一步的打算。討論了之後，覺得可以利用衛國與周王國之間的恩怨，說服衛國派兵攻打惠王，逼惠王讓位。就這樣，他們連夜往衛國逃去。

睡夢中的惠王雖在當時被王宮內的喊殺聲驚醒，但直到第二天才知道是叔父子穨等人發動政變，只是他們

春秋．龍耳尊

高三十八．五公分，口徑三十五公分。大敞口，折肩，斜腹，圈足較高，形體較大。肩兩側鑄接有龍形雙耳，使器物更顯得雄偉。肩飾斜角雲紋，腹為橫條溝紋，圈足飾雷紋。現藏於上海博物館。

已逃往衛國，憤恨中也無可奈何。

此後，惠王未吸取教訓加強戒備，反而整天沉溺於遊獵玩樂。以致於周惠王二年（西元前六七五年）冬，被捲土重來的大夫邊伯等人召來的衛國、燕國、宋國軍隊趕出都城，子穨則如願以償地登上了王位。

子穨命喪安樂鄉

惠王一路奔逃，來到了鄭國的鄢城。鄭厲公得知後，立刻趕來迎接王駕，將惠王安置在別都櫟（今河南禹縣）。爲維護惠王的天子之威，鄭厲公還派人到周王室把惠王的日常生活用品搬來，供惠王享用。然而，惠王仍然終日悶悶不樂。

此時的子穨就不一樣了，整天在王宮裡歌舞昇平，和大夫們一道盡情地享受勝利果實。他們竟然在載歌載舞中使用天子的音樂，這可惹惱了鄭國、虢國的國君。

周惠王三年（西元前六七四年）某一天，鄭厲公和虢國國君會面，兩人商議了討伐子穨的計劃。周惠王四年（西元前六七三年）春，鄭厲公和虢國國君在弭（今河南密縣內）誓師討伐子穨。誓師禮完畢，鄭、虢聯軍即刻出發，快速向周王國推進。

此時的周王室，基本沒有可以用來戰鬥的軍隊，加上子穨和大夫們整天只知歌舞玩樂，早把軍隊防務拋到腦後。因而鄭、虢聯軍不費吹灰之力，就攻佔了都城雒邑。直到鄭、虢聯軍的兵士們闖進王宮時，子穨和大夫們的歌舞作樂聲還沒有停歇。兵士們上前，一把抓住子穨，砍下了他的頭顱。子穨手下的一干人，見子穨已死，立刻作鳥獸散，但大多數人還是未能從兵士們的刀下逃脫。

子穨一干人死後，惠王在鄭厲公和虢國國君的護送下，回到了都城雒邑，重新坐回了天子寶座。惠王爲了獎勵鄭厲公和虢國國君，將虎牢（河

春秋．蓮鶴方壺

壺體方形垂腹，肩附一對獸龍形耳，壺體四面又凸飾怪獸，遍體飾相互糾纏的夔龍紋。圈足以兩隻圓雕的伏虎承托。壺蓋四周繞立透雕仰蓮瓣，中央佇立一展翅伸頸的銅鶴，體姿生動，是春秋時期青銅藝術的佳作。

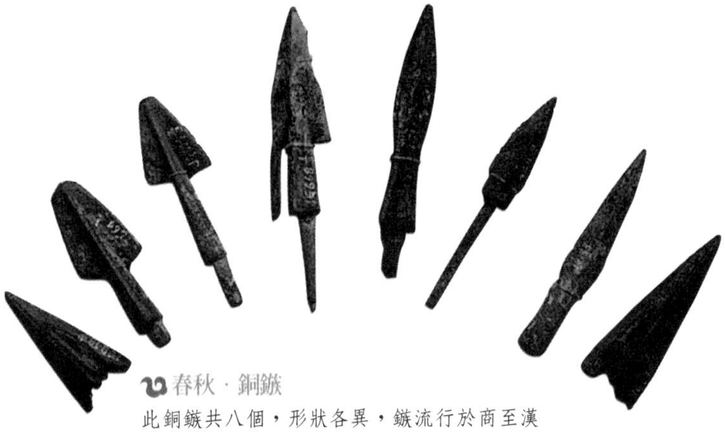

春秋．銅鏃

此銅鏃共八個，形狀各異，鏃流行於商至漢代，春秋時期出現了刃部為三角形的鏃。

南滎陽西北）以東的土地賜給鄭國，將酒泉（今陝西東部一帶）賜給虢國。

經過這場內亂的周王室，疆土進一步縮小，國力也更加衰微。不要說難以管控各諸侯國，就是自保也是勉爲其難。

周公吐哺，天下歸心

「周公吐哺，天下歸心」，來自曹操的〈短歌行〉，曹操藉此表達他求賢若渴的心情。周公姬旦，是周王朝開國天子姬昌的兒子，因其采邑在周，爵爲上公，被稱爲周公。周武王時，周公受封於魯。但周公並沒有離開朝廷前往封地，而是一直在武王左右輔佐。

武王死後，周公輔佐周成王料理朝政。但周公所處的攝政地位，又有悖於王位承襲中父死子繼的規則，引發周王室內部的政權爭奪，隨之形成反叛勢力。商朝的殘餘勢力見有機可乘，就蠢蠢欲動。沒過多久，這兩股勢力結合在一起發動叛亂，周王朝一下陷入腹背受敵的局面。周公帶兵平定了叛亂，但此時國家的禮制廢弛，周公害怕失去賢良之才，即使在洗頭時，也多次握著尚未梳理的頭髮，在吃飯時，也多次吐出尚未下嚥的食物，迫不及待地去接待賢人。

胡亥借刀殺扶蘇

秦始皇三十七年（西元前二一〇年）七月，嬴政病死在出巡途中。幼子胡亥為奪取皇位，借宦官趙高和左丞相李斯之手，擬矯詔賜死扶蘇，登上皇帝位，史稱秦二世。秦二世即位後，開始了比嬴政更加殘暴的統治，使大秦王朝加速滅亡。

秦王嬴政二十六年（西元前二二一年），嬴政掃平六國，結束了國內長期的戰亂，建立了中國歷史上第一個統一的中央集權王朝。天下初定，嬴政在大臣們的建議下，決定採用「皇帝」的稱號，自稱「始皇帝」，並決定自己死後皇位傳給子孫，後繼者沿稱二世皇帝、三世皇帝，以至萬世。秦始皇「家天下」的皇帝夢想從此開始。

嬴政病死出巡路上

秦始皇三十七年（西元前二一〇年），嬴政開始了第五次巡行，這也是他畢生最後一次出巡。臨行前，嬴政命右丞相馮去疾留守咸陽，左丞相李斯隨駕出巡。嬴政的小兒子胡亥也跟隨嬴政一起出巡。

一路走來，嬴政遊歷了雲夢、丹陽、錢塘等地，先後祭祀了虞舜、大禹、南海神，在會稽山立碑石頌揚秦王朝的功德。繼續前行，興致頗高的嬴政來到了琅琊，卻在這裡做了一個不祥之夢：他夢見自己和海神廝殺，但海神的樣子與常人無異。於是，嬴政就叫來了博士占夢，博士告訴嬴政：陛下已經恭敬地祭祀了上天神明，卻還有惡神扮作大魚蛟龍來攪擾，應該把牠除掉，好的神靈才能護佑您。嬴政聞聽此言，立即命人沿路射殺大魚。但此後一路之上，只有一條大魚被射殺。

到了平原津（今山西平原縣）的黃河渡口，嬴政病倒了。眼見著自己的病情一天天加重，嬴政意識到自己的生命爲時不多，開始認眞地考慮身後事，他向大兒子扶蘇寫了一封詔書：要他趕回咸陽以準備處理皇帝的後事。嬴政將封好的詔書交給中車府令（兼管皇帝玉璽印信）趙高，讓他盡快把詔書交到扶蘇手中，不想卻被心懷叵測的趙高悄悄地截留下來，沒有交給使者。

七月，巡遊到沙丘平台（今河北邢台）的嬴政，帶著終生所追求的長生不老夢想，去了另一個世界。

胡亥運籌皇帝夢

嬴政的小兒子胡亥，見父皇命已歸西，卻囿於皇位嫡長子繼承制的規則，有所求更有所忌。能當皇帝當然是他的夢想，但卻畏懼因此背上罵名甚至引來殺身之禍。

左丞相李斯，則出於國家安危的考慮，怕嬴政死在都城之外的喪信公布，引發諸皇子和地方勢力的叛亂，就把嬴政死亡的消息嚴密封鎖起來。李斯命令心腹將嬴政的遺體放在陰涼通風的車上，向嬴政生前那樣行事，該吃飯的時候奉上食物，有大臣啓奏的時候讓大臣站在車前稟報。

手握嬴政遺詔的趙高將胡亥的心思琢磨得一清二楚。有一天，趙高對胡亥說：「皇帝駕崩了，只爲長子扶蘇留下一封詔書，如果他一回咸陽，當上皇帝，那時你可是連立錐之地都沒有了。如今，天下的生殺大權全掌握在你、我和李斯手裡，你可要掂量清楚。」胡亥聞聽此言，故作驚愕狀：「父親的命令怎麼能違背，再者我做了不仁義的事，天下人會不服，我跟著遭殃不說，還可能禍及國家社稷。」趙高說：「你今日不做，日後一定後悔！只要敢於擔當，鬼神都會避之，但願你能下定決心！」胡亥於是就默許了趙高的提議。

胡亥要想順利登上皇位，還必須得到左丞相李斯的支持，說服工作理所當然地落到趙高身上。某一天，趙高找到李斯，說：「皇帝爲扶蘇留了一封遺詔，我還來不及發布，皇帝就駕崩了，並沒有其他人知道。如今寫給扶蘇的遺詔在胡亥手中，誰繼承皇位全由咱們掌握，你說怎麼做才好？」趙高話音未落，李斯就厲聲呵斥道：「這些亡國的話，不是你我做人臣的應當議論的！」趙高不以爲

秦始皇兵馬俑坑中出土的銅車馬

這輛車是立車，車箱為橫長方形，後面有門，車上有圓形青銅華蓋，傘下站立著佩劍的御官俑。

然，說道：「扶蘇繼承皇位，必定要讓與他親近的蒙恬當丞相。再說，你的才能、功勞比得過蒙恬嗎？你要做一個聰明人，這樣才不至於落得可悲的下場，讓人寒心。」李斯聽了，心念一動，就轉而聽命於胡亥、趙高。

聯盟既已結成，李斯就詐稱依照皇帝的詔書，立公子胡亥爲太子。接著，李斯又以嬴政的名義僞造了一封給扶蘇的詔書：「朕讓你和蒙恬鎮守邊關，十餘年卻沒有尺寸之功。不僅如此，你還數次上書誹謗我的所作所爲，怨恨我不讓你當太子，這是大不孝，今賜你寶劍以自裁！蒙恬與你在一起，不糾正你的過失，爲人臣不忠，一併賜死！」詔書寫好之後，胡亥便在上面加蓋璽印命人送給扶蘇。

扶蘇的下場

扶蘇是嬴政的長子，生來就有一副悲天憫人的慈悲心腸，他看不慣嬴政「焚書坑儒」的暴政，多次上書勸諫。嬴政認爲他生性軟弱，就讓他到上郡（今陝西榆林東南）做蒙恬的監軍。經過幾年的歷練，扶蘇愈發顯示出自己出色的指揮才能，加上他爲人謙遜，因此深得人心。

胡亥所派的使者很快就到了上郡，向扶蘇和蒙恬宣讀了秦始皇的「詔書」。扶蘇聽後眼淚立刻湧了出來，他回到屋內，準備舉劍自殺。蒙恬則對這份詔書的眞僞產生懷疑，他一把拉住扶蘇，說道：「陛下在外巡遊，從沒立過太子。他派你到邊關監軍，也是爲了鍛煉你，以便你日後能擔當國家重任。怎麼會突然下詔讓你自殺呢，誰能斷定其中沒有詭詐？你自己可要想清楚，不行的話向皇帝請示一下。」扶蘇則心灰意冷，認爲事情根本無法挽回，遂抽劍橫向自己的脖頸，只見一道血光閃過，扶蘇倒地斃命。老練的蒙恬當著使者的面，收拾好扶蘇的屍體，凜然說道：「沒有見到皇帝，我絕不糊塗地死去！」使者沒有辦法，也不敢再逼，就叫人把他看管起來。

胡亥一聽到扶蘇自殺的消息，喜不自禁。但嬴政死亡的消息，胡亥在回到咸陽後才敢對外公布；同時，擇吉日即位，是爲二世皇帝。而爲他賣命的李斯，則在事成之後遭到趙高的

秦．彩繪獸首鳳形勺

器高十三．三公分，湖北雲夢睡虎地出土。此器將實用的木胎漆勺與神奇的鳳鳥造型合為一體。

皇帝名號的由來

秦朝以前，國家的最高統治者大都稱為「王」。嬴政掃滅六國、平定天下以後，認為自己建立了亙古未有的功業，「王」這種稱號不足以顯示他的尊崇地位，就讓大臣們來議定名號。丞相王綰、廷尉李斯等人建議：「過去的五帝管轄之地只有區區千里，之外則是諸侯的天下，天子根本無法控制。而今，天下土地莫不屬於您，這是自古以來從來沒有過的，因此我們覺得可以採用三皇（天皇、地皇、泰皇）中最尊貴的稱號泰皇作為您的尊號。」嬴政還是覺得不理想，就以自己「德高三皇，功過五帝」為理由，自稱「始皇帝」。同時，他命後世子孫沿稱二世、三世以至無窮世，夢想大秦王朝能永存於人世。

一再排擠。胡亥鑒於李斯曾參與了沙丘之謀，還親手擬矯詔殺死扶蘇，就在秦二世二年（西元前二〇八年）七月，以李斯與他的兒子李由謀反的罪名，將李斯在咸陽的鬧市裡腰斬。李斯死後，趙高當上了左丞相，將大權攬於一身。

胡亥當上皇帝才沒幾天，便大興土木，繼續建造富麗堂皇的阿房宮，以致人民的賦稅愈來愈重，徭役無止無盡。不僅如此，胡亥還變本加厲地實行更加殘暴的統治，施行嚴酷的刑罰。官逼民反，各地受壓迫的人民沒有活路，只得揭竿而起反抗秦帝國的暴政。陳勝吳廣起義——史上第一次大規模的民變就是在這種大背景下爆發而生。

秦始皇陵
位於西安市臨潼區東驪山北麓，建於秦王政元年至秦始皇帝三十七年（西元前二四六年至西元前二一〇年），歷時三十六年，是中國第一個規模比較完整的帝王陵墓，現存陵塚高七十六公尺。

萬世皇帝成一夢

胡亥篡取了皇位後，卻絲毫沒想過大秦的萬世江山該如何維繫，而是整天縱情於享樂。胡亥曾發出這樣的感慨：「人生在世，時光轉瞬即逝，如果不在有生之年把握時間吃喝玩樂，那活著還有什麼意義！」爲滿足其窮奢極欲的生活，胡亥肆無忌憚地加重人民的賦稅徭役，逼得人民走投無路只得揭竿而起反抗其暴政。

翦除異己

埋葬了始皇帝嬴政，胡亥以郎中令的高位犒賞趙高，李斯則繼續擔任左丞相。但胡亥心裡還是不安，畢竟他的皇位來路不正，難保不引起皇室成員、朝中老臣的懷疑，於是就盤算著如何剷除身邊懷有二心之人。首當其衝的就是蒙毅、蒙恬兄弟，二人不僅手握重兵，在朝中威望頗高，而且爲人老練，最能看穿他的篡位假戲，尤其是蒙恬在上郡時不僅自己拒絕自殺還勸阻扶蘇拒絕自殺，對自己的皇位構成嚴重威脅。

子嬰得知後勸諫道：「蒙家世代都是國家的砥柱，如果陛下把他們殺掉而讓小人得勢，只會導致忠臣良將對國家喪失信心，無異於亡國之舉。」胡亥哪裡聽得進子嬰的話，先後威逼蒙毅、蒙恬自殺。蒙恬臨死前悲憤地說：「我們蒙家爲創立秦國立下汗馬功勞，卻落得如此下場！」

隨後，想在朝中一手遮天的趙高斗膽上奏胡亥：「陛下要維繫皇帝尊貴的地位，最好是身居深宮，既避免在臣子面前暴露弱點，又增加了神祕感，陛下的威儀自然就會顯現。」胡亥深以爲然，自此以後不再上朝，也不再見大臣，專心在宮中享樂。左丞相李斯卻是焦頭爛額：陳勝、吳廣發動叛變燒得大秦遍地烽火，關東豪傑亦聞風而動，使得國家陷入危機四伏的境地。李斯想要面奏胡亥決斷，卻不得其門而入，簡直要急瘋了。

趙高得知後，主動找到李斯：「如今匪徒猖獗，皇帝又懶於理政，只是我地位低賤沒辦法勸阻，只有丞相能擔當勸諫皇帝的重任。」李斯歎道：「皇帝整日住在宮中不露面，我如何面奏？」趙高說道：「丞相是爲國家請命，我願意鼎力相助。」爲此李斯感激涕零，連連向趙高道謝。過幾天，趙高故意藉著胡亥玩得正興起之時，派人通知李斯進宮。胡亥心中掃興，卻又礙於丞相的面子不能不接見。如此三番五次，氣得胡亥破口大罵：「我平日裡有時間他不來，專挑我玩興正濃的時候來搗亂，不是明擺著要欺侮我？」趙高乘機火上澆油：「當初沙丘謀變時，他沒有得到多少好處，心裡自然怨恨。」胡亥覺得趙高說得有理，就命他把李斯抓起來審問。趙高威逼著李斯承認自己和兒子有謀反之舉，李斯哪肯承認這捏造的罪名。趙高就用動刑，李斯在挨了一千多棍棒後熬不住了，按著趙高的意思招供畫押。看到李斯的罪狀，胡亥對趙高的感激之情溢於言表：「要不是你把這個叛賊揪出來，恐怕國家都要跟著遭殃！」說完就命人把李斯腰斬於咸陽市中，夷三族，同時讓趙高接替左丞相的位子。

血洗宮廷

胡亥生性暴虐多疑，除了猜忌大臣，就連身邊親近之人也難以讓他放心，即使晚上睡覺也時常夢見自己被奪去了皇位。趙高揣摩透了胡亥的心思，說道：「要穩坐寶座，就得用最血腥的手段肅清宮廷，不讓任何人有非分之想。」胡亥立即將殺戮之刀指向兄弟姐妹。將閭兄弟三人平日裡都本本分分，胡亥實在找不出他們的罪過，但還是要處死他們。將閭兄弟三人見無可挽回，只能抱在一起痛哭訣別，然後仰天長歎：「蒼天啊！只有你能證明我們的清白，爲什麼還要眼睜睜地看著我們被逼死！」

如此，還倖存於世的皇室成員無不惶然，因爲殺戮還在繼續。胡亥的哥哥公子高，見這麼多兄弟姐妹都死於非命，知道大禍遲早要降臨在自己頭上。於是，公子高請求胡亥允許他爲始皇帝殉葬。胡亥被這種另類的請求弄得摸不著頭腦，就找來趙高商議，趙高看過奏章高興地說：「恭喜

秦·馭手俑

陛下，他們每天都惶恐不安，根本沒時間考慮犯上作亂之事，陛下可以高枕無憂了！」胡亥聞之大喜，批准了公子高的請求，還特別賞賜給他家人十萬錢的喪葬費。

胡亥不知道，他翦除朝臣、血洗宮廷的行爲，不僅不能讓他高枕無憂，而且還要把他逼到萬劫不復的絕境。同時，趙高也加緊了奪權的步伐，大量任用家人親信掌控朝政，完全架空了渾然不知的二世皇帝胡亥。

秦・鬥獸紋鏡

搖搖欲墜

秦二世三年（西元前二〇七年）七月，項羽在鉅鹿（今河北平鄉縣境內）擊潰了章邯率領的秦軍。隨後，通往咸陽的咽喉要道武關（今陝西商南縣境內）被劉邦打通。消息傳到咸陽，聞之者無不驚恐，只有胡亥還安然地在宮中享樂。

有一天，胡亥感覺身邊的人都神色慌張，還有人在交頭接耳，就附上去偷聽。這一聽之下把胡亥嚇得打了個寒顫：章邯戰敗、武關失守！胡亥猛地上前拉住竊竊私語之人厲聲問道：「這是眞的嗎？」他們見瞞不住，就戰戰兢兢地說：「咸陽城裡人人皆知，只有陛下被蒙在鼓裡！」胡亥急命人去傳趙高進宮。不到一刻，趙高哭喪著臉進來，對胡亥吐苦水：「我身爲丞相，朝中的事都顧不過來，還要伺候陛下，哪顧得上領兵打仗的事！再者，即使章邯戰敗，我們泱泱大秦還有這麼多將軍，還愁沒有人去征討匪徒！」胡亥看到趙高竟說得慷慨激昂，不由得放下心來。趙高見危機解除，馬上說道：「章邯手下有三十萬大軍，竟然打不過一群匪徒，可見他多麼無能！請陛下允許我派人去查辦。」胡亥不假思索，答應了趙高的請求。

等趙高派去的人一到章邯營帳，章邯就知道自己在胡亥那裡已沒有活路，索性領著二十萬人馬投降了項羽，被項羽封做了雍王。此前被嬴政掃滅的六國王室子弟，見機紛紛稱王並號召追隨者攻打咸陽。事關大秦的存亡，胡亥再沒心思在後宮享樂，也不敢再輕信趙高的話，每每前方傳來秦軍戰敗的消息，對胡亥來說都無異於一場噩夢。

某日，胡亥再也受不住煎熬，派侍從去質問趙高：「當初你口口聲聲說匪患不過是一群烏合之眾，但如今他們卻要攻入咸陽，你說說何以至此！」趙高見胡亥興師問罪，怕惹禍上身稱病躲避胡亥，暗地裡與就要攻入咸陽的劉邦接觸，打算用投降換取在關中稱王的機會。同時，趙高謀劃著先發制人剷除胡亥，以掌握完全的主動。某日，趙高把自己的女婿咸陽令閻樂和兄弟郎中令趙成叫到一塊，說道：「皇帝昏聵，才造成今天這種不堪的局面，卻打算把我們當代罪羔羊，不如我們進宮殺了他另立賢德的子嬰爲帝，一定能得到人民的擁戴。」議定方案後，趙高等人決定即刻行動。

生吞苦果

當天，趙成先按照計劃來到胡亥所住望夷宮，並偷偷地散布謠言：山東匪徒打來了！見謠言在人群中散開，趙成裝作慌張的樣子報告胡亥，請求胡亥派咸陽令閻樂率領衛戍軍隊迎敵。胡亥臉都被嚇得慘白：「快快去傳詔呀！」這時趙高已命令家奴扮作義軍把閻樂的母親劫持到趙高府第。閻樂就以追擊義軍的名義率領千名軍士向望夷宮殺來。衝至宮門口，閻樂大吼道：「匪徒已闖進宮中，你們爲何還傻站在這裡！」守衛宮門的官員感覺匪夷所思：「不可能呀，我們一直守衛著宮門，哪有什麼匪徒進去！」閻樂哪容他們爭辯，下令軍士們見人就殺，不留半個活口。頃刻間宮門口血肉橫飛，慘叫聲四起。

隨即，閻樂衝進了宮中，同樣是見人就殺，並與接應他的趙成會合。待他們進了寢宮，胡亥已狼狽不堪地癱坐地上，聲嘶力竭地呼喊侍從前來護駕，可憐半天才來了一個宦官。胡亥似乎如夢方醒，大聲質問宦官：「平日裡你爲何不提醒我，以致落得今天這步田地！」宦官回道：「以前我敢跟陛下說實話嗎？如果那樣我早被你殺了，還能活到今天！」胡亥被說得啞口無言，可一切都悔之晚矣！閻樂走到胡亥跟前，厲聲喝道：「你荒淫驕奢、濫殺無辜，弄得天下人都痛恨你，你說該怎麼處置！」胡亥還對趙高抱著一絲幻想，就央求閻樂：「能否讓我見一下丞相……」胡亥話還沒說完，就被閻樂厲聲打斷：「不行！」胡亥有些喪氣，但又不甘心，又厚著臉皮言道：「那我主動退位，日後讓我做一個郡王，總可以吧？」

秦·鹿紋瓦當

秦·陶俑

秦始皇陵出土的兵馬俑可以用三個字來概括：大、多、真。出土了軍俑、鎧甲俑、跪射俑、騎兵俑、武士俑、車兵俑、弓弩俑、馬俑等，其大小、面貌如真物，大氣磅礴。

閻樂冷冷地說：「不行！」胡亥又退一步：那就讓我做萬戶侯，再無他求！」見閻樂鐵青著臉不理，胡亥就只想保命了：「給我留一條活路，就讓我和妻兒做平民百姓。」說完，胡亥眼巴巴地看著閻樂。閻樂眼露凶光，氣勢洶洶地用刀指著胡亥的鼻子：「我今天是奉了丞相的命令爲天下除掉你這個暴君。任憑你說得天花亂墜，我也不會把你的話轉告丞相。因此，我勸你還是自行了斷！」胡亥知道沒有退路，只能拔出佩劍割斷脖頸。就這樣，年僅二十三歲的荒唐君王，帶著無限的悔恨離開了人世。

萬世成一夢

趙高聽到胡亥斃命的消息欣喜若狂，拿著傳國玉璽想登基做皇帝，但是傳令下去竟然沒有一個大臣願意進殿擁立他。最後趙高只好跑出宮殿，宣布擁立子嬰的決定：「胡亥自知天下人都怨恨他，就自殺了！國家不能一日無君，子嬰一向仁厚，足以擔當大任。」趙高見沒有人反對，又說：「秦國以前也是諸侯國，後來始皇帝統一天下，才改尊號爲皇帝。如今，天下紛亂，六國復立，秦國的疆土也愈來愈小，如果還架著皇帝的名號，難免讓他人恥笑，不如就恢復以前秦王的稱號。」

按照當時的禮制，皇帝即位前要齋戒沐浴五天，然後才能到太廟舉行登基大典。深知趙高爲人的子嬰就在齋戒期間與兩個兒子計議：「二世皇帝分明是被趙高逼死，只是他怕引起公憤才把我抬出來做傀儡。而且還有

成語「指鹿為馬」的由來

胡亥當上二世皇帝後，整天只顧享受玩樂，把朝政一股腦拋給左丞相趙高。後來，權欲熏心的趙高試圖造反，卻怕群臣不服，就當著朝臣的面獻給胡亥一隻鹿，說：「這是馬！」胡亥笑著說：「丞相說錯了吧，這是鹿！」趙高就問大臣們：「這是什麼？」多數大臣為討好趙高，就隨聲附和說：「是馬！」只有幾個正直的大臣厭惡趙高的跋扈，說這明明是鹿。可是他們人少言寡，以致連胡亥都不敢相信自己，甚至以為自己得了怪病。沒過幾天，趙高就找藉口把說真話的那幾個大臣殺了。其他大臣聞之無不噤若寒蟬，再也不敢與之對抗。後來，人們就用「指鹿為馬」比喻故意顛倒黑白，混淆是非。

傳言說他與楚人密謀要滅了秦國然後在關中稱王，他分明是想藉我去太廟的機會剷除我。與其這樣，還不如我們先動手殺了他。」眼看就到了子嬰即位的那一天，趙高領著大臣們在太廟中等候，卻左等右等不見子嬰的人影。趙高急了，就命人去催促子嬰。不一刻派去的人回報說：「子嬰染了疾病，恐怕不能來舉行登基大典。」

趙高聽後異常惱怒，但登基大典不能不進行，於是趙高決定親自去請子嬰。一到子嬰居所，趙高就斥責道：「這麼重要的事情，公子怎能不去？」只見子嬰一改往日的懦弱，拔出佩劍直向趙高的心窩刺去。猝不及防的趙高後退兩步想轉身逃跑，卻見埋伏四處的武士手持利刃團團圍住自己，大叫一聲：「不好！」立即被武士們砍倒在地剁成肉泥。

大臣們聽聞趙高已死，無不感到心中大快，一心擁立子嬰登上王位。但是子嬰即位僅有一個多月，劉邦就率領大軍兵臨咸陽城下，無兵可用的子嬰只得用繩套住脖子出城投降。劉邦將子嬰囚禁起來，不久項羽進入咸陽殺了子嬰，使得始皇帝嬴政的萬世江山夢徹底破滅。

秦・雲紋玉杯

杯高十四・五公分，口徑六・四公分，陝西西安阿房宮遺址出土。玉杯深腹圓筒形，上闊下狹，下有豆形矮足。杯外壁雕琢精細，口下飾一周以柿蒂紋為中心的裝飾圖案，其下壁面滿布勾連雲紋。

呂后幽殺漢少帝

漢惠帝七年（西元前一八八年），惠帝劉盈憂鬱而終，（前）少帝劉恭即皇帝位，高祖劉邦結髮妻呂后臨朝稱制。少帝劉恭得知其生母為呂后所扶持的孝惠皇后等人所害，心生怨恨。呂后怕劉恭日後生亂，就廢殺他另立劉弘為帝，史稱（後）少帝，呂后全面掌控皇權。

「大風起兮雲飛揚，威加海內兮歸故鄉，安得猛士兮守四方。」漢高祖十二年（西元前一九五年），漢高祖劉邦回到闊別已久的家鄉，寫下這首《大風歌》，用以表達大漢帝國將永遠雄立天下的豪邁情懷。但是，他死後沒幾天皇權就被呂后掌控，驚心動魄、鉤心鬥角的皇權之爭從幕後走向前台，充斥在皇宮內外。

呂后其人

呂后，本名呂雉，是高祖劉邦的結髮妻子。呂后本是秦時單父縣（今山東單縣）人，因父親呂公躲避仇家追殺而隨父親來到沛縣（今江蘇沛縣），認識了落魄中的劉邦。不久，兩人結爲夫妻，呂后爲劉邦生了一對兒女：後來成爲惠帝的劉盈和女兒魯元公主。

劉邦做了漢王之後，得到一個美人戚姬，劉邦對其萬分寵愛，封其爲夫人。不久，戚夫人爲劉邦生下了一個兒子取名如意。劉邦十分喜愛這個兒子，時常對人說這個兒子像自己。母以子貴，戚夫人的權欲之心隨著這個兒子的誕生愈加膨脹。可是皇后呂雉已生有一子，按正常情況日後皇位必定落不到自己兒子身上。戚夫人開始打起算盤，她利用和劉邦在一起的機會，不停地挑唆，試圖讓劉邦廢掉太子劉盈，立自己的兒子如意爲太子。劉邦出於對戚夫人的寵幸，加上太子劉盈生性柔弱，全然不像自己，就起了廢太子之心。

劉盈的太子之位岌岌可危，呂后便找到張良尋求幫助。張良獻計說：皇帝相當看重「商山四皓」（隱居深山的四位高賢：東園公、綺里季、夏黃公、甪里先生，因避秦亂世而隱居商山，採芝充飢，四人年皆八十多歲，鬚眉皓白，世稱為商山四皓），卻一直沒能請下山來，原因是這些人認為皇帝對臣下太過傲慢。假如你們能把商山四皓請下山來輔佐太子，讓他們時常伴太子左右。等皇帝知道了這件事，情況可能會有轉機。呂后就按照張良的計策行事，派人帶著太子的親筆信和厚禮去拜訪商山四皓，這四人竟然全部奉詔來到太子跟前。

在一次宴會中，劉邦發現了這四個人，感到很驚異，問道：「我請你們那麼多次，你們都不肯出山，為何現在來到我兒子身旁？」商山四皓答道：「你輕視讀書人，我們害怕受辱才沒敢到你身邊；太子則不一樣，他愛護讀書人，天下明事理的人都願意為他效力，所以我們就來了。」劉邦聽後，萬分慚愧，為這四個人敬酒：「請你們一定好好輔佐我的兒子。」從此，劉邦絕口不提廢立太子之事。

保住了太子之位，呂后的地位也更加鞏固。呂后為人殘忍而有謀略，先後幫劉邦翦除多名異姓諸侯王，是劉邦坐穩天下的得力助手。漢高祖十一年（西元前一九六年）春，淮陰侯韓信謀反，呂后聯合蕭何將其誅殺。不久，呂后又以梁王彭越謀反，將其誘回長安誅殺，並滅其族。

劉邦死後，呂后開始全面掌權，相繼重用蕭何、曹參、王陵、陳平、周勃等人，實行休養生息的政策，為漢帝國的昌盛奠定了基礎。

少帝劉恭的身世

後來成為少帝的劉恭，本來是宮

明．漢殿論功圖

此圖取材於「漢殿論功」的典故。全圖用精謹的筆法描繪植滿奇花珍木的宮院裡，漢高祖劉邦端坐於巨大屏風前，威嚴的武士守候一側，大臣們進諫、聽朝，井然有序。

中一個不知名的美人所生。宣平侯張敖的女兒張嫣被呂后看中封爲孝惠皇后後，一直沒有生下兒子，心裡頗爲著急。情急之下，孝惠皇后假裝懷下身孕，並暗中物色合適的嬰孩來矇混過關。不久，孝惠皇后就在呂后的縱容下，奪下宮中一位美人剛出生的兒子，取名恭，假稱爲自己所生。爲了守住這個祕密，孝惠皇后乾脆一不做二不休，殺掉劉恭的生母。此後，劉恭就被當做惠帝劉盈的兒子，並被立爲太子。

呂后的兒子劉盈當上皇帝後，不怎麼治理朝政，國家的重大決策幾乎全由呂后代爲做出。呂后爲翦除異己，用毒酒殺死了趙王如意；隨後，呂后又向如意的母親、劉邦愛妃戚夫人下毒手。呂后派人砍掉戚夫人的手足，挖出她的雙眼、燒掉她的耳朵，再命人給她灌下啞藥，把她丟入廁所中，稱呼她爲「人彘（豬）」，任憑她在廁所中掙扎。這還不夠，呂后在過了些時日後，命人把這個消息告訴劉盈，劉盈看到這幅慘狀，不禁大哭，從此沉溺於飲酒淫樂，徹底不問朝政。

身爲太子的劉恭漸漸懂事，呂后的殘暴作爲一天天充斥著他的耳朵和眼睛。而皇帝劉盈的身體每況愈下，終於在漢惠帝七年（西元前一八八年）八月十二日抑鬱而終。

劉恭禍起怨言

或許呂后從來就沒有把劉恭看在眼裡，劉盈一死，馬上面臨著新皇帝即位，呂后也爲自己和呂家的前程憂慮。侍中張辟彊（留侯張良之子）看出端倪，他告訴丞相陳平：「皇帝沒有留下成年的兒子，太后怕日後掌控不了大臣，所以憂慮。只要你帶頭請求讓呂台、呂產、呂祿統領軍隊，再讓其他呂家人入朝爲官，太后才能放

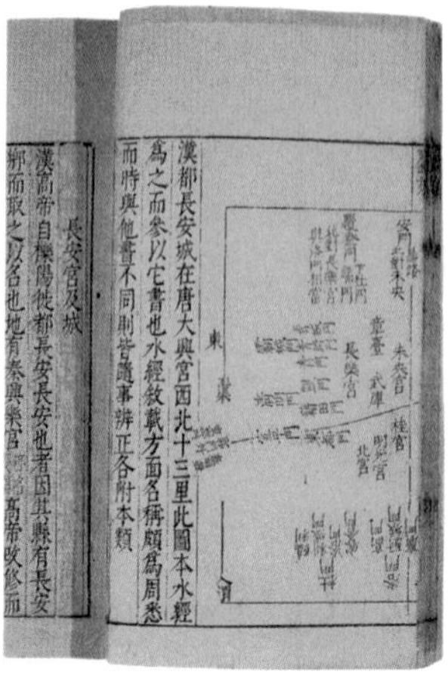

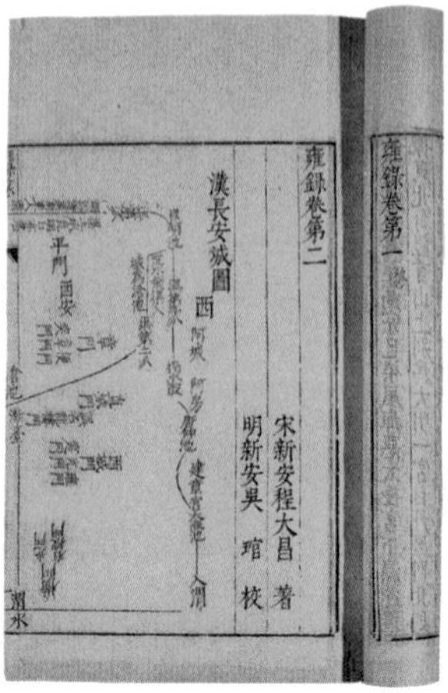

宋人著作《雍錄》中的漢長安城圖

宋代陳大昌（西元一一二三年至西元一一九五年）著《雍錄》十卷，考證關中歷史地理沿革，附有地圖三十二幅，是現存最早的長安城與關中地區歷史地圖集。

呂后的歷史功績

像許多重要的歷史人物一樣，人們對呂后的評價也是毀譽參半，但她推行的與民休養生息的政策，卻能得到後人一致的肯定。呂后從高祖劉邦在位時起，就開始一步步地掌控朝政，前後大約十五年。這期間，呂后遵從黃老的無爲而治思想，推行約法省禁、與民休養生息的政策，主要包括：一、允許以往逃避山林和遷徙他鄉的農民返回原籍，並歸還他們的田宅，對他們此前的過錯則既往不咎，禁止官吏對這些人進行虐待和歧視；二、鼓勵官吏貴族釋放奴婢，讓這些人回家進行農業生產，官府不得亂派徭役；三、實行裁軍政策，讓大量兵士還鄉，並分給他們土地，以便他們安心務農；三、大赦天下，廢除秦時苛法；四、安定邊疆，對匈奴採取和親政策。

呂后的這些政策，大大緩和了社會衝突，並促使社會經濟快速發展，漢朝國力日益強盛。《史記》這樣評價呂后施行的政策：「黎民得離戰亂之苦。君臣俱欲休息乎無爲，故惠帝垂拱，高后（呂后）女主稱制，政不出房户，天下晏然。刑罰罕用，罪人是稀。民務稼穡，衣食滋殖。」

心。」由此呂家的權勢日起，國家大事開始全部由呂后決斷。

當上皇帝後的劉恭，時常在宮裡聽到有關他身世的傳聞，遂叫來身邊的人瞭解究竟。等他確信自己不是孝惠皇后所生，生母還被孝惠皇后等人殺害後，生氣地說道：「她怎麼能殘忍地殺死我的生母，再謊稱我是她的兒子呢？可恨我現在年紀太小，不能爲生母報仇；等我長大成人，一定要爲生母昭雪！」

這些怨言很快就傳到了呂后的耳中。呂后想：「這還得了！如果天下人知道了這件事，難保不生變故。」於是，呂后命人將劉恭幽禁起來，對外則宣稱皇帝身患重疾，並不許朝中的大臣前去探望。但這畢竟不是長久之計，呂后就找了個機會，對大臣們說：「凡是受命於天的人，就必須像上天一樣恩澤大地。皇帝只有懷著快樂的心情安撫百姓，百姓才能欣然地爲皇帝做事。這樣歡欣之情相互交匯，天下才能太平昌盛。如今，皇帝久病不愈，頭腦昏聵，難以繼續擔當宗廟祭祀的重任，也難以繼續治理天下，只能取而代之。」大臣們領命，請呂后定奪。隨即，呂后廢黜了少帝劉恭。不久之後，呂后又命人祕密殺死了劉恭。可憐這一位未諳世事的小皇帝，尚未來得及施展抱負，就遭殺身之禍。

於是，呂后立劉弘爲帝，繼續臨朝聽政。

周勃起兵誅呂

呂后掌權期間，獨攬朝綱，背棄劉邦當年所立非劉姓不能封王的「白馬之盟」，大封諸呂為王。漢高皇后八年（西元前一八〇年），呂后死，周勃執「非劉氏而王者，天下共擊之」大旗，起兵誅呂，並擁立代王劉恆為漢文帝，開啓了「文景之治」時期。

西漢．雁魚燈

呂后當權時，不僅翦除異己，還公開背棄高祖劉邦所立非劉姓不能封王的「白馬之盟」，大肆分封自己的弟侄爲王。以致呂后掌權後期，諸呂在朝中飛揚跋扈，不可一世。漢高皇后八年（西元前一八〇年），呂后死，諸呂的反叛之心已經昭然若揭。

呂后的臨終遺言

漢高皇后八年（西元前一八〇年）七月，爲鞏固呂家權勢，呂后做出一項重要任命：封趙王呂祿爲上將軍，統領北軍；命梁王呂產統領南軍；同時忠告呂祿、呂產二人：當年高祖平定天下後，曾殺白馬和眾大臣立下盟約，如果有非劉姓的人稱了王，天下人都要共同討伐。現在你們都稱了王，有的大臣必定憤憤不平。我死之後，這些人就可能作亂，你們一定要派重兵守住宮門，千萬不要去送葬，以防別人有機可乘。

不久，呂后壽終正寢，留下遺囑賞賜各諸侯王每人一千金，將相列侯郎以及各級官吏也按等級各有賞賜，同時大赦天下。梁王呂產被封爲相國，趙王呂祿的女兒則被冊封爲皇后。從呂后的這份遺囑，不難看出，她爲了讓呂家人保住權勢，可謂費盡心機，一方面繼續加強呂家人在朝中的權勢，一方面又「施恩」呂姓以外

白馬之盟

漢高祖劉邦在楚漢戰爭中，爲籠絡各地的軍事力量，分封了一批異姓王。劉邦當了皇帝後，認爲異姓王終不可信，於是他先後以種種藉口除掉自己所封的異姓王，同時又分封劉姓子侄爲王，以鞏固漢室江山。劉邦晚年時，呂后的勢力日益壯大，劉邦擔心呂家人日後奪取權位，就與群臣歃血爲盟：「非劉氏而王者，天下共擊之！」

但劉邦死後，呂后要分封諸呂爲王，公然背棄「白馬之盟」，雖有右丞相王陵反對，但絳侯周勃等人卻認爲並無不可，結果造成日後諸呂掌權，把持朝政。至漢文帝時，劉邦分封同姓王的做法終於爲漢帝國引來災難，濟北王和淮南王先後叛變；到漢景帝時，又發生七國之亂。漢武帝從中汲取教訓，頒行推恩令，大幅削弱同姓王的實力。自此，皇帝的權力得到加強。

的人，以防有人生變。

齊王劉襄先發制人

呂祿、呂產等人雖然在朝中能專權行事，但統治者畢竟還姓劉，所謂名不正則言不順，只有昭告天下稱帝才可能毫無顧忌的施展身手。因此，諸呂的篡位之心早已有之，並時常聚在一起謀劃，只是懾於大臣周勃、灌嬰等人，一直沒有敢動手。

不久，諸呂意圖篡位的陰謀就從呂祿的女兒、朱虛侯劉章的妻子口中傳出。劉章一看劉家人要遭滅頂之災，立即派人把消息告訴了齊王劉襄，他鼓動劉襄立即起兵誅滅諸呂稱帝，自己願在長安城中作爲內應。齊王得信後，先殺掉反對自己出兵的丞相召平，又奪取了琅琊王劉澤的兵權，向長安城殺將而來。

爲說明自己出兵的正當性，齊王向各諸侯王發出公開信：孝惠帝死後，呂后專權，但她年事已高，什麼事都聽姓呂的，他們擅自廢掉了皇帝，還接連殺害了趙王如意、劉友、劉恢等人，滅掉梁、趙、燕三個劉姓王，改封姓呂的人爲王。爲此，許多良臣勸諫，呂后全然不聽。如今，呂后已死，皇帝還年幼，呂家人又肆意封賞，還假傳聖旨向天下發號施令，大漢的江山社稷危在旦夕。爲此，我起兵進京，就是爲了誅殺那些妄自稱王的人。

相國呂產聽到齊王來犯，趕忙派穎陰侯灌嬰領兵迎戰。呂產不曾料到，灌嬰可是心向劉家的忠臣，他行兵至滎陽，就按兵不動，還派使者前去拜訪齊王，與齊王約定靜待諸呂發動叛亂，到時合力予以剿殺。

在長安，呂產等人還在眼巴巴地等灌嬰與齊王開戰，但灌嬰那邊一直沒有動靜，他也不敢輕舉妄動，以免適得其反造成灌嬰反戈。如此，各方都停頓下來，以待時機。

周勃巧奪兵權

周勃，和高祖劉邦同爲沛縣（今江蘇沛縣）人，是秦末漢初的著名軍事家，也是漢朝開國功臣之一，受封爲絳侯。周勃小的時候家境貧寒，靠編織養蠶用的蠶箔（一種以竹篾或葦子等編成的養蠶器具。）爲生，還經常去辦喪事的人家當吹鼓手。自劉邦起事後，周勃就一直追隨左右，戰績卓著。

呂后臨死前，爲防他人生變，把兵權全交由呂家人掌控，因此周勃空有太尉之名，手中卻無半點兵權。周勃見齊王劉襄已開始行動，就在朝內與丞相陳平密謀，舉「白馬之盟」大旗，以滅呂安劉。周勃派人將酈商幽禁起來做人質，然後命其子酈寄去騙呂祿。呂祿一向與酈寄交好，見酈寄來訪立即迎上前。酈寄告訴呂祿：「大漢的天下是高祖和呂后一同打下的，劉姓的王和呂姓的王都是大臣們共同議定的，因此沒有什麼不適宜的。但如今，呂后離世，皇帝年幼，你身爲趙王卻不去自己的封地，而是以上將軍的身分擁兵自重，難免不讓大臣們生疑。你爲何不把兵權交給周勃？然後你再請呂產交出相印，這樣大臣們就放心了，齊王也必定收兵，你也可以安心地回封地當自己的王。」酈寄一番話，就像肺腑之言一下觸動了呂祿，呂祿想把兵權交出，就與呂產和其他呂家人商議，但是大家意見不一。

不久，從齊國趕回來的郎中令賈壽數落呂產：「當初你不及早回到自己的封地，現在想回也回不去了。」隨後，賈壽爲呂產分析了當前的形勢：灌嬰、齊王等人都按兵不動，他們必定是達成了某種默契，現在就等著良好時機以誅殺你們呂家。呂家人當下能做的，就是趕快領兵進宮以保全性命。同在一室的平陽侯曹一聽此言，知道事情非同小可，辭別呂產後立即將消息傳給周勃。

得知消息後的周勃趕忙假借聖旨來到北軍。周勃找來酈寄，派他和典客劉揭一同前去說服呂祿，酈寄告訴

呂產劉章交戰

西漢呂后專權時期，呂產、呂祿在關中叛亂，朱虛侯劉章與太尉周勃等率兵誅殺他們。此圖為明刻本《新刻按鑒編集二十四帝通俗演義全漢志傳》中的一幅。

周勃像

周勃，漢文帝十一年卒（？至西元前一六九年），沛縣（江蘇沛縣）人，西漢開國功臣、名將，被封為絳侯，官至右丞相，秦末漢初的軍事家和政治家。

呂祿：「皇帝已下旨由太尉周勃掌管北軍，你趕緊交出印信回自己的封地去，否則就會有殺身之禍。」呂祿聽信酈寄之言，將兵權交給了周勃。自此，周勃順利地拿下北軍。

一鼓作氣滅諸呂

北軍雖已掌握，但南軍還在呂產的手中。而此時的呂產，猶如驚弓之鳥，心想挾持了皇帝，就有了保命和以圖再起的資本，於是就直奔未央宮。不過到了宮門口，卻不得其門而入。這時，朱虛侯劉章領周勃令前來保護皇帝，與呂產狹路相逢。劉章立即命士兵上前擊殺呂產。最後，劉章將呂產逼到郎中府的廁所內，用刀殺死。

周勃得到快報，知呂產已死，認爲大局已定，遂派人在長安城內外搜捕諸呂男女，然後不問青紅皂白、不論老少一律斬殺。頓時，天下人聞呂色變，避之唯恐不及。

諸呂已滅，周勃就命齊王和灌嬰等人罷兵。灌嬰聽命，從滎陽撤兵。齊王則不然，因爲他心裡還做著皇帝夢，只是沒法說出口。

正本清源

除掉諸呂，大臣們又把關注點放到了小皇帝劉弘身上。大臣們認爲，如今的小皇帝，根本就不是劉家的人，如今諸呂已滅，自然要正本清源，在劉姓諸王中找一個賢德的人來做皇帝。

大臣們選來選去，最後還是認爲代王劉恆是合適的人選。劉恆是高祖劉邦的第四個兒子，爲人寬厚仁慈。達成一致意見後，大臣們就悄悄地將劉恆迎進長安，將皇帝的玉璽獻上，請他登皇帝位。

此時，小皇帝劉弘尚在皇宮。東牟侯劉興居自告奮勇要去爲新皇帝「清掃」皇宮。一進到宮內，隨劉興居同去的汝陰侯滕嬰就把劉弘往門外的車里拉。劉弘前腳剛被趕出宮，代王劉恆就在眾大臣的擁護下進宮，當上了皇帝，史稱漢文帝。齊王劉襄見當皇帝無望，就領兵回到自己的封地。而小皇帝劉弘被帶出宮連一夜也沒度過，就被處死了。

漢文帝：縱容釀惡果

淮南王劉長本是漢高祖劉邦的私生子，後來由於哥哥漢文帝劉恆當了皇帝而變得驕橫跋扈。文帝憐惜僅有的這一個弟弟，對劉長一味地遷就縱容，致使劉長的野心膨脹到極致。文帝六年（西元前一七四年），劉長準備起兵，文帝及時平息了叛亂，憤恨交加的劉長最後絕食而死。

仇恨中長成

文帝三年（西元前一七七年），辟陽侯審食其家裡來了一個不速之客。這人不僅和審食其相識而且來頭頗大，以致審食其聞之忙不迭地出門迎接。就在審食其彎腰準備行禮時，只見來人從袖筒抽出一把大鐵錘，直砸向猝不及防的審食其。站在一旁的人們簡直被眼前的一幕嚇呆了，慘叫聲亦在這時響起。有人要上前救助審食其，立即被來人所帶隨從攔下並一把割下了審食其的腦袋。隨後，他們把審食其的屍體剁成幾塊，提著人頭趾高氣揚地離開了審食其府第。是什麼人竟敢在光天化日、眾目睽睽之下殺死朝廷重臣審食其？

兇手名叫劉長，是漢高祖劉邦的私生子，身世頗爲離奇。劉長的母親趙姬本是趙王張敖後宮的美人，高祖八年（西元前一九九年）劉邦從東垣討伐韓王信殘餘勢力歸來路過趙國，張敖就派趙姬去侍奉劉邦。不久，趙姬發現自己懷孕了，只是劉邦早已離開了趙國，趙姬就把懷孕之事告訴了張敖。張敖不敢怠慢，趕緊在外面修建了一座房屋供趙姬居住。次年，有人向劉邦告密張敖有謀反之舉，劉邦立即把張敖及其家眷一併關押起來，趙姬亦未能倖免。趙姬見自己脫不了身，就請求看押她的官吏報告劉邦她懷有龍子。可是劉邦得知消息後並不理會，趙姬又讓她的哥哥趙兼透過辟陽侯審食其向呂后求情；但審食其沒有盡力。最後，趙姬滿懷怨恨地在監獄裡生下了劉長，隨之自殺身亡。獄吏們看著大聲啼哭的小劉長束手無策，就送到了劉邦那裡。劉邦看著兒子一生下來就沒了親娘，也有了悔恨之意，就讓呂后撫養孩子。

高祖十一年（西元前一九六

年），淮南王黥布謀反，劉邦平叛後就把小兒子劉長封爲淮南王。後來，劉長一天天長大，知道了母親的死因，對不救其母的呂后心生怨恨。只是這時呂后已死，劉長只能把怨恨之情轉到辟陽侯審食其身上，時時刻刻想要殺死審食其爲母親報仇。高皇后八年（西元前一八〇年），劉恆做了皇帝，是爲文帝。文帝本來兄弟八人，只是到他即位時其他兄弟或被殺、或病死，就剩下劉長一個人能與他稱兄道弟。文帝對劉長特別疼愛，劉長也因此變得驕縱起來。

漢文帝像

漢文帝劉恆，漢高帝五年至漢文帝後七年（西元前二〇二年至西元前一五七年），漢高祖子。在位二十三年，以德政治天下，開創了中國古代第一個治世——文景之治。

飛揚跋扈

劉長身體特別魁梧健壯，而且力氣極大，能一手舉起大鼎。文帝三年（西元前一七七年），劉長從淮南國前往長安朝見文帝。劉長則仗著文帝對自己的愛護，見了誰都愛理不理，態度極其蠻橫。文帝爲此勸過劉長幾次，卻都沒有任何效果。

劉長心裡從來沒有忘記爲母親報仇的事情。某一天，劉長終於帶著幾名健壯的侍從直奔審食其府第，隨即發生了審食其被劉長一鐵錘砸死的慘劇。之後，劉長就獨自騎馬趕赴皇宮，脫光了上身衣服向文帝「請罪」。劉長見到文帝，理直氣壯地說：「審食其身負三大罪，所以我殺了他。當年我母親不該受趙國謀逆的牽連，審食其有能力說服呂后救我母親卻沒有盡力，這是第一條大罪；趙王如意與他的母親沒有罪過，呂后仍殺了他們，審食其沒阻止，這是第二條大罪；呂后大封子侄爲王危害劉氏江山，審食其不勸阻，這是第三條大罪。因此我這樣做，不僅是替母親報仇，更是爲國家除害。即使如此我也知道這麼做違反法令，懇請陛下治我的罪。」文帝見他說得這樣懇切，就不想再追究，赦免了他。

經過這件事，劉長變得更加有恃無恐，就連文帝的生母薄太后、太子劉啓都對他懼怕三分。劉長回到淮南國，不僅不服從朝廷的法令，完全按自己的意志進行獎罰，而且連自己出門使用的車輛儀仗也仿效皇帝，所經之地不准百姓通行。對於朝廷任命的官員，劉長根本不放在眼裡。後來，劉長乾脆把朝廷任命的官員趕出淮南國，要求文帝允許他自行任命宰相以及重要官員。文帝不聽薄太后等人的勸告同意了劉長的要求。自此，淮南國儼然成了一個獨立王國，劉長在封國內任意處決他看不順眼的人，還大肆分封爵位（按漢朝制度只有皇帝才有權封爵），最高封到了關內侯。屢屢有人把劉長的危險舉動報告給文帝，文帝礙於兄弟情分不好出面責備，就讓自己的舅父、車騎將軍薄昭寫信規勸劉長，雖然信寫得言辭婉轉，但還是觸怒了劉長。

西漢．羽人天馬玉飾

謀反不成絕食而死

劉長已驕縱慣了，哪能聽得進逆耳忠言，反倒從心裡怨恨起文帝。有一次，文帝聽說劉長病了，派使者帶著補品前去探望，不想被劉長拒之門外，最後尷尬地回去覆命。文帝見劉長竟這樣冷漠地對待自己，再想想母親薄太后和諸位大臣的警告，不由得擔憂起來，暗地裡在劉長身邊安插耳目以防生變。

劉長的野心則日益膨脹，以金錢、美女、爵位、土地爲誘餌，到處收買人心、招攬亡命之徒，企圖發動政變把文帝趕下皇位。爲保證萬無一失，劉長還計劃派出使者去勾結匈奴和閩越發兵援助自己。

文帝六年（西元前一七四年），劉長召集大夫但、士伍開章等七十人與棘蒲侯柴武的太子柴奇等人一塊商議謀反方案，計劃乘著四十便車在谷口（今陝西咸陽市禮泉縣境內）起兵。可是劉長還沒開始行動，文帝就得知了他謀反的消息。文帝派出長安尉奇等人前來淮南國緝拿開章，這時劉長才慌了神，先是將開章藏匿起來，又殺了開章滅口，將開章的屍體遠遠地埋到肥陵邑。隨即劉長爲掩飾其毀滅罪證的事實，欺騙長安尉奇等人說他也不知道開章去了哪兒。最後，劉長又命人堆了一個假墳，在墳頭樹立一塊牌子：開章之墓。劉長冒冒失失做出的這一連串欲蓋彌彰的行爲，恰恰將自己的陰謀表露無遺。

這時，淮南國的丞相張倉、典客

馮敬等人聯名上書漢文帝，揭發劉長謀反的陰謀。朝中大臣也紛紛要求文帝處決劉長和參與謀反之人，以安定大漢的江山社稷。文帝不忍心處決唯一的兄弟劉長，就赦免了他的死罪，並廢黜了他的王位，把他流放到蜀郡。其餘參與謀反之人，文帝則全部處死，一個也沒有放過。

大臣袁盎看出文帝不想落下殺死兄弟的惡名，就私下勸告文帝：「陛下平時過於寵愛淮南王，又沒有任命嚴厲的傅相管束他，才弄到今天這種不堪的地步。淮南王性情剛烈、桀驁不馴，陛下長途跋涉把他押送至蜀郡，對他無疑是沉重的打擊，難免他不尋短見。最後陛下還不是落得一個不容兄弟的惡名。」文帝說：「我這樣做不過是讓他吃些苦頭，也好改過自新。你說得也有道理，我這就準備叫他回來。」可是等文帝派出的使者追上押送劉長的囚車，劉長已變成一具冰冷的屍體。原來劉長悶在囚車裡，愈想愈恨，最後絕食而死。只是囚車圍得密不透風，直到雍縣（今陝西鳳翔縣）縣令打開囚車，才發現劉長已死。文帝得知後，下詔以列侯之禮厚葬了劉長。

最終文帝還是沒能逃脫殺死兄弟的惡名，文帝十二年（西元前一六八年）一首歌謠在民間傳唱開來：「一尺布，尚可縫；一斗粟，尚可舂；兄弟二人，不相容！」如此說文帝自然是有些冤枉他，但他沒有適當地保持君臣關係與兄弟情誼的平衡，導致了這種結局，不能不令人歎惜。

漢文帝親嘗湯藥

兩漢歷代帝王都標榜「以孝治天下」，為了推行孝道，漢代的歷代君王往往以身作則，《二十四孝圖》中排在第二位的就是「漢文帝親嘗湯藥」。

七國之亂：禍起同姓王

漢景帝即位後，採納御史大夫晁錯的建議，開始「削藩」。景帝前元三年（西元前一五四年），吳王劉濞乘機串通楚、趙等六國同姓王發動叛亂。漢景帝派周亞夫以武力鎮壓，只用了三個月時間就大破叛軍。劉濞逃到東越，為東越王所殺，其餘六王皆畏罪自殺身亡。

漢高祖劉邦當年分封同姓王，本是要鞏固大漢江山。但隨著分據各地的同姓王勢力日漸強盛，中央皇權受到愈來愈嚴重的威脅。於是，有大臣提出以「削藩」加強皇權。

棋局殺人事件

吳國是同姓王國中的大國，地處濱海地區，交通便利，還佔據漢帝國重要的銅、鹽產地。到吳王劉濞時，吳國經濟富庶，劉濞爲籠絡人心，免除了百姓的所有賦稅，甚至中央政府派下的徭役，劉濞也會主動替百姓承擔一部分。

漢文帝時，吳國太子進京拜見皇帝。吳國太子從小嬌生慣養，性情驕橫輕浮，根本不把旁人放在眼裡。一天，吳國太子陪皇太子劉啓下棋，兩人爲誰先下棋子鬧得不可開交。吳國太子甚至惡言相向，辱罵皇太子，皇太子一怒之下抄起棋盤砸向吳國太子，不想竟把吳國太子打死了。

文帝見事情無法挽回，只好叫吳國同來的人把吳國太子的屍體拉回去。劉濞見自己心愛的兒子竟慘死在皇帝家，氣得頓足捶胸，大罵道：

西漢．長信宮燈

燈高四十八公分，出土於滿城漢墓中山靖王劉勝妻子竇綰墓中。燈的外貌是一位端坐的宮女，她左手持燈盤，右臂上舉，使袖口下垂形成燈罩。

「既是一家子，死在長安就葬在長安也就罷了，給我拉回來難不成是要羞辱我？」想到此，賭氣的劉濞又讓人把吳國太子的屍體送回長安。

從此以後，劉濞再也不願意面對皇帝，即使到了規定的朝覲時間也常稱病不去。後來朝廷查明他是在家裝病，就開始嚴密監視他，並接連扣押了他派到朝廷的使者。劉濞愈想愈害怕，就起了謀反之心。

有一次，劉濞又派使者到長安朝見皇帝。文帝當面質問使者：「你們吳王到底是怎麼回事，不來朝見我？」使者藉機進言：「吳王是怕陛下扣押他，才不敢來朝見，因爲之前陛下已扣押了他的好幾個使者。我想陛下如果能捐棄前嫌，原諒吳王的一些過失，他必定會效忠你。」文帝一聽有理，就放了劉濞的使者，還准許劉濞不再來朝見。至此，雙方的關係在表面上得以緩和。

西漢．第三代楚王劉戊塑像

劉戊與吳王劉濞通謀反叛，起兵與吳趙等國西攻梁、與周亞夫爭戰。戰敗，吳王逃走，劉戊被迫自殺，軍遂降漢。

「削藩」政策挑起叛亂

漢景帝劉啓即位後，任命晁錯爲御史大夫。晁錯在景帝做太子時就已頗受賞識。晁錯看到漢帝國的國力雖已空前強盛，但分據在各地的同姓王勢力已嚴重地威脅皇權，尤以吳王劉濞爲甚，他的勢力已足以和朝廷抗衡。加上昔日吳王的兒子爲現在的景帝所殺，難免他不起二心，那樣局面就不可收拾了。爲此，晁錯向景帝提出了「削藩」的建議。

聽了晁錯的分析，景帝認爲現在「削藩」，造成的危害小，如果放在日後可能會給國家造成更大的危害。於是，景帝開始施行「削藩」，他先

文景之治

漢文、景兩代皇帝，對內十分注重農業生產，與民休養生息，實行減租減徭政策，鼓勵農民發展生產。同時廢除過關用傳制度，使商品流通和各地區間的經濟聯繫更加緊密。對秦以來的刑法進行了重大改革：重新制定法律，根據犯罪情節輕重，決定罪犯的服刑期限；廢除秦以來的「連坐」制度；廢除黥、劓、刖等酷刑，改用笞刑。對外，實行和親政策，在嚴加備守邊關的同時，不主動出兵，以維持與外族和平共處的關係。這一系列措施，使得社會經濟獲得顯著發展，出現了空前盛世的局面，史稱「文景之治」。

拿楚王劉戊開刀，以劉戊當年曾在國喪期間與人通姦為由，免其死罪但削減了其東海郡。此後，景帝又接連削去趙王劉遂、膠西王劉卬的部分封地。

殺雞儆猴，吳王劉濞見景帝隔三差五地「削藩」，明白刀遲早有一天會架到自己的脖子上。於是，劉濞就開始串聯楚、趙、膠西、膠東、菑川、濟南六國的諸侯王，一一說服他們組成聯盟反抗朝廷。

漢景帝三年（西元前一五四年）正月，劉濞打出了「誅晁錯，清君側」的旗號，聯合其他六國發兵二十萬，向長安城推進。這突如其來的變故，一下讓景帝慌了手腳，不知如何是好。這時，曾在吳國當過丞相的袁盎出場，向景帝進言：「高祖當年分封同姓王，就是為了鞏固漢室江山，如今晁錯卻公然違背高祖的意願請求您『削藩』，必定會引起同姓王的恐慌。他們起來反抗並不是想把您怎麼樣，而是要討伐晁錯。如果您殺了晁錯、免去七王謀反的罪名、歸還他們的土地，他們必定會自動收兵。」景帝覺得袁盎說得有理，就叫人把晁錯拉到東市，一刀砍了。

周亞夫臨危受命

晁錯雖然被殺，但謀反的七王並未因此收兵。相反地，劉濞還擁兵自重自稱「東帝」，試圖和景帝平起平坐。但他實在低估了朝廷的能力，以致日後落得慘死的下場。

景帝見七王謀反之意已決，他命令太尉條侯周亞夫率領三十六將軍平叛。周亞夫，是絳侯周勃之子。周亞夫受命之後，就立刻開始籌劃如何平定這場叛亂。一來到滎陽前線，周亞夫就去討教曾是父親門客的鄧都尉，鄧都尉說：「叛軍現在士氣正旺，如果我們與其正面交鋒，無異於以卵擊石。叛軍的致命弱點是浮躁，必不能持久。因此，我們可以『拖』字當頭，等他們呈強弩之末態勢，我們再迎頭痛擊不遲。」鄧都尉還建議周亞夫：「你可以領兵到昌邑借深溝高壘堅守不出，吸引叛軍傾全力去攻打梁國，然後伺機占領淮河和泗水的交匯處，以掐斷叛軍的運糧通道。只要叛軍斷了糧草，就可以使之覆滅。」周亞夫聽從鄧都尉的建議，依計行事。

當時的梁國，是景帝的弟弟劉武的封地。周亞夫一轉向昌邑，叛軍果然開始攻打梁國。梁國寡不敵眾，危在旦夕，多次派人請周亞夫出兵相救。但周亞夫不予理會，梁王氣得沒法，就向景帝告狀。景帝就命周亞夫趕快出兵救援，周亞夫還是裝作沒聽到。梁王沒法，就任命張羽爲將軍領兵自衛，不僅守住了城池，還取得了一些勝利。

周亞夫像

周亞夫（？至西元前一四三年），沛縣（今江蘇沛縣）人，西漢著名軍事家被譽為真將軍。

隨著時間一天天流逝，周亞夫切斷叛軍運糧通道的方案開始奏效，叛軍缺糧，一下亂了軍心，加上梁國城池久攻不下，叛軍就把矛頭指向周亞夫，頻頻發出挑戰以求速戰速決。周亞夫還是堅守不出，任由叛軍在營房外肆意叫罵。終於，忍受不了飢餓的叛軍開始絕望，有愈來愈多的士兵活活餓死，叛軍開始紛紛潰逃。周亞夫見機會來了，立即領兵攻打叛軍，直打得叛軍落花流水、潰不成軍。吳王劉濞見大勢已去，趕忙帶著身邊的幾千名精兵連夜逃往東越。劉濞在東越還沒站穩腳跟，東越王就被朝廷收買。不久，東越王將劉濞騙出來慰勞軍隊，然後派人砍下了他的頭顱。

劉濞被殺，其他反王馬上就陷入群龍無首的混亂境地，紛紛畏罪自殺。周亞夫用了三個月時間，就平定了這場叛亂。平叛有功的周亞夫，回京之後被景帝封爲太尉，後來又做了丞相。但日後周亞夫因廢立太子的事情與景帝發生爭執，兩人的關係愈來愈疏遠，漢景帝中元三年（西元前一四七年），周亞夫被景帝罷免了丞相職務。不久，周亞夫因爲其子私買五百套皇家殉葬用的鎧甲盾牌而受連累，被關進監獄。在獄中周亞夫絕食五天，最後嘔血而死。

到漢武帝時，爲徹底解決同姓王分據問題，漢武帝施行「推恩令」，僅給各同姓王留下虛銜，問題才得到徹底解決。

漢武帝：巫蠱害太子

漢武帝雖然具有雄才大略，但在看待生死的問題上卻極為迷信，自己求仙問藥不説，還甘受小人蒙蔽以致釀成巫蠱之禍，逼迫太子劉據起兵自衛。最後，劉據面對武帝的四處捕殺無路可逃，自縊而死。不久，真相查明，武帝悔恨交加，在鬱鬱寡歡中度過殘年。

厄運臨頭

劉據的母親衛子夫初入宮時十分受武帝寵幸，皇后陳阿嬌接連爲武帝生下三個女兒，卻沒有生下一個兒子，十分擔心衛子夫搶了她的位子，暗自勾結巫婆楚服刻了一個木頭人，寫上衛子夫的名字詛咒，意圖用巫蠱術害死衛子夫。不想陰謀很快洩露，武帝下詔處死了楚服以及與此事有牽連的宮女侍從三百多人。武帝早就看不慣陳阿嬌的驕橫陰毒，廢黜了她的皇后尊號，並把她趕到長門宮悔過。

衛子夫在陳阿嬌被打入冷宮不久，就爲武帝生下一個兒子。年近三十歲才得子，武帝自然歡喜得不得了，爲兒子取名劉據。母以子貴，衛子夫也很快被武帝立爲皇后。元狩元年（西元前一二二年），武帝立劉據爲太子，並在他成年後爲他修建了「博望苑」，讓他與賓客交往增加歷練。

武帝雖然具有雄才大略，但骨子裡卻異常怕死，經常到全國各地尋訪神仙以求長生不老的仙藥。爲此，武帝接連受了幾次騙。武帝還曾經拜方士欒大爲五利將軍，並佩天士將軍、地士將軍、大通將軍印，還封他做了樂通侯，食邑二千戶，就連皇帝專用的車輛、馬匹都賞賜給他。最後，武帝索性把女兒衛長公主也嫁給欒大，並大方地送上十斤金做嫁妝；但後來武帝發現欒大一派胡言，於是命左右侍從把欒大推出去腰斬。即使如此，武帝還是沒有記取教訓，繼續尋訪長生不老藥。衛皇后也因爲女兒衛長公主受欒大連累，對武帝心生埋怨。爲此，武帝與衛皇后的關係漸漸變得疏遠，不免累及太子劉據。

而且，這時武帝已先後有五個兒子出生。武帝最喜愛的莫過於趙姬生下的小兒子劉弗陵，史書記載劉弗陵是趙姬懷胎十四個月才生下的，武帝就對大臣們說：「堯帝是十四個月生的，我的兒子也是十四個月生的，可見他非同尋常。」爲此，武帝把趙姬居住的宮室大門命名爲「堯母門」。劉據聞之，不由得心裡慌張起來，害怕武帝要改弦更張廢立太子。

逼入絕境

劉據的擔心不無道理，武帝進入暮年後，不僅十分奢侈，常常大興土木，把國庫搞得空空如也；還沉溺神仙之道，濫用酷吏加重刑罰擅殺大臣。劉據時常勸武帝實行寬厚仁慈的政策，與民休養生息，減輕人民負擔。武帝卻以爲劉據缺少才幹、辦事無力，愈發地冷淡他。另一方面，武帝不時地在朝臣面前誇耀小兒子劉弗陵，認爲他各方面都像自己。如此，朝中擁護劉據的大臣憂心起來，唯恐天下不亂的奸佞小人則蠢蠢欲動，試圖借廢立太子之機謀得權位。

因爲劉據經常勸諫武帝少用嚴刑峻法，遭到眾多酷吏的忌恨。加上大將軍衛青去世，酷吏開始與奸佞小人合流，有恃無恐地打擊劉據。這時，長安城內外巫蠱盛行，無數的方士女巫四處活動以妖術惑亂人心。他們經常出入宮廷，教嬪妃宮女在房間裡埋藏木人詛咒仇敵。武帝也時常接到有人借巫蠱詛咒他的告密，氣得發狂，往往不問青紅皂白就把「詛咒者」屠滅三族。

有一次，武帝夜裡做了個噩夢，夢見成千上萬的木人揮舞著刀劍刺殺他，雖然醒來後一切如常，但武帝還是懷疑有人要用巫蠱咒死他，於是就命御史江充專門負責查處巫蠱之事。江充早已把太子劉據視作眼中釘，他指使女巫散布謠言說皇宮中有「蠱氣」，如果不清除必危害皇帝。武帝就讓江充在宮中搜索，江充十分賣力在宮中掘地三尺尋找「蠱氣」，皇帝的寶座也被他搗毀。等挖掘到太子宮，江充表現出一副錯愕的

神人騎辟邪銅插座

此器是漢代道術活動昌盛的反映。

樣子：他們挖出了許多寫有武帝名諱的木人。劉據立即辯白說這些木人根本不是他埋下的，一定是有人栽贓陷害。江充執意要去甘泉宮（今陝西淳化縣境內）報告武帝。劉據見自己擋不住江充，就找來少傅石德商議對策。石德久經官場，深知這事即使到了武帝面前也說不清楚，還要遭殺身之禍，於是勸劉據假傳聖旨抓捕江充。

亡命草屋

征和二年（西元前九一年）七月七日，走投無路的劉據命人僞裝成武帝的使節，把江充等人抓了起來。按道侯韓說懷疑其中有詐不肯就範，立即被假使節砍了腦袋。同時，劉據對江充的同夥嚴刑拷問，得知在他宮中挖出大量木人的眞相：原來江充在行動前，早已指使心腹暗自帶木人進入太子宮，然後一番挖掘後謊稱挖出木人。劉據聞之憤恨不已，用劍直指江充怒斥：「你離間我父子之情，是何用意？」隨即，劉據用劍刺死江充。之後，劉據命人把跟隨江充的一群女巫拉到上林苑，放火活活燒死。接著，劉據派人把殺江充的事稟告衛皇后，集結宮中衛士、動用武庫兵器保衛皇宮。但長安城內流言四起，人們都以爲太子劉據起兵謀反。

江充的親隨蘇文趁亂逃脫了劉據的追捕，連夜奔赴甘泉宮向武帝報信。武帝不信太子會謀反，就派使臣去招撫，不想這使臣膽小如鼠不敢進長安，返回甘泉宮向武帝謊稱：「太子確實謀反，還聲稱要殺了我！」這時，丞相劉屈氂派長史前來甘泉宮報告：「長安城內形勢緊張，丞相出逃時連印信都丟了！」武帝聽後勃然大怒，直罵丞相無能！即刻起程返回長安，同時令劉屈氂領兵鎮壓。沒過幾日，劉屈氂統領大軍進攻長安，與太子劉據集結的人馬展開五天激烈的廝殺，以致長安城內屍橫遍地。

劉據終究寡不敵眾，逃出了長安。這時武帝已進駐建章宮，詔令各地捕殺劉據，收回衛皇后印綬。衛皇后心中恐懼，武帝派來的人還沒到，就自殺而死。武帝氣極，誅殺了可能

西漢．錯金博山爐

與劉據一同謀反的所有人，即使是被迫參與的也未能倖免。劉據如驚弓之鳥，一路奔逃至湖縣（今河南靈寶），躲藏在一個編織草鞋爲生的窮人家裡，餓得實在支撐不住，就派人去向住在當地的舊屬求救，不想被官府發覺。很快地，官府就包圍了劉據的藏身之地，劉據萬念俱灰，找了一根繩索吊死在草屋中。劉據的兩個兒子和收留劉據的人家，全部被殺。

後來，事情的眞相查明，所謂的巫蠱全是誣陷，太子劉據從來沒有埋藏過木人詛咒武帝。武帝也理解了當時劉據極度恐懼中做出過度反應的心情，悔恨自己害死了劉據。武帝下詔屠殺了江充全家，並活活燒死了其親隨蘇文，就連在湖縣圍捕劉據的人也被武帝下詔殺死。

征和三年（西元前九〇年）初，武帝修建了「思子宮」和「歸來望思台」，以表達對兒子劉據的懷念之情。過了四年鬱鬱寡歡的生活，武帝把皇位傳給了小兒子劉弗陵。可惜這位在母親肚子里長了十四個月的皇帝，一生受制於權臣霍光，沒有像武帝期待的那樣展現雄才大略，死時連子嗣都沒有留下。

西漢．上林苑鬥獸圖

上林苑是漢武帝於建元二年（西元前一三八年）在秦代的一個舊苑址上擴建而成的宮苑，當年劉據就是在上林苑把跟隨江充的一群女巫活活燒死。

篡漢奪位「新」王莽

西漢最後一位皇帝劉嬰，是由外戚出身的王莽扶持而成，繼位時年僅兩歲。漢初始元年（西元八年）十一月，王莽發動宮廷政變，逼太皇太后王政君交出傳國玉璽。次年正月，王莽正式當上皇帝，改國號為「新」，自此歷時二百一十五年的西漢走入歷史。

西漢帝國後期，由於統治階層昏庸，土地兼併，加上天災不斷，社會經濟凋敝，人心思變，各地的民變叛亂風起雲湧。這一切，爲出身外戚的王莽篡漢奪位提供了條件。

王莽發跡

王莽，魏郡元城（今河北大名縣）人。年幼時父親王曼就去世，不久，哥哥也死去，家裡一時陷入貧困。好在王莽孝敬母親、尊敬兄嫂，加上勤奮好學，日子倒也過得和睦。後來，王莽的姑母王政君當了漢元帝的皇后。此後，王政君的八個兄弟，除了王莽的父親王曼早死，其他人都被封了侯。雖然家世貧困，王莽心裡倒也不急，繼續在家讀書並照料老小，博得鄉親們的稱讚，大家都說他將來一定能成大器。

漢陽朔三年（西元前二二年）秋，王莽的伯父大司馬王鳳病重，王莽在床前悉心照料，親自爲其嘗藥，日夜不離，蓬頭垢面，到晚上睡覺連衣服也不脫。幾個月後，王鳳死去，臨終前再三地囑咐已成爲皇太后的王政君和漢成帝：王莽是可用之才，一定不能浪費。沒過幾天，王莽就被封爲黃門郎。被封爲官之後，王莽依舊恭順有禮、勤身博學，得到大臣們的好感。他的叔父成都侯王商上書漢成帝，說願意把自己一部分封地分給王莽。於是漢成帝就連連提升王莽的官職。成帝永始元年（西元前一六年），王莽被封爲新都侯，成爲皇帝身邊的紅人。

即使貴爲侯爺，王莽仍然不敢怠慢他人，表現得更加謙恭，不僅常常把自己的好東西拿出來與結交的大臣們分享，還不時拿自己的俸祿接濟窮人。漢綏和元年（西元前八年），時年三十八歲的王莽受封大司馬，成爲繼伯父王鳳之後輔佐皇帝的重臣。

把持朝政

王莽才當上大司馬不久，漢成帝就一命嗚呼了。漢成帝生前無子，定陶王劉欣入繼爲太子。綏和二年（西元前七年）四月，劉欣繼承皇位，是爲漢哀帝。

漢哀帝一上台，他的祖母傅氏和母親丁氏的家族馬上得勢。王莽一看情勢不對，馬上向漢哀帝稱病辭職。漢哀帝本是漢成帝的庶侄，知道自己根基尚淺，加上太皇太后王政君在上，王家在朝中根深蒂固，就極力地挽留王莽。王莽最終還是堅決地辭去官職，回到南陽新都封國。

漢元壽二年（西元前一年）六月，整日沉溺酒色的漢哀帝死在未央宮。太皇太后王政君聞訊，立即闖進宮來，以迅雷不及掩耳之勢將皇帝的玉璽奪在手中。隨後，王政君召問大司馬董賢：「皇帝的大喪該如何辦？」董賢一聽這帶有殺氣的問話，頓時嚇得六神無主。王政君胸有成竹地指使董賢：「你既沒主意，就把新都侯王莽請回來料理吧！」董賢忙不迭地答道：「一切依太皇太后指示。」

王莽進京第一件事，並不是處理漢哀帝的喪事，而是跑到王政君那裡，訴說董賢的種種罪過。王政君則讓他去找尚書彈劾董賢，說董賢犯有大不敬罪。董賢一看大禍臨頭，就帶著自己的妻子自殺了。

董賢一死，大司馬的位子就空了下來。王政君讓大臣們舉薦一個人做大司馬。有朝臣提議，王莽賢德恭順，又是太皇太后的親侄，做大司馬是再合適不過。除了前將軍何武、左將軍公孫祿兩人反對，滿朝的文武大臣都唯唯諾諾。就這樣，王莽又坐回了大司馬的位置。

接下來的緊要事，就是擁立新皇帝登基。和漢成帝一樣，漢哀帝也沒有留下子嗣，王莽就和太皇太后王政君在宗親中挑選，最後選定了中山王劉興年僅九歲的兒子劉衎做皇帝，是爲漢平帝。

新莽．一刀平五千錢

銅錢的造型雖說是仿先秦刀幣，但卻別具一格，刀身平直，柄端為方孔圓錢，「一刀」兩字用黃金鑲嵌而成，世稱金錯刀。此錢製作精美，錢文書法纖秀。

漢平帝即位時，太皇太后年事已高，沒有精力再理朝政，就把輔佐皇帝的重任交給了王莽。自此，高高在上的王莽，開始大開殺戒，先是逼迫漢成帝和漢哀帝的皇后自殺，後將矛頭指向曾反對自己當大司馬的何武和公孫祿，王莽指使人以互相稱舉的罪名將這二人罷官後處死。

王莽在剷除異己的同時，亦培養自己的黨羽爪牙，並分別給他們委以重任。元始元年（西元元年）正月，王莽派自己的心腹去益州，讓自稱越裳族的蠻人帶著一隻白野雞和一隻黑野雞來朝進貢。王莽又讓人放話，說白野雞是名貴之物，是吉祥的象徵，當年周公旦輔佐周成王時，有越裳族的人進獻白野雞，時間都過了一千年，又有越裳族的人來進獻白野雞，豈不預示著王莽就是當年的周公旦？朝中大臣心領神會，都說王莽的功德絕不遜於周公旦，請求太皇太后封王莽爲「安漢公」，王莽假作幾番推辭，接受了封號。

隨即，王莽又指使同黨進諫太皇太后：「太皇太后年事已高，精力不濟，無需再過問一些瑣碎之事；皇帝年紀尚小，應有人代爲處理朝政。安漢公王莽賢德，朝中大小政事可由安漢公裁決。」太皇太后聽聞，認爲王莽是自己的親侄，由他處理政務自己倒可以安享清福，就欣然答應。

從此，王莽就猶如皇帝，大小政事任由自己處置。

逼宮篡漢

元始五年（西元五年）十二月，王莽正式開始實施他篡位奪權的計劃。這天，大臣們聚在一起，爲漢平帝上壽。王莽依禮獻酒，他就順勢把

新莽時期．四神紋瓦當

四神紋瓦當在漢代極為流行，它包括四種動物即青龍、白虎、朱雀、玄武，由這幾種動物組合成的一組圖案，又稱「四靈紋」。

周禮改制

王莽當了皇帝後，仿照周朝的制度推行新政，試圖在政治、經濟方面進行革新，以鞏固自己的統治地位。改制的主要內容有：（一）將天下的田地都改為王田，並按井田制進行重新分配，禁止私人之間進行買賣。（二）將奴婢改為「私屬」，同樣不能進行買賣。（三）實行「五均六筦」，五均是指在都城長安和洛陽、邯鄲、臨淄、宛、成都等大城市設立五均司管理市場；六筦是指由國家掌握鹽、鐵、酒、鑄錢等項事業，禁止私人經營。（四）推行幣制改革。（五）進行官制改革。

由於這場改革破壞舊秩序，又建立不起新秩序；使天下騷然，富商巨賈不滿，百姓流離失業，因而爆發暴動，豪強大族乘機起事，王莽政權終瓦解。

漢更始元年（西元二三年），新莽政權在各地民變和西漢宗室勢力的雙重打擊下徹底崩潰，「周禮改制」也隨之灰飛煙滅。

一杯毒酒端到漢平帝面前。漢平帝喝下後，就一病不起，幾天之後死去。

接下來，王莽就做主在宗室中找了廣戚侯劉顯兩歲的兒子劉嬰當皇帝，是為孺子嬰。漢初始元年（西元八年）十一月，王莽又假借「上天」之命，使太皇太后准許他稱「假皇帝」，並言不由衷地說自己會日夜侍奉皇帝孺子嬰，等皇帝十二歲時自己就交政，希望皇帝以後能成為與周成王相媲美的明君。王莽的話說得好聽，但他想當皇帝的心思，滿朝文武無人不知，唯有太皇太后被矇騙。

眼看著皇帝的位子唾手可得，王莽當然不會止步，他在當上「假皇帝」沒幾天，就又假借「上天」之命要當眞的皇帝。等安陽侯王舜去找太皇太后王政君索要傳國玉璽，太皇太后才算明白過來王莽的野心，氣得把玉璽狠狠地砸在地上。

王莽拿到朝思暮想的玉璽，自然喜不自禁。新始建國元年（西元九年）正月，王莽登基做了皇帝，改國號為「新」。西漢帝國就這樣葬送在這個外戚手中，自此走入歷史。

爲亂宮廷的外戚

東漢永元三年（西元九一年），竇憲以戴罪之身大破匈奴，遷大將軍，位在三公之上，權傾朝野。後來竇憲密謀弒君篡位，漢和帝得知其陰謀，與宦官鉤盾令鄭眾等人議定，捕殺竇憲黨羽然後沒收其大將軍印綬，改封冠軍侯。不久，和帝又逼迫竇憲在其封地自殺。

戴罪伐匈奴

建初二年（西元七七年）十二月，漢章帝納了一個竇貴人，次年三月竇貴人就被冊封爲皇后。這位竇皇后出生在扶風平陵（今陝西咸陽市西北），是光武帝時大司空竇融的曾孫女。因爲竇皇后的尊榮，竇皇后的哥哥竇憲和弟弟竇篤、竇景、竇瓌四人，也跟著一步登天。

竇憲是一個善於察言觀色、見風使舵的人。仰仗著皇后的權勢，到建初八年（西元八三年），竇憲已是虎賁中郎將。他飛揚跋扈，強搶民財，甚至連皇親國戚也不放過。有一天，竇憲看中了漢明帝女沁水公主的園田，就逼迫公主以低賤的價格賣給他。公主怕受到竇憲迫害，只能忍氣吞聲地依從。

朝中有剛毅的大臣對竇憲的所作所爲實在看不下去，就向皇帝進諫竇憲種種不軌的行爲，並請求皇帝令其閉門思過。大臣們的話引起章帝的警覺，他在路過沁水公主的園田時，見竇憲在裡面就問他是怎麼回事，竇憲一時語塞竟無以應答。皇帝立即命人查明了事情原委，怒斥竇憲。竇憲一看皇帝震怒，心裡十分懼怕，就偷偷地去找皇后說情，皇后以毀服（即降低所穿服飾等級改爲常服）的方式謝罪，皇帝才勉強放過竇憲，命他把園田還給沁水公主。這次雖然沒有治他的罪，但此後章帝也不再委以要職。

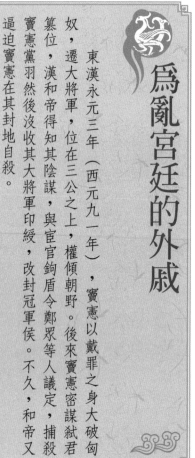

章和二年（西元八八年）正月，章帝病逝，剛滿十歲的太子劉肇即位，是爲漢和帝；竇皇后被尊爲皇太后。由於和帝年幼，竇太后就臨朝聽政，竇憲也得以兼任侍中。

然而在章帝治喪期間，竇憲仍不改惡行。都鄉侯劉暢是章帝的哥哥，和竇太后的關係一直十分融洽。劉暢在京城弔唁期間，竇太后經常邀請他到宮裡做客。有一天，劉暢被刺客暗殺，竇太后震驚悲慟之餘，命人嚴查此事。眞相大白的時候竇太后卻大驚失色，眞正的兇手竟是她的哥哥竇憲。原來，劉暢時常出入竇太后宮殿，竇憲怕劉暢日後分享他的權力，於是暗派心腹扮成刺客前去暗算劉暢。對此，竇太后十分惱怒，將竇憲關入內宮自省。恰在此時，南匈奴單于請漢王朝出兵征討北匈奴，竇憲害怕被殺，就請求竇太后允許他帶兵征討北匈奴，以贖罪過。

居功自傲

永元元年（西元八九年），竇憲被拜爲車騎將軍，領萬名精兵，大破北匈奴於稽落山（今蒙古國額布根山），北匈奴單于倉皇遁逃。竇憲乘勝追擊，出塞三千里，登燕然山（今蒙古國杭愛山），命令班固勒石記下這段功績，然後班師回朝。

回師以後，竇憲被拜爲大將軍，地位在三公之上，僅次於太傅。永元三年（西元九一年），竇憲又遣左校尉耿夔等出居延塞，圍困北匈奴於金微山（今蒙古國阿爾泰山），將其打得落花流水。北匈奴單于再次奔逃，從此下落不明，北匈奴也走向毀滅。

此時，如日中天的竇憲以平定匈奴的至功自居，權震朝野，他的幾個兄弟不僅佔據朝中要職，竇太后還窮國家之財爲他們大建宅邸。永元二年（西元九〇年）六月，朝廷下詔封竇氏兄弟侯爵，只有竇憲拒不受封，他這樣做也並非對侯爵的封賞不動心，而是有更長遠的企圖。

朝中的趨炎附勢之徒，見竇家的勢力日益旺盛，紛紛投入其門下。一時之間，形成了以耿夔、任尚、鄧疊、郭璜等人爲心腹，以班固、傅毅等人爲幕僚黨羽的利益集團。竇憲對於往日和自己結怨的人，大開殺戒，尚書僕射郅壽、樂恢等人因爲曾違背竇憲的意願，受逼迫相繼自殺。

東漢·部曲將印

按照東漢軍制，將軍領數部，部下設曲，稱部曲。

漢和帝身世之謎

竇貴人被漢章帝冊立爲皇后以後，一直沒有子嗣，所以章帝先立宋貴人生的皇子劉慶爲皇太子。竇皇后怕宋貴人威脅到自己的地位，誣陷她以邪道歪門詛咒皇上。於是，宋貴人被逼自殺，劉慶亦被廢黜爲清河王。劉肇的生母梁貴人，由於母家被竇皇后誣陷獲罪，也憂憤而死，於是劉肇在幼年時期即爲竇皇后收養。

章和二年（西元八八年），劉肇即位，是爲和帝。漢永元九年（西元九七年）閏八月，竇太后死去，梁貴人的族人奏明漢和帝實情，和帝才知道自己的身世之謎。對於如何處置竇太后，三公上奏：「請皇帝依照先例，貶去竇太后的尊號，並把她葬在皇陵之外。」和帝卻感念竇太后的養育之恩，沒有採納三公的建議。

弒君不成命嗚呼

漢和帝即位時年僅十歲，隨著時間的流逝日漸長大，對身邊的事也分得清是非曲直。但他的母后一直把他當小孩看；竇憲卻與竇太后不同，多年的經營讓他極盡結黨營私之能事，對皇帝嚴密監視，盡其所能限制大臣們和皇帝接觸，以致身居深宮的皇帝完全爲己掌控。

據《資治通鑑》記載，到了永元四年（西元九二年），「竇氏父子兄弟並爲卿、校，充滿朝廷」。竇憲覺得奪權稱帝的時機已經到來，就開始指使親家郭璜、女婿郭舉和部下鄧疊、鄧磊等人爲自己謀劃，欲刺殺皇帝取而代之。竇憲指使心腹多往來於皇宮，以取得竇太后的信任，爲日後刺殺計劃預作準備。

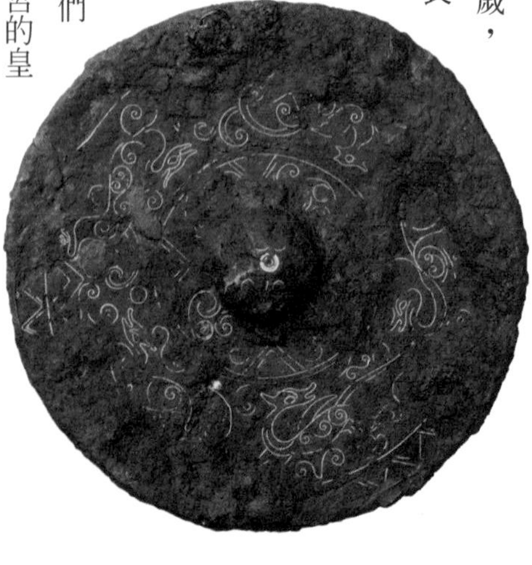

東漢．錯金五獸紋鐵鏡

這枚鐵鏡用金絲錯嵌出五個瑞獸。《上雜物疏》中記載皇帝用一尺二寸的錯金鐵鏡一枚，皇后、皇太子用錯銀鐵鏡四枚。錯金銀的鐵鏡工藝直到漢末才逐漸發展。

竇憲的縝密計劃終究傳到了和帝的耳朵。十四歲的和帝感到殺機四伏，他覺得朝中尚有司徒丁鴻、司空任隗、尚書令韓稜等人可以信賴，就想通過對自己忠心耿耿的中常侍鉤盾令鄭眾居中聯絡，設法將竇憲等人誅滅。

當時，手握重兵的竇憲正鎮守涼

州，和帝遂發出了調竇憲回京城輔政的命令，隨即以迅雷不及掩耳之勢解除竇篤的兵權，由丁鴻任衛尉統領南北軍。竇憲早有弒君篡位之意，只是並無藉口回京，看見皇帝宣召他回京，即刻就起程了。

竇憲等人回到京城的當晚，皇帝先命人將他們穩住。是夜，就命丁鴻等人採取行動，將城門關閉，然後命執金吾、五校尉分頭將鄧疊、鄧磊和郭舉、郭璜等人緝拿，並下獄處死。然後，和帝派謁者僕射直奔竇憲的府第，宣讀了收回他大將軍印綬的詔書，改封他爲冠軍侯。竇憲看大勢已去，也沒機會再見竇太后，就和其他兄弟回去各自的封地。竇憲兄弟幾人到各自封地不久，就依著和帝的意思相繼自殺。

東漢．灰陶說唱俑

俑高五十五公分，四川郫縣出土。這件俑赤裸上身，下穿長褲，但肚皮凸露於褲腰之上，赤著雙足，佈滿皺紋的面孔充滿笑意，還半吐舌頭做滑稽的表情，一臂挾鼓，另一手持桴隨意敲擊。這類俑極為真實刻畫出當年豪族地主為了享樂，驅使身體有缺陷的侏儒，在人們面前故作滑稽姿態供人笑樂的情景。

婦人的權欲之心

人生來就有慾望，但有的人為了滿足無止境的權欲之心，可以不惜代價、無所不用，東漢閻太后就是如此。她敢設計毒死未來太子的生母，敢在皇帝去世時祕不發喪，敢任意決定皇帝人選……目的只為專權弄權。可人算不如天算，閻太后最終還是落得個幽禁冷宮、兄弟遭戮的下場。

東漢中期，定遠侯班超苦心經營西域，使西域五十多國歸附漢朝，保障了「絲綢之路」的暢通。與此同時，朝廷中外戚與宦官勢力再次抬頭，此消彼長中不斷出現外戚、宦官交互專權的局面，東漢國力也在一場場內鬥中走向衰微。

蛇蠍婦人心

東漢安帝元初二年（西元一一五年）四月，宮女李氏正在房中陪伴襁褓中的皇子劉保遊戲，玩得不亦樂乎。突然侍從進來通報：皇后掛念李氏剛剛生育身體虛弱，特意送來補品慰勞。李氏感恩戴德，連連向皇后派來的人道謝，並當面飲下了補品。就在李氏再次要道謝時，來人已匆匆離去。隨即，李氏就覺身體發冷、頭重腳輕，一頭栽倒在地。等侍從反應過來，李氏已七竅流血而死。侍從趕忙把消息告訴漢安帝劉祜。安帝得知心愛的女人被人毒死，怒不可遏。很快就有人告訴安帝是閻皇后下的毒手，但閻皇后堅持說不是自己，安帝又抓不到什麼把柄就將這事不了了之。

據史書記載，殺死李氏的兇手就是閻皇后。原來，閻皇后雖然地位尊崇，也頗受安帝寵愛，卻一直沒能生下皇子，所以心中耿耿於懷。偏偏這時李氏生下皇子劉保，讓閻皇后妒火中燒，恨不得殺死劉保。但閻皇后還是膽怯，就轉向李氏下手，命人將她親自調製的含有劇毒的補品給李氏送去。

李氏死後，閻皇后還是沒能生下皇子，劉保也一天天長大。閻皇后擔憂的日子隨之迫近：安帝要立唯一的兒子劉保爲太子，如此劉保成年後知道生母被害的眞相，豈會給她留活路！但閻皇后沒有能說出口的理由阻止安帝，只能眼看著劉保成爲太子。

而且這時鄧太后臨朝聽政，立嗣這樣的大事安帝必須聽從鄧太后，閻皇后也不敢過分干預。

永寧二年（西元一二一年）二月鄧太后去世，安帝開始親政，朝中出現了針鋒相對的兩派：以鄧太后之兄大將軍鄧騭、宦官蔡倫爲首的鄧氏舊勢力集團，和以安帝乳母王聖、宦官李閏爲首的新貴勢力集團。安帝正想藉機剷除鄧氏集團，就命人羅織罪名，將鄧騭及其家人活活逼死，蔡倫亦服毒自殺。至此，鄧氏集團覆滅，閻皇后藉機請求安帝把她的兄弟安插到重要職位。於是，安帝對閻氏兄弟封侯拜將，東漢王朝開始由外戚轉入內寵當權的時代。

一手遮天

安帝親政後，卻不理朝政，整天熱衷於吃喝玩樂。閻皇后則在權勢鞏固後，勾結王聖、宦官江京、樊豐等人捏造證據，輪番在安帝跟前誣陷劉保，挑撥他們的父子關係。安帝於是下詔廢掉劉保的太子之位，貶爲濟陰王。雖然一班舊臣極力反對，但安帝還是堅持己見，拒絕收回成命。

東漢．細線紋博山熏爐

延光四年（西元一二五年）二月，安帝帶著閻皇后等人去南方巡狩，不想在葉縣（今河南葉縣）病死。閻皇后等一干人嚴密封鎖安帝死亡的消息，就連隨行的臣僚也渾然不知。他們每天照常向安帝呈獻飯食，與平時無異。如此，他們馬不停蹄地往回趕，不日就回到洛陽。次日，閻皇后安頓好一切，才對外宣布了安帝死亡的消息。同時，閻皇后不急著選立皇帝，先是尊自己爲皇太后，臨朝主政；封兄弟閻顯爲車騎將軍，「儀同三司」。接著，閻太后冒天下之大不韙，撇開安帝皇子劉保，迎立年幼的北鄉侯劉懿爲皇帝。爲防止舊臣生變，閻太后還不准劉保上殿到棺木前哀悼父親，劉保悲傷得不能自己，一連幾天都吃不下飯。朝臣們聽到劉保撕心裂肺的哀號，無不掩面而泣。

不久，閻氏兄妹爲全面攬權，開

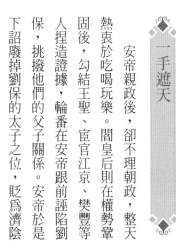

東漢·青銅奔馬

始整肅朝臣，就連昔日與自己爲伍的一干人也不放過。安帝的舅父耿寶，早已是大將軍，在朝中也有相當的號召力。閻顯就羅織罪名誣陷他，順帶著把其他妨礙手腳的人也一網打盡。不日，樊豐、周廣等幾個宦官被關進牢裡活活打死，耿寶被貶斥遣回封國，在半路自殺身亡，安帝的乳母王聖被放逐到雁門（今山西代縣）。

隨後，閻太后擢升兄弟閻景做衛尉，閻耀做城門校尉，閻晏做執金吾，大漢王朝的軍權全部掌控在閻氏兄妹手中。但就在他們意氣風發之時，一場風暴已在醞釀之中。

宦官十九侯

漢安帝延光四年（西元一二五年）十月，剛即位不久的皇帝劉懿突然病倒，一旁侍奉的宦官孫程認爲安帝來日不多，就偷偷地跑到濟陰王謁者長興渠那裡，與長興渠密謀在劉懿死後除掉閻顯，立濟陰王爲帝。隨後，孫程又串通了宦官王康、王國等人，準備共同起事誅滅閻氏。沒過多久，劉懿病死，但是閻氏兄妹還沒找到合適人選做皇帝，就封鎖消息、祕不發喪，同時緊急徵召各親王之子進京以遴選皇帝。爲防止生變，閻太后還下令緊閉城門，命軍隊處於高度戒備狀態。

可是孫程已經在第一時間知道劉懿死訊，集結王康、王國、黃龍、彭愷、孟叔、李建、王成、張賢、史汎、馬國、王道、李元、楊佗、陳予、趙封、李剛、魏猛、苗光等人到西鐘樓外舉行祕密會議，他們撕下各自的衣襟，對天盟誓：翦除閻氏，擁立濟陰王爲帝，以安漢室社稷。

十一月四日的夜裡，孫程等人聚集到崇德殿，領兵向章台門進發，恰巧碰見江京、李閏、陳達等人在商議事情，便悄悄圍攏上去砍下了江京、陳達等人的腦袋，李閏多年在朝中擔任要職，孫程就想借助他的威信進行政變，於是用刀尖直逼他的咽喉，低聲喝道：「擁立濟陰王爲帝，才可活命！」李閏一口答應了孫程等人。隨即，李閏、孫程等人就在西鐘樓下擁立時年十一歲的濟陰王劉保登上皇帝寶座，是爲順帝。緊接著，他們簇擁著順帝進入南宮，切斷了內外通道，李閏召集文武大臣朝見順帝，虎賁軍、羽林軍控制了皇宮各處宮門。

還在後宮盤算著立誰爲皇帝的閻氏兄妹，聽聞劉保登基的消息，不由得大驚失色。小黃門樊登上前給閻太后出了個主意：皇帝的玉璽還在太后這裡，只要太后下一道詔書調集軍隊攻擊孫程等人，事情還能挽回。閻太后覺得有理，就派人找來越騎校尉馮詩誘之以利。

馮詩表面慷慨激昂地答應了閻氏兄妹，但旋即又表示：「我倉促進宮，沒帶許多人馬。」閻顯就命樊登跟馮詩一塊去調集軍隊，剛走出宮門馮詩揮刀斬殺了樊登。衛尉閻景聞變，立即調集人馬準備進後宮營救閻太后，可是剛到盛德門就被尚書郭鎮攔住。郭鎮拔劍刺向閻景，只聽閻景「哎呀」一聲慘叫，從座車上滾落下來，郭鎮軍士一擁而上生擒了閻景。次日，順帝派人闖入後宮，從閻太后手中強奪了皇帝玉璽，才名正言順地做了皇帝。閻太后被幽禁到冷宮，平日裡與她作威作福的兄弟則全部被處死，至此閻氏集團覆滅。

至此，順帝坐穩了皇位。爲感謝擁立有功的孫程等十九個宦官，順帝把他們全都封了侯，史稱「宦官十九侯」。

漢順帝憲陵

在東漢洛陽城西北邙山有五帝陵，即光武帝劉秀原陵、漢安帝劉祜恭陵、漢順帝劉保憲陵、漢沖帝劉炳懷陵、漢靈帝劉宏文陵。圖中為漢順帝劉保憲陵。

漢質帝與跋扈將軍梁冀

漢本初元年（西元一四六年）閏六月，八歲的漢質帝劉纘在朝會上，開玩笑地稱呼大將軍梁冀為「跋扈將軍」。雖然童言無忌，梁冀卻懷恨在心，當晚就命左右在漢質帝的麵條裡下了毒，然後眼睜睜地看著漢質帝被活活毒死。

名門之後

梁冀，是東漢開國功臣高山侯梁統的後裔，在光武帝時，就與皇室聯姻，自此奠定了梁家名門望族的地位。漢章帝時，梁家有女被封爲貴人，所生皇子劉肇被竇皇后收之名下，竇皇后又將梁貴人害死。直到竇太后死去，已當了皇帝的劉肇才知自己的身世，爲梁家人陞官封侯。

漢永建七年（西元一三二年）正月，乘氏侯梁商之女被漢順帝冊立爲皇后，從此梁家權力鼎盛。梁商受封爲大將軍，其子梁冀也當上了河南尹。永和六年（西元一四一年）八月，梁商病死，梁冀成爲大將軍。梁冀嗜酒、好色、擅賭、專權，又長於陰謀算計。任河南尹時，就因洛陽令呂放時而在父親梁商那裡打自己的小報告，就派心腹將呂放殺了，然後又將罪行嫁禍他人。之後又充作好人，舉薦呂放之弟做洛陽令。

貪孩童以久其政

梁冀當上大將軍後，一方面加快培植黨羽的步伐，一方面著手翦除朝中異己。這時順帝已年近三十歲，不僅有自己的主見，對梁冀的專橫跋扈也多有耳聞。由此，順帝也成了梁冀的眼中釘，急欲除之而後快。建康元年（西元一四四年），順帝突然暴死，他的死因則成了一樁公案。

順帝一死，手足無措的大臣們只得擁立年僅兩歲的太子劉炳爲帝，梁皇后也隨之變成了梁太后。但半年之後，小皇帝也莫名其妙地死去。選立皇帝的議題又擺上了桌面。

清河王劉蒜，「年長有德」，太尉李固等人爲漢室江山考慮，極力要求立劉蒜爲帝。梁冀心裡打著「貪孩童以久其政」的算盤，他中意的皇帝候選人是年僅八歲的劉纘，因此他一聽李固等人的主張，立即反對。最終，梁冀逼迫著大臣們接受了自己的主張，立劉纘為帝，是為漢質帝。

口出禍言

質帝年紀雖小，但他「少而慧聰」。對梁冀的飛揚跋扈之行，自然是看在眼裡。本初元年（西元一四六年）閏六月的某一天，漢質帝在朝會上開玩笑地稱呼梁冀：「此跋扈將軍也！」頓時，朝堂之上大臣們面面相覷，沒有一個人敢出聲。

朝會散後，梁冀就派人來到宮裡，在質帝的麵條裡下了毒。當晚，質帝用完晚膳，就覺得腹部脹痛，急忙命人去傳太尉李固進宮。梁冀知道後，也跟進宮去。李固見到質帝問皇帝怎麼了，質帝答道：「剛才我吃了麵條，肚子就疼得難受，如果讓我喝些水，我可能還能活命！」李固還沒來得及開口，就聽梁冀喝道：「你恐怕要嘔吐，不能喝水！」左右一聽這話，哪還有人敢給質帝水喝，李固也只能眼睜睜地看著質帝斃命。質帝兩眼一閉，李固伏在屍體旁號啕大哭，梁冀看到此景怕事情洩露，對李固心生憎惡，後來便殺了他。

梁冀又立蠡吾侯劉志為帝，是為桓帝。桓帝即位後，益封梁冀一萬三千戶，並增大將軍府屬官，倍於三公。又封其弟梁不疑為潁陽侯，梁蒙為西平侯，其子梁胤為襄邑侯，又立梁冀的妹妹為皇后，梁氏外戚權傾朝野無人能及。

直到梁太后和梁皇后死後，桓帝才敢與中常侍單超等共謀誅殺梁氏。延熹二年（西元一五九年），梁冀被迫自殺，朝廷誅滅梁氏，清除其黨羽，其家產沒收變賣可抵當時全國一年租稅之半。

梁冀妻子孫壽像

外戚與宦官之戰

漢建寧元年（西元一六八年）九月，竇武、陳蕃等人預謀誅滅以曹節、王甫為首的宦官集團，不幸風聲走漏，宦官們搶先一步，詭稱陳蕃等人要廢帝，被矇騙的漢靈帝急忙下詔誅殺。事發當天，陳蕃即被捕殺。皇太后之父竇武亦在反抗無效後拔劍自刎。

漢桓帝能滅除飛揚跋扈的梁冀，全憑宦官單超等人的鼎力相助。事成後，桓帝論功行賞，將單超等人封侯。從此，宦官勢力日盛，受到壓制的大臣們心中憤懣，卻又無可奈何。但雙方之間的拉鋸戰在分出勝負之前，一直持續不息。

黨錮之禍

漢桓帝時，受恩寵的宦官和他們手下的爪牙在朝廷內外肆意橫行，以竇武、陳蕃、劉淑爲首的朝臣冒死與之抗衡。竇武是桓帝的岳父，延熹八年（西元一六五年）他的長女被冊立爲皇后，他則受封槐裡侯。陳蕃，到桓帝時已官至太尉，對於宦官集團則恨之入骨。當時的讀書人爲褒揚他們敢於和宦官抗爭的勇氣，稱他們爲「三君」。

延熹九年（西元一六六年）發生的一起殺人事件，將宦官與朝臣的衝突白熱化，並引發了漢朝歷史上第一次「黨錮之禍」。原來，有個善於風角（占卜）術的人叫張成，提前得知了桓帝要進行大赦的消息，就讓自己的兒子殺死了仇人。司隸李膺剛派人把張成的兒子抓起來，桓帝的大赦令就下來了。李膺於審問中得知了事情原委，就不顧桓帝的大赦令將張成的兒子拉出去砍了。張成心裡氣不過，就去找平時與自己交好的宦官。於是

東漢．雙羊紋金飾牌

腰帶裝飾品，金質，透雕。雙羊對立，大眼彎角，身體肥碩，彎角大眼的適度誇張使其更加顯得生動可愛。

這名宦官便唆使張成一家向桓帝告狀，說李膺等人結交太學，「共爲部黨，誹訕朝廷」，企圖將李膺等人一網打盡。桓帝聽後果然大怒，下旨緝拿李膺等所謂的「黨人」。但接到緝拿「黨人」公文的陳蕃卻不肯執行，還去勸諫桓帝。但此時的桓帝早已受身邊宦官的蠱惑，哪能聽得進陳蕃的話，一怒之下罷了陳蕃的官，將李膺等二百餘名「黨人」關進大牢。

東漢．錯銀牛燈

燈高四十六公分、長三十一．五公分，江蘇邗江甘泉出土。燈座造型是一頭體態雄健的牛。背托燈盤，盤旁有柄，可以轉動，牛體為空腔。這盞燈可以通過燈罩將燃燒後的煙氣灰炱經彎曲的長管，吸入牛頭而容納在牛的體腔內，以保持室內清潔。

大臣們一看桓帝受宦官的蒙蔽，罷免了陳蕃，還捕獲了這麼多「黨人」，都噤若寒蟬。槐裡侯竇武實在看不下去，就上了一份奏章，說明李膺等人是忠良之士，「陛下所行不合天意，不宜稱慶」。竇武還把印綬交給桓帝，以表不放李膺等人就不再爲官的決心。桓帝見自己的岳父出面了，不好駁回，就放了李膺等人。同時，桓帝命令李膺等人全部歸鄉，「禁錮終身」，不得爲官。

決戰前夜

黨錮之禍不久，桓帝就死了，竇皇后也成了竇太后。因爲桓帝沒有子嗣，竇太后就和父親竇武商量接班人的事。選來選去，選中了只有十二歲的劉宏，是爲漢靈帝。

靈帝年幼，攝政的職責自然落到了竇太后身上。竇太后任命他的父親竇武做大將軍，陳蕃做太傅，跟著桓帝時被罷免的一批「黨人」又被召回朝中。一站穩腳跟，竇武、陳蕃等人就盤算著剷除宦官，這時宦官曹節、王甫等人還盤踞朝中，手握大權。

竇太后爲了穩住位子，一方面任由竇武重新啓用「黨人」，一方面又安撫宦官以防他們生事。宦官曹節、王甫等人從桓帝一死，就成了驚弓之鳥，生怕遭到算計。

建寧元年（西元一六八年）五月的某一天，發生了日食，陳蕃藉此力勸竇武下定決心剷除宦官。竇武覺得陳蕃說得有理，就去找自己的女兒竇太后：「如今宦官執掌朝政，專爲貪暴，不但百姓們看不下去，上天也難以容忍，最近發生的日食就是上天的警告！所以，只有剷除宦官，江山才

第二次黨錮之禍

建寧二年（西元一六九年）九月，宦官爲斬除「黨人」，發動了更爲慘烈的一場浩劫，史稱第二次黨錮之禍。宦官侯覽爲人殘暴，任意禍害百姓，督郵張儉看不下去，就上書靈帝要求懲辦侯覽。侯覽得知後，來了個惡人先告狀，扣下張儉所寫奏章，指使心腹朱並向朝廷上奏章，誣告張儉聯絡同鄉二十四人共爲部黨（黨人），意圖危害社稷。曹節拿到朱並的奏章，就去找靈帝，要靈帝下詔將天下「鉤黨」一網打盡。時年十四歲的靈帝竟不知何謂「鉤黨」，就問曹節。曹節被弄得哭笑不得，答道：「鉤黨就是黨人。他們試圖篡奪皇位，危害社稷！」就這樣，懵懵懂懂的靈帝依著曹節的意思下詔：要求各地官員全力緝拿「黨人」，連帶著許多讀書人也一併被當成「黨人」處理，處死、流放、囚禁者有一千多人。爲斬草除根，曹節又讓靈帝下了一道詔書：凡是「黨人」及其父子、兄弟、門生人等，都「禁錮終身」，永不能爲官。

能穩固。」竇武一番話，竇太后聽後卻不以爲然：「漢朝從開國以來，就有宦官。即使要殺，也只能殺罪當誅的宦官，怎麼能夠全殺呢？」後來陳蕃再提此事，竇太后未予理會。

殊死之鬥

建寧元年（西元一六八年）九月，竇武、陳蕃等人見一時難以得到竇太后的支持，又怕拖得太久夜長夢多，就決定採取行動剷除宦官。他們先用以敵制敵之法，找藉口免了宦官黃門令魏彪的職，讓同是宦官的山冰接替，以此唆使山冰告發宦官長樂尚書鄭颯，鄭颯被關進北寺獄，受不了嚴刑拷問，供出曹節、王甫等人的罪行。竇武、陳蕃將罪狀拿到手，就準備向竇太后請示，以圖誅滅宦官。

不想，意外就在這時發生了。宦官朱瑀在竇武回府後發現了竇武、陳蕃的奏章，除了曹節、王甫外，自己的名字也赫然在內，立即告知曹節、王甫等人，於是他們歃血爲盟，誓言要誅殺竇武、陳蕃。隨後，他們在宮裡大呼：「竇武、陳蕃等人想要上奏太后廢掉皇帝，這是大逆不道的行爲！」靈帝一看有人要廢掉他，情急之下按著宦官的意思揮劍開路，將宮

東漢．鎏金神獸硯盒

硯盒高九．三公分，長二十四．九公分，江蘇徐州出土。神獸呈伏臥姿態，獸首上顎以上和背部為盒蓋，獸首下顎腹部和四肢為盒體。神獸頭生一雙長角，肩後生雙翼，張口露齒，造型威猛。通體鎏金，並鑲嵌多顆寶石，華美異常。

門關閉，並強迫尚書即刻起草詔書拜王甫為黃門令誅殺反逆。隨之，王甫持節到北寺獄殺掉山冰，解出鄭颯；接著，宦官們又脅迫竇太后交出了玉璽。同時，曹節等人派鄭颯帶人去抓竇武、陳蕃。

十常侍

東漢時期，權勢最大的宦官當屬中常侍。中常侍的俸祿雖然只有二千石，卻是和皇帝最為貼近的人，主要負責管理皇帝的文件，並代表皇帝對外發布詔書。依慣例，皇帝跟前的中常侍是四人。到了漢靈帝時，宦官勢力膨脹到極點，中常侍也猛增到十二人：張讓、趙忠、夏惲、郭勝、孫璋、畢嵐、栗嵩、段珪、高望、張恭、韓悝、宋典，被人們稱為「十常侍」。他們把持朝政、封侯受賞，糊塗的靈帝還把他們比作父母：「張常侍（張讓）是我父，趙常侍（趙忠）是我母。」

鄭颯宣詔後想拿下竇武，不想竇武拒不受詔，還殺了使者。竇武快馬加鞭來到北軍軍營，號令兵士：「曹節、王甫謀反，盡力誅殺者必有重賞！」兵士們一呼百應，與前來的宦官血拼。陳蕃聞知曹節等人已先發制人，率領隨從八十餘人揮刀突入承明門，直奔尚書門，與王甫短兵相接，陳蕃喊了一句：「大將軍忠心衛國，何來反意？真正要謀反的是你們這些宦官！」說著便要捉拿王甫，卻被對方制住。陳蕃被押到北寺獄，被亂刀殺死。

竇武這邊，則遭遇中郎將張奐的剿殺。原來這張奐剛從西北邊塞回師，曹節等人就假傳詔書，令張奐攻打竇武。竇武所率之眾不是兵士的對手，很快就被剿殺殆盡。竇武不願受辱，拔劍自刎。曹節見竇武已死，馬上割下他的首級掛在大街上示眾。竇家大小人等全被捕殺，李膺等一干「黨人」亦未能倖免。

曹節因「護駕」有功，被封為育陽侯，其他宦官也各有封賞。一時之間，小人得志，國家蒙難。靈帝也變成了十足的傀儡，任由宦官擺布。

李膺像

李膺，漢安帝永初四年至漢靈帝建寧二年（西元一一〇年至西元一六九年），字元禮，東漢穎川襄城（今河南襄城）人，曾任河南尹、司隸校尉，出自清末《歷代名臣像解》。

董卓坐收漁翁之利

光熹元年（西元一八九年）八月，外戚何進與宦官張讓惡鬥，何進誘董卓領兵進京誅殺張讓。不料張讓先發制人伏殺了何進，袁術、袁紹等人聞之大怒，命人燒了南宮並追殺張讓。倉皇中，張讓劫持少帝與陳留王出逃，很快就被追兵趕上，張讓無奈中投河而死。逢董卓領兵接駕，將少帝和陳留王迎回宮。隨後，董卓廢少帝，立陳留王劉協為帝，開始「挾天子以令諸侯」。

靈帝時，宦官勢力膨脹到極點，但情勢在中平六年（西元一八九年）四月發生了變化，因爲靈帝駕崩，十四歲的劉辨被立爲皇帝，改元光熹元年。隨著靈帝的死，何太后臨朝聽政，大將軍何進因而得勢與太傅袁隗一道輔政，宦官集團的權勢受到極大威脅，一場內鬥已迫在眉睫。

捉對廝殺

大將軍何進一掌握朝政，就決心與袁隗之侄虎賁中郎將袁術聯手誅滅宦官。沒想到走漏了風聲，被宦官蹇碩得知，蹇碩趕忙去找趙忠、宋典等人商量對策，議定馬上採取行動將何進捕殺，以除後患。但他們還沒來得及下手，與何進是同鄉的宦官郭勝就把消息遞給了何進。何進馬上就派人把蹇碩抓起來殺了。

袁術見雙方矛盾已經一發不可收拾，就勸說何進：「現在是誅滅宦官的最好時機，這樣做大將軍也能名垂後世！」何進就去找何太后，想要請何太后罷免中常侍以下的宦官，以三署郎補他們留下的空缺。何太后卻不認可，說：「宦官古已有之，不可輕易廢掉，況且先帝剛剛去世，這樣做對我們沒什麼好處！」

袁紹見何進舉棋不定，就向他建議：「如果你覺得我們的實力不足，可以徵召四方的英雄豪傑前來誅滅宦官。」主簿陳琳卻不以爲然，勸諫何進：「大將軍現在執掌朝政、手握重兵，當以雷霆之勢誅滅宦官，這樣天下人都會服從。如果授人以柄，不但事不能成，還會造成更大的禍亂。」但何進不聽，還是依袁紹之計向董卓等人發出領兵進京的命令。董卓接到這份以少帝名義發來的密詔，欣喜若狂，立刻回覆：「張讓等人濁亂海內，請皇帝將其誅滅！」隨即，董卓出兵向都城洛陽推進。

董卓的答覆一到洛陽，袁術認爲聯盟已結成，可以藉此敦促何太后下定決心誅滅宦官。但何進不曾想到，他出入何太后宮室的舉動早被宦官們盯上。某一天，張讓把段珪等數十人糾集起來，趁著夜色攜帶利刃埋伏於何進必經之地。何進剛從太后的宮室出來，宦官們一擁而上將何進圍住，拔劍將何進的腦袋斬落在地。

靜觀其變

董卓，隴西臨洮（今甘肅臨洮縣）人。史書上記載他「少好俠，嘗游羌中」，與西羌首領交好，同時在當地結交一些豪強甚至無賴之徒追隨自己。後來朝廷急於解決羌族叛亂問題，就極力拉攏董卓。永康元年（西元一六七年），董卓做了羽林郎。隨後，董卓又官升軍司馬，跟隨中郎將張奐討伐叛亂的羌人。連年的征戰，董卓淋漓盡致地發揮了他勇猛善戰的作風，官職也隨著他的功績一路攀升，直至中郎將。

後來，董卓在鎮壓黃巾起義軍的戰爭中一度受挫，但他並沒有氣餒，而是屯兵河東，養精蓄銳，靜觀其變，以圖他日東山再起，問鼎中原。終於，董卓的機會來了，他收到了大將軍何進以少帝名義發給他的密詔後，馬上就整頓兵馬，浩浩蕩蕩地開向洛陽。

而在洛陽城內，何進已被宦官張讓斬殺。等在宮外的何進部將吳匡、張璋等人知道後試圖闖入宮去，不想宮門已經緊閉，只得向袁術和袁紹報告。袁術一怒之下命人燒了南宮青鎖門，想迫使張讓出來。張讓明知自己勢單力薄，與袁術等人硬拚必定是要吃虧的，就進入何太后宮室，說大將軍何進謀反，火燒南宮還想闖進宮來，我要帶您和皇帝、陳留王從北宮逃走。尚書盧植執戈擋住去路，斥責張讓：「爾等殺了大將軍，還想害死太后不成！」張讓等人無心戀戰，只好放了何太后，帶著少帝和陳留王

東漢．鎏金銅鹿

鹿舉首、豎耳、挺胸、卷尾，作靜立之姿，神態安然悠閒。通體鎏金。

東漢‧六博木俑
俑高二十八‧五公分，甘肅武威出土。兩位老人相對席地而坐，中間放置一張博局，一老人左手前伸，右手撫膝；另一老人左手下垂，右手伸出指向博局，似乎二人在爭論六博的輸贏。這組木俑人物姿態生動，是一件極富生活情趣的東漢木俑。

向宮外奔逃。

火燒南宮之後，袁術、袁紹等人就領兵闖入皇宮，袁紹假傳詔書斬殺宦官樊陵、許相等人。隨後，袁紹命人關閉北宮，將宮內宦官無論老少共二千多人一律殺死。整個皇宮立時陷入一片血海之中。張讓等人帶著少帝和陳留王拚命奔逃，連夜跑到了小平津（今河南孟津縣），不想還是被盧植等人追到河邊。張讓等人惶恐無比，又走投無路，只能拜別了少帝，投入滾滾黃河。

漁翁之利

董卓一路向洛陽推進，卻見城內火光沖天，情知有變，急忙派人前去打探，很快他就得到回報：宦官張讓已先下手斬殺了大將軍何進，帶著少帝出北宮奔逃。董卓一聽，馬上率軍追去，在北芒阪與少帝、陳留王一行相遇。

少帝見大軍壓來，嚇得痛哭流涕。董卓一看這陣勢，就沒把皇帝放在眼裡。這時，盧植等人對董卓說：「皇帝有詔，外兵不得入城！」董卓坐在馬上傲慢地說：「皇帝蒙難，我等爲人臣者自然要來保駕，怎麼能退兵呢？」一旁的陳留王突然開口喝道：「既然是來護駕，爲何見了皇帝不下馬跪迎？」董卓理屈，趕忙下馬向少帝行君臣之禮。隨後，董卓問起禍亂的緣由，陳留王對答如流，董卓不由得有了日後立他爲帝的想法。

隨後，少帝和陳留王由董卓保護著回到皇宮。自此，董卓獨攬朝政，「挾天子以令諸侯」。但董卓當時只有區區三千兵馬，如何能穩坐洛陽？於是，他想了個辦法，連續四、五天讓自己的軍隊前一晚偷偷溜出城，第二天再堂而皇之地進城，給人以軍力雄厚、調兵遣將的假象。同時，董卓開始整編何進、丁原等人的軍隊，很快勢力就強盛起來。

騎都尉鮑信看出董卓的野心，就勸說袁紹：「董卓擁兵自重，必定是有二心。現在不除掉他，恐怕日後要受制於他。不如趁著他還未立穩腳跟，將他抓起來！」袁紹早被董卓整天調兵遣將的陣勢嚇住，哪敢抓他。果然，沒幾天董卓就來找袁紹，和盤托出自己想廢掉少帝、另立陳留王劉協爲帝的想法。袁紹當面反對，董卓惱羞成怒：「你這豎子敢不從我，天下事還不是我一個人說了算，我想怎樣就怎樣，難不成你想嘗嘗我的寶劍是不是鋒利？」袁紹也勃然大怒，喝道：「天下的英雄難道就只有你一個！」說完橫刀向董卓，拂袖而去。袁紹回去後愈想愈怕，帶著家眷逃往冀州。

隨後，董卓當著眾大臣的面威逼何太后廢黜少帝，何太后無奈只好下詔：「皇帝在喪，無人子之心，威儀也不足以爲君主，今天廢黜他，立陳留王爲皇帝。」就這樣，董卓將年僅就九歲的陳留王扶上帝位，是爲漢獻帝。董卓則自任太尉、相國，位在三公之上。爲絕後患，董卓又命人用毒酒鴆殺何太后。自此，董卓挾持著獻帝，將東漢王朝帶向窮途末路。

東漢・帶蓋提梁銅壺

壺蓋上有提梁，用環與蓋及壺腹相連，長頸，腹漸廣，喇叭形高圈足。腹及圈足飾弦紋。

漢獻帝「禪位」眞相

東漢建安二十五年（西元二二〇年）十月，魏王曹操病死，生前留下一句「若天命在吾，吾為周文王矣」。曹丕一坐上父親的位子，就唆使左中郎將李伏等人上書，威逼漢獻帝退位，漢獻帝被逼無奈，配合曹丕演了一場「三禪其位」的雙簧，於同年十月「禪位」給曹丕，東漢王朝滅亡。

漢獻帝利用王允等人除掉董卓後，又引來了一隻更凶殘的狼——曹操。曹操打著「匡扶漢室」的旗子爲自己的子孫鋪路。到他晚年時，天下三足鼎立的局面已經形成，一時之間誰也沒有辦法撼動對方。有人建議曹操當皇帝，不願背上後世罵名的曹操說了一句：「若天命在吾，吾爲周文王矣」。

世子之路波折

曹丕能順利地當上魏王，主要不是他的功勞，而是父親曹操用一生一世的心血爲他打下來的天下。因此要更深入地瞭解曹丕，就不得不提到曹操。

曹操，小名阿瞞，沛國譙縣（今安徽亳州）人，本姓夏侯，後來他的父親夏侯嵩做了中常侍曹騰的養子，就改姓曹氏。早年，曹操曾追隨袁紹征討董卓，失敗後佔據濮陽做了東郡太守。後來曹操在攻打青州黃巾軍的戰爭中取得勝利，擁兵幾十萬，成爲稱霸一方的梟雄。

建安元年（西元一九六年）七月，獻帝在董承等人的簇擁下，回到闊別五年的洛陽，但此時的洛陽早已是滿目瘡痍，沒有一點都城的樣子，許多大臣都只能靠挖野菜充飢。安集

東漢．透雕龍鳳玉珮

將軍董承見事態無法控制，就寫了一封密信給曹操，要他爲洛陽送來一些糧食。曹操沒有怠慢，馬上就帶著人馬來了。

看著破敗的洛陽城，曹操對獻帝說：「這樣破敗的地方怎能長住，請皇帝遷都許昌。」獻帝一聽，馬上就答應了。至此，曹操完成了他攀登權力頂峰的第一步計劃：挾天子以令諸侯！這一招頗爲奏效，它幫曹操穩住了陣腳，爲日後統一中國北方地區，坐上魏王、丞相的高位奠定了基礎。

曹丕是曹操的第二個兒子，史書記載他「少有逸才」，從小開始博覽古今經傳、諸子百家之書，八歲時就能作文。曹丕還兼備武才，喜歡騎馬、射箭之術。建安十六年（西元二一一年）正月，曹丕受封五官中郎將，爲丞相副手。建安二十二年（西元二一七年）十月，曹丕被立爲世子。但曹丕成爲世子的道路並不平坦，而是在鉤心鬥角間經歷了幾多波折。

本來曹操比較中意讓三子曹植日後做他的接班人，丞相主簿楊修等人也力主曹操立曹植做世子。但曹植不是長子，立他做世子可能會引來非議，曹操舉棋不定，就寫信詢問尚書崔琰，崔琰答道：「春秋大義，立長子是天經地義的。」曹操聽後，一時難以決斷，就將這事暫且擱到一邊。有一次，曹操領兵出征，曹丕、曹植都來送行。曹植極力稱讚父親的蓋世功德，曹操聽後大喜，身旁的官員也不能不佩服他的文采。等到曹丕說話，他卻深深地給父親行了告別禮，並忍不住悲傷而泣。曹操深受感動，欷歔不已，心裡認定了曹植雖會說辭藻華麗之話，卻比不上曹丕的誠心，就決心讓曹丕做世子。

曹丕剛被立爲世子，左右長御祝賀他的母親卞夫人：「曹丕當了世子，天下人都高興，夫人應當給我們這些人賞賜。」卞夫人卻說：「曹丕是長子，理應立爲世子。我只要在教導他爲人之道上沒有過錯就是萬幸了。」後來，長御把這事告訴曹操，

曹丕的治國之策

曹丕做皇帝，只有短短六年時間，但他任內實施的許多政策，卻值得後人關注：（一）加強皇帝權力，設立中書省，其官員全部由讀書人擔任，詔令起草之責與機要之權歸中書省統管；（二）婦女不得參政，群臣不得奏事太后，外戚不得擔當輔政之任；（三）創立九品中正制，將用人權收歸中央；（四）發展屯田制，重視水利建設，實施戰略防守政策，恢復生產，與民休養生息；（五）尊崇儒學，重視教育。

魏黃初二年（西元二二一年），曹丕重修孔廟，封孔子後人爲宗聖侯，命令人口達十萬的郡國每年察舉孝廉一人。黃初五年（西元二二四年）又恢復了太學，設立春秋穀梁博士。這些措施的實行，使魏國的實力進一步增強。

曹操高興地說：「怒不變容、喜不失節，要做到這點是最難的。」曹丕跟著自己的母親，自然是受益匪淺。而他的弟弟曹植就沒有這樣幸運，常任性而爲，惹惱了曹操不說，連妻子也跟著自己喪命。

虎狼之勢盡現

建安二十一年（西元二一六年）五月，丞相曹操受獻帝之封做了魏王。這時，袁紹、公孫瓚、張濟、呂布等地方勢力已被曹操消滅，能夠與之抗衡的，只有西蜀劉備和東吳孫權，三足鼎立，漢獻帝空有皇帝的名分。許多大臣向曹操提議：「大漢的氣數已盡，而大王你功德巍巍，理當順應上天和萬民的心願，早日登上大位。」不想曹操卻已認定自己要做周文王，所以沒有採納大臣們的意見。

建安二十五年（西元二二〇年）正月，曹操病死。身在鄴城的曹丕，聽聞死訊後，繼承了魏王位。

曹丕當上魏王不到一年，就蠢蠢欲動，他鼓動左中郎將李伏、太史丞許芝等人上書獻帝，說：「魏取代漢室，是無法違背的事。」接著，輔國將軍劉若也帶著一幫大臣勸諫獻帝順應天人之望，早早地把帝位讓出來。獻帝呢，心裡自然是苦不堪言，不但自己繼續做皇帝、振興漢室的抱負無法實現，眼看著還要把大漢四百餘年基業拱手送與他人，但自己一籌莫展，只有含淚答應了。

建安二十五年（西元二二〇年）十月，獻帝來到了高祖的宗廟前做最後的告別，並把寫好的「禪位」詔書和玉璽等物派人送去給曹丕。獻帝在詔書中寫道：我心知漢家的氣數已盡，天命轉向了曹家。古時有堯舜禪位的先例，可見王朝有盛有衰，帝王也不在一家一姓。所以我眞心願意把帝位禪讓給魏王，以順天命，萬望魏王接受。

曹丕見了獻帝的詔書，並沒有答應。獻帝見曹丕退讓，以爲曹丕沒有

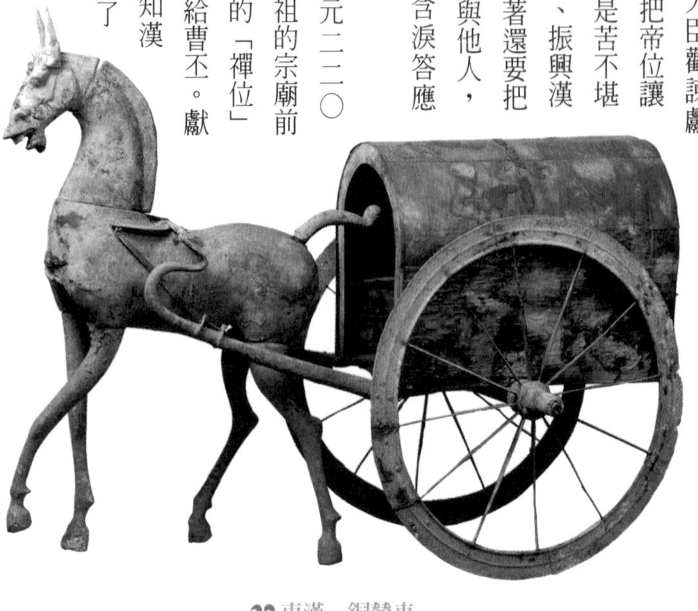

東漢．銅輦車

竊國篡位的意思，就想收回成命。可是，曹丕派人去找獻帝說，禪位哪有一次就接受的道理，魏王這樣做不過是出於一種禮貌。被逼無奈，獻帝又下了第二道、第三道詔書。

曹丕見時機已到，就命人在許都南面的繁陽修了一座「受禪台」，「率我唐典，敬遜爾位」。很快地，獻帝就按照曹丕的安排，來到「受禪台」，將傳國玉璽奉上，曹丕就此做了皇帝，改國號魏，是爲魏文帝。曹丕隨即封漢獻帝爲山陽公，追封死去的父親曹操爲武皇帝。

魏國建立後，劉備在西蜀、孫權在東吳相繼建國稱帝，三足鼎立的局面正式形成，開始了中國歷史上自秦漢以來的第一次大分裂時期。

東漢・君車出行圖

司馬懿：高平陵政變

魏明帝駕崩，司馬懿與曹爽共同輔佐幼主曹芳。但宗室出身的曹爽排擠司馬懿，很快就獨攬了軍政大權。曹魏正始十年（西元二四九年）正月，處心積慮已久的司馬懿見曹爽陪幼主外出謁祭，發動政變，誅滅了曹爽集團。此後，司馬懿獨掌大權，為後來的晉王朝奠定了根基。

韜光養晦

司馬懿，河內溫縣孝敬（今河南溫縣）人，出身世家大族，從小就博學多聞，聰明而有才略。二十歲出頭，司馬懿就被知人善任的南陽太守楊俊看重，說他絕非尋常之輩。

東漢建安六年（西元二〇一年），司馬懿被舉薦爲上計掾。身在朝中的曹操，聽聞司馬懿是個人才，就想拉攏他。司馬懿知道曹操不過是梟雄，於是就在家裡裝病，然後讓人回覆曹操自己身患風痺，難以擔當重任。生性多疑的曹操哪能相信，就派人扮成刺客打探虛實。刺客一到房中，就被司馬懿發覺，但他躺著不動，表示自己沒有反抗之力，刺客信以爲眞就匆忙收起劍回去覆命了。

建安十三年（西元二〇八年）六月，已做了丞相的曹操聽崔琰說起司馬懿：「聰哲明允，剛斷英特，不是你們所能比的。」想起幾年前司馬懿婉拒不出的事情，就對手下人說：「這次他再推託，就給我抓來。」就這樣，司馬懿擔任了文學掾，再也撇不開和曹氏一家的瓜葛。

因爲有此前的芥蒂，司馬懿始終和曹操保持一定的距離。建安二十四年（西元二一九年），東吳孫權向曹操上表稱臣、鼓動曹操做皇帝。曹操說了句：「這傢伙是想把我放到炭火上燒啊！」司馬懿則說：「漢家已垂垂老矣，如今的天下大王已佔了十分之九，孫權稱臣，是順應天下人的意思！」曹操雖沒有稱帝的打算，但司馬懿說出的這番話卻十分受用，可見司馬懿對曹家是忠心耿耿的。

魏國建立後，司馬懿升任太子中庶子，開始佐助曹丕，深得曹丕器重。黃初七年（西元二二六年）五月，魏文帝曹丕亡故。臨死前，魏文

司馬懿塑像

帝曹丕對太子說：「有間此三公者，愼勿疑之」，將司馬懿與曹眞、陳群、曹休任命爲輔政大臣。由此可見，曹丕對司馬懿信任程度之深。

魏明帝曹叡即位後，司馬懿受封舞陽侯。不久，孫權得知曹丕去世，率大軍攻打魏國，司馬懿奉命迎戰，擊敗吳軍，斬殺吳將張霸及其軍士上千人，司馬懿升任驃騎將軍。

景初三年（西元二三九年）正月，司馬懿入宮見生命垂危的明帝，明帝握著他的手說：「現在我將後事託付給你，你和曹爽要輔佐好太子。這樣我也死而無恨！」說著，就把太子曹芳叫進來給司馬懿說：「這就是我的兒子，你要認明了，不能誤了他！」說著，就叫曹芳緊抱司馬懿的脖子，不但司馬懿禁不住頓首流涕，在場的人也潸然淚下。

鋒芒畢露

明帝臨終時任命的兩個顧命大臣，一個是司馬懿，一個是曹爽。曹爽，是曹操的侄孫，大司馬曹眞的兒子。從小時候起，曹爽就表現得持重謹愼。文帝時，曹爽和當時的太子曹叡（後爲明帝）關係很好，也深得曹叡的器重。後來，曹叡當了皇帝，曹爽受到重用，從散騎侍郎一直做到武衛將軍，備受恩寵。曹叡臥床養病後，曹爽被召入宮中，拜爲大將軍並假以節鉞，處理軍國大事。

明帝曹叡一死，齊王曹芳就當了皇帝，司馬懿和曹爽也負起顧命大臣的職責。起初他們倆相處和睦，各領三千精兵輪番在殿內值班。曹爽因爲司馬懿年事已高，才幹資歷也遠在自己之上，就對他以父輩之禮相待，有什麼事也常常去請教，不獨斷專行。

但這樣的日子沒有維持多久，就被曹爽的門客破壞了。曹爽手下的門客主要有畢軌、鄧颺、李勝、何晏、丁謐等人，這些人都是趨炎附勢之輩。之前，明帝看不慣他們就棄之不用，但曹爽爲籠絡人才，就把這些人收到自己門下。他們常常對曹爽說大權絕不能旁落他人，司馬懿必有野心，如此下去將危害社稷。丁謐則為曹爽獻計，要皇帝將司馬懿升為太傅，以奪取其兵權，將其架空。

曹爽漸漸地也覺得門客們說得有理，就依照丁謐的計策假借皇帝之名下了一份詔書。這一明升暗降的招數果然奏效，司馬懿不但兵權被奪，今後尚書奏事，也得先過曹爽這一關。

三國・青瓷水注

原名硯滴，文房用具，滴水於硯以磨墨，故名。有嘴的叫「水注」，無嘴的叫「水丞」。

後來，曹爽又把弟弟曹羲、曹訓、曹炎以及鄧颺、何晏、丁謐等心腹之人安插到重要位置，掌控實權，司馬懿的人則被排擠殆盡。

表面上，曹爽對司馬懿還是尊敬有加，但是司馬懿早已看出曹爽的用意，只是不動聲色。老謀深算的司馬懿決定以退為進、避其鋒芒，以待時機。不久，司馬懿就以年老體衰為由，把權力全部讓給曹爽，再不過問政事。

曹爽則隨著權力的膨脹，有了篡位奪權的野心。正始九年（西元二四八年）三月，黃門張當私自把內庭才人石英等十一人送給曹爽，曹爽、何晏乘機與張當勾結，伺機篡位。但對於稱病不問朝政的司馬懿，曹爽還是有所顧忌，就派心腹李勝前去試探究竟，司馬懿又使出了當年對付曹操的招術。曹爽聽了李勝刺探回來的消息，以為司馬懿真的到了老得不中用的地步，就徹底放鬆了對司馬懿的警惕。

風雲突變

正始十年（西元二四九年）正月某日，齊王曹芳率領著宗親和文武百官浩浩蕩蕩地奔向城外埋葬明帝的高平陵，準備進行拜謁。曹爽和他的心腹也不例外，陪著齊王一道去了。蟄伏已久的司馬懿見時機一到，洛陽幾乎成了一座空城，就命令兒子司馬師、司馬昭率領部屬佔領城門、兵庫等戰略要地。隨即，司馬懿上奏太后，以太后懿旨關閉城門，褫奪曹爽的職權。同時，司馬懿還派重兵駐守洛水浮橋，並派人上書給齊王，說曹爽「背棄顧命、敗壞國典」，請求齊王罷免曹爽的兵權。

曹爽和齊王面對突如其來的變故，竟慌得手足無措，以數千名屯田兵自衛。很快地，司馬懿就接連派來許允、陳泰、尹大目等官員做說客，勸說曹爽早早認罪，這樣做只會被免官，其他的待遇依舊。曹爽知道大勢已去，就相信了這些說客代表司馬懿所做的承諾，準備回洛陽。司農桓範慌忙攔下曹爽說：「司馬懿絕不會就此罷休，不如帶著皇帝去許昌，在那裡以皇帝之名召集兵馬攻打洛陽，誰敢不應？」曹爽不聽，把刀扔到地上，說：「現在回去我還不失爲一富家翁！」話畢曹爽就讓齊王免了自己的官職，一道回宮去了。

曹爽一回到府第，馬上就被司馬懿派兵包圍，司馬懿還讓人在曹爽府地的四角建起高樓，讓人在樓上監視曹爽的一舉一動。但這樣的日子並沒過多久，司馬懿就對曹爽一干人定了大逆不道的罪名，並全部處死、滅三族。

此後，司馬懿一家徹底掌控了曹魏政權，爲後來的晉王朝奠定了基礎。

司馬懿與曹操

曹操頗為愛才，只要是他看上的人才，即使不用也要設法收到門下，以免被對手搶去。司馬懿就是在這種背景下為曹操所用，但司馬懿又不甘心屈於這個梟雄，就想著法子想擺脫，以致曹操在收服他以後很長時間都心存芥蒂，始終認為司馬懿是一個城府很深之人。有一天晚上，曹操做了一個奇怪的夢，夢見三匹馬同在石槽裡吃草，曹操認為這是「馬」吃「曹」的徵兆，就提醒與司馬懿交好的曹丕：司馬懿終不會甘居人下，將來必壞我們曹家的大事。但曹丕對此不以為然。

三國．車騎圖

孫綝夜襲吳主孫亮

大將軍孫綝專權凶虐、不專心事主，吳主孫亮欲除之而後快。未料計劃洩露，孫先發制人，於太平三年（西元二五八年）九月二十六日策動政變廢黜孫亮，立琅琊王孫休為帝，是為景帝。後來景帝與丁奉等人密謀，將孫綝處死。

眼中釘

神鳳元年（西元二五二年）四月，孫權病死，孫亮登上帝位。一年後吳主孫亮親理朝政，不僅對掌控軍政大權的大將軍孫綝多有詰問，還挑選了三千多名青壯年準備訓練成自己的心腹之兵。

有一天，孫亮在中書處查看父親生前留下的文件，他問左右侍臣：「父皇生前都是自己親自決斷國家大事，爲什麼到了我這裡事情都是由大將軍決定，我只在文件上簽字？」

隨著時間的推移，孫亮與孫綝之間的衝突日漸尖銳。孫綝爲避鋒芒，就跑到鑊里（今安徽巢湖），推託自己有病，不再來朝覲孫亮。同時，孫綝還調兵遣將，命令弟弟孫據、孫恩等人監守皇宮以及軍事要地。孫亮心中憤懣，就藉調查朱公主死因之由，將孫綝的幹將朱熊、朱損抓起來處死，就連孫綝出面說情也不管用。

爲除掉眼中釘，孫亮與太常全尙、將軍劉丞一起謀劃了誅殺孫綝的計劃。孫亮把黃門侍郎全尙之子全紀叫來，說：「孫綝專權，根本沒把我放在眼裡。我命令你回家告訴你的父親、太常全尙將人馬集結到朱雀橋，我要包圍孫府第將其緝拿懲處。但事關重大，一定要保守祕密，千萬不能讓你的母親知道這事。」全紀一回家，就把孫亮的命令傳達給父親全尙，全尙把事情告訴了老婆。全尙的老婆是孫綝的堂姐，聽到孫綝大禍臨頭，就十萬火急地把消息傳給孫綝。

先下手爲強

孫綝一聽堂姐傳來的消息，驚出一身冷汗。太平三年（西元二五八年）九月二十六日夜，孫綝突然發動了襲擊。首先，孫綝派人生擒了全尙、又派人誅殺了劉丞。然後領兵包圍皇宮。

孫亮如困獸般待在宮裡，要衝出去與孫綝拚個死活，被侍臣緊緊抱住，哀求他不要出去。孫亮憤怒地看了一眼全皇后：「都是你父親糊塗，壞了我的大事！」遂命人叫來全紀，全紀悲歎道：「我父親知道自己辦事不周，辜負了皇帝，哪有臉面來覲見！」說完，全紀就自殺而亡。

孫綝在宮外，見孫亮久久不敢出來，就召集文武大臣開會，說：「皇帝頭腦混亂，沒有資格繼續侍奉宗廟，應當廢掉，如果大家有不同意見，現在就提出來。」大臣們一看孫綝手裡的刀，哪敢說「不」字，隨聲附和道：「聽從大將軍的命令！」孫綝就讓光祿勳孟宗去太廟報告他要廢黜皇帝孫亮的事情。隨即，孫綝進宮奪去了孫亮的印信，迎立琅琊王孫休爲帝，是爲景帝。孫亮則被貶爲會稽王。

撿來的太子之位

孫權立孫和為太子後不久，封另一個兒子孫霸為魯王。起初，孫權讓他們兩人同處一室，同等對待。他們的關係也和睦。後來，孫權受朝臣鼓動，將他們分開，允許他們建立各自的幕僚團隊。

從此，身為太子的孫和，在幕僚的危言聳聽下有了危機感。孫霸雖然已被封為魯王，但他也有了日後繼承帝位的願望。朝中，也分成了太子派和魯王派，兩派經常劍拔弩張，大有勢不兩立之態。

孫權一氣之下，就把太子廢黜了，魯王則被孫權賜死。但國中又不能沒太子，孫權就把幼子孫亮拉出來做了太子。

多行不義必自斃

孫綝將孫亮廢黜後，就即刻派人把他送到封地會稽（今浙江紹興）。全妃被放逐到豫章（今江西南昌），全尚則被放逐到零陵（今湖南永州），沒多久他們都被孫綝派出的刺客殺害。

景帝即位後，大將軍孫綝以功高自居，不但自己做了丞相、荊州牧，還讓他的幾個弟弟都封了侯。孫綝飛揚跋扈的行徑很快就讓景帝側目。有一次，孫綝送給景帝酒肉，景帝沒有接受，孫綝竟氣憤地說：「這分明是看不起我，當年我擁立他，今天看來是看錯人了！」遂有了廢帝的想法。景帝得知後，與左將軍丁奉等人謀劃，在永安元年（西元二五八年）「臘八大祭」時，誅殺孫綝，其黨羽、三族亦被屠滅。

三國．吳．青釉穀倉罐

罐高四十八公分，江蘇金壇出土。穀倉罐又稱為「魂瓶」，是江南地區孫吳時期墓葬中獨特的隨葬物品，具有很高的藝術價值。

兄弟內訌　八王之亂

歷史上大多數王朝不是因外戚宦官，就是因民變叛亂而亡，晉王朝卻是衰敗於諸王之間的內訌。晉武帝死後，白癡兒子當了皇帝，賈后得以弄權，其他諸王看著眼紅，連續將晉王朝拖入長達十六年的混戰。最後八個有實力的王之中，有七個死於非命，國家也陷入徹底的衰敗。

魏文帝曹丕篡漢奪位，最終自己一手締造的帝國也未能逃脫同樣的命運。魏咸熙二年（西元二六五年），司馬家族廢了曹魏皇帝曹奐，建立了西晉王朝。爲了護衛皇權，晉武帝大肆封王，因而種下禍根。

楊駿之死

西晉武帝太熙元年（西元二九〇年）三月，武帝司馬炎命在旦夕，而太子司馬衷無才無智，選誰做顧命大臣讓他頗爲頭疼。再三思量，武帝在臨終時以侍中楊駿和汝南王司馬亮爲顧命大臣，共同輔佐司馬衷。

武帝一死，司馬衷即位，是爲晉惠帝。楊駿的女兒楊芷成了太后，楊駿趁機結黨營私、培植心腹，成了朝中權傾一時的人物。另一個顧命大臣司馬亮，處處受到楊駿的排擠，無奈之下知難而退，跑到許昌去了。於是，剛愎自用的楊駿獨攬大權，變得不可一世。

楊駿讓惠帝擢升他爲太傅、大都督，並規定皇帝所有的詔令都要由他下達。馮翊（今陝西大荔縣）太守孫楚勸他：「你是以外戚的身分居於高位，應當以至誠至信的態度輔政。而且，皇族的力量強盛，你不與他們共同主政，對內猜忌，對外結黨營私，就離大禍臨頭的日子不遠了！」楊駿雖對此不屑一顧，但心裡還是有所顧

西晉・瑪瑙璧

忌，這顧忌就來自皇后賈南風。

賈后對於楊駿獨攬大權的所爲早已心生嫉恨，只是礙於楊駿的勢力，未敢輕舉妄動。終於，賈后等到了機會。金殿禁衛官孟觀、李肇爲官以來，不但未得到楊駿的提拔，還常遭輕視，時間長了就對楊駿產生了嫉恨。賈后知道後，就命這二人聯絡汝南王司馬亮，要他起兵討伐楊駿。司馬亮心裡害怕，沒有理會。李肇又去找楚王司馬瑋，司馬瑋隨即領兵向京城洛陽進發。

歸義氐王金印

「歸義」猶言歸化而附之，即歸順之意。此印為晉室賜給歸順於晉的氐族部落酋長之印。

永平元年（西元二九一年）三月八日深夜，賈后藉著惠帝之手下了一道詔書：太傅楊駿謀反，免除其官職。詔書送到楊駿手中之時，東安公司馬繇率領的禁衛軍亦將楊駿府第團團圍住。情勢危急，楊駿的謀士朱振說：「一定是一些宦官小人給賈后出的主意，我們應當放火燒了皇宮南門，趁著火勢逼他們交出主使者。然後再打開皇宮東門，率領太子衛隊和宮外的衛戍軍隊擁護太子緝拿亂黨，將其一網打盡。不這樣做，我們將在劫難逃。」然而楊駿卻說：「皇宮南門氣勢如虹，是當年魏明帝一手建造，怎能付之一炬？」朱振等人見他膽小怕事，就紛紛找藉口溜之大吉。

楊太后見父親危急，就以帛爲書：救太傅者有賞！用箭射出了皇城，揀到之人將帛書送給了賈后。賈后藉此將楊太后廢爲庶人，囚禁在金墉城。楊駿府第此時已陷入火海。楊駿避之不及，逃到了馬廄，被趕來的士兵斬殺。女兒楊太后則被活活餓死於金墉城。

賈后弄權

滅了楊駿，賈后離權力的巔峰進了一步。爲穩住大局，賈后召司馬亮進京輔政，同時封誅殺楊駿有功的司馬瑋爲衛將軍，統領守衛洛陽北城的禁軍。司馬亮深知自己雖坐在輔政的高位，卻在這場鬥爭中無尺寸之功，要想坐穩位子就必須將手握重兵又剛愎好殺的司馬瑋趕出洛陽，否則日後

西晉・滿溢侯金印

必成大患。

於是，司馬亮褫奪了司馬瑋的兵權。司馬瑋心中惱怒，跑到了賈后那裡告狀，賈后遂封司馬瑋為太子少傅。隨後，賈后命人向司馬瑋送去一份密詔：「司馬亮圖謀不軌，令淮南王等免去其官。」司馬瑋害怕有詐，想要確認一下，送密詔的人則說：「這樣事情恐怕要洩露，違背皇帝下密詔的本意。」隨即，司馬瑋率兵包圍了司馬亮的府第，司馬亮立時變成了刀下鬼。

收拾了司馬亮，賈后立即調轉矛頭，直指司馬瑋。賈后派殿中將軍王宮向司馬瑋集結的軍隊宣布：「司馬瑋假傳詔令，將司馬亮殺害，大家不要受他蒙騙！」話才剛說完，司馬瑋身邊的人就走了一大半，他方才醒悟，當初下密詔的人為何不讓他確認，但為時已晚，有口難辯的司馬瑋只能由著士兵將他捆了。不日，司馬瑋也被斬殺。

除掉心頭大患後，賈后開始專心培植自己的心腹，令家人親戚擔當重任。賈后無子，太子司馬遹為謝才人所生；隨著太子一天天長大，賈后的危機感也一天天加重。元康九年（西元二九九年）十二月，賈后將太子騙到宮裡用酒灌醉，讓他抄下一份要求惠帝自行了斷的奏章。惠帝看了奏章，心中惱怒要處死太子。有大臣認為事有蹊蹺，就勸諫惠帝。但惠帝還是廢掉了太子，並將他囚禁起來。賈后不肯就此罷休，派人將太子殺死。

賈后還沒來得及享受勝利果實，等候在一旁的趙王司馬倫就採取了動作，他用偽詔給賈后定了殺太子的罪名，將其廢為庶人，然後用一杯金屑酒了斷其性命。

同室操戈

司馬倫是一個更大的野心家，先自封相國，後來索性廢掉了惠帝自立為帝。永康二年（西元三〇一年）正月，司馬倫稱帝的消息一傳出，朝野震動，民情嘩然。齊王司馬冏立即發出討伐司馬倫的文告，河間王司馬顒、成都王司馬穎隨之響應，三股力量合在一起攻打司馬倫，司馬倫的軍隊很快就被打得落花流水。並且在戰鬥的最後關頭，出現了士兵倒戈的場面，司馬倫成了階下囚。

政變成功，惠帝被迎進宮復位，司馬冏成了頭號功臣，自封大司馬，司馬顒、司馬穎同樣登上高位，擁兵自重。階下囚司馬倫被賜死，臨死前羞愧難當，用手巾遮面。

司馬冏爲了進一步掌控朝政，指揮惠帝將年僅八歲的清河王司馬覃立爲太子。司馬冏以爲，白癡皇帝和娃娃太子全在自己掌心，可以高枕無憂。司馬冏從此沉溺於安樂窩，將齊王府修得比皇宮還奢華，不但不到皇宮覲見惠帝，還在自己府上會見文武百官決斷政事，從不奏請惠帝批准。

宗室其他諸王終於看不下去，準備起兵討伐司馬冏。永寧二年（西元三〇二年）十二月，長沙王司馬乂首先發難，司馬穎、司馬顒隨之策應。十二月二十二日，司馬冏派部屬董艾偷襲司馬乂，司馬乂乘機衝入皇宮，以惠帝的名義攻擊大司馬府，董艾則火燒皇宮，並聲稱：「司馬乂假傳詔令！」司馬乂反駁道：「司馬冏謀反，當誅之！」是夜，雙方進入慘烈的巷戰，一連打了三天三夜，死傷無數。結果司馬冏被生擒，惠帝見其狼狽想免其一死，司馬乂卻在一旁厲聲喝道：「還不拉出去砍了！」惠帝再沒敢出聲，司馬冏人頭落地。

兵戎相見

司馬乂挾天子殺掉司馬冏，坐享其功，但大小政事還要交司馬穎決斷，心中自然不快。同樣，司馬穎、司馬顒也早對身在朝中的司馬乂不滿。太安二年（西元三〇三年）八月，司馬顒命令部將張方領精兵七萬與司馬穎率領的二十萬大軍聯手討伐洛陽。惠帝不僅封司馬乂爲大都督，還御駕親征抵抗來犯的司馬穎、司馬顒聯軍。這場惡戰一直持續到來年的正月，司馬乂戰勝利，斬殺司馬穎、司馬顒聯軍六、七萬人。

張方見一時難以取勝，想退兵回朝。不想風雲突變，東海王司馬越趁司馬乂不備將其捕獲。張方聽後爲之一振，立即派三千精兵將司馬乂押回

魏晉．墓壁磚畫

魏晉墓壁磚畫的內容，大致可分為兩大類，一是墓主人生前的富有豪華和奢侈生活，一是農牧民、僕人的生產活動和日常生活，如農耕、畜牧、炊事、出巡、屯墾、射獵、宴飲、奏樂、宰牛殺豬、烤羊肉串……。豐富多彩，形象逼真，風格獨特。

歷史上的烏桓族

烏桓，又稱烏丸，因生活在約周赧王時期（西元前三世紀）左右的烏桓山（今內蒙古赤峰境內）周圍而得名，是中國古代的少數民族之一。據《後漢書・烏桓傳》記載：「烏桓者，本東胡也。」

先秦時，烏桓主要活動在饒樂水（今內蒙古境內的西拉木倫河）一帶，與鮮卑族同屬東胡的重要成員，語言也基本同於鮮卑族。漢高祖元年（西元前二〇六年），匈奴冒頓單于攻破東胡，東胡的一個分支逃至烏桓山地區，過著遊牧生活。東漢建武二十五年（西元四九年），烏桓首領接受了光武帝劉秀給予的侯、王、君長封號，率眾大規模南遷，與漢族融合發展農業生產。

曹魏時期，部分烏桓人內遷中原地區，另有一部分為躲避戰亂遷往遼東以外，併入鮮卑族。隨著時間的推移，到了兩晉以後，生活在中原的烏桓人逐步融入漢民族，「烏桓」這個古代民族名稱隨之退出歷史舞台。

軍營，燃起熊熊大火將司馬乂活活燒死，司馬乂部屬變得群龍無首。

司馬穎得勢，要惠帝封他做了丞相，派兵五萬駐守洛陽十二座城門。司馬顒則向惠帝上了一份奏章，認爲司馬穎才是合適的儲君人選，要求惠帝廢太子司馬覃，改立司馬穎爲皇太弟。惠帝無奈，只得照辦。

當上皇太弟的司馬穎很快就回到了封地鄴城，不但自己弄權，還縱容親信敗壞朝綱。司馬越忍無可忍，就讓惠帝任命他爲大都督，率兵十萬前去討伐司馬穎。司馬穎見皇帝御駕親征，慌了手腳，但他知道如果束手就擒只會落得被誅殺的下場，索性背水一戰。而司馬越的軍隊聲勢浩大，以爲勝券在握，加上從鄴城逃出來的人說城內人心渙散，就疏於防範，不想卻遭遇司馬穎軍隊的突襲，一路潰逃到蕩陽（今河南湯陰縣）。惠帝身中三箭狼狽不堪，守護他的侍衛逃得只剩下嵇紹一人，最後也被司馬穎的士兵亂刀砍死。惠帝被送到鄴城，司馬穎再次掌控朝政，司馬越四處逃竄後回到自己的封地。

太安三年（西元三〇四年）八月，司馬穎的得力部將幽州刺史和演被都督幽州諸軍事王浚誅殺。司馬穎心中憤懣，就出兵討伐，沒料到王浚引來烏桓等族勢力抗擊，司馬穎慘敗。王浚則乘勝追擊，很快就打到鄴城城下。城內聞聽敗訊的文武大臣紛紛潰逃，謀士盧志也力勸司馬穎先帶著惠帝去洛陽，再作打算，但司馬穎不聽。鄴城很快就被攻破，司馬穎才帶著惠帝連夜逃往洛陽。

此時洛陽已被司馬顒的部將張方掌控，失勢的司馬穎被冷落一旁，鬱鬱寡歡。不久，張方試圖將惠帝挾持到長安，惠帝不肯，張方就將惠帝硬拽上車往長安開進。一到長安，司馬顒就讓惠帝下詔廢了司馬穎的皇太弟封號，同時爲平衡各方勢力，司馬顒又以惠帝名義封司馬越爲太傅，與自己共同輔政，但司馬越並不領情。

毒死皇帝

永興二年（西元三〇五年）七月，司馬越號召山東各地官員「集結義軍，奉迎天子返回洛陽」，並出兵討伐司馬顒。司馬顒針鋒相對，讓惠帝下詔罷免司馬越等人的官職。很快地，司馬越率領的甲兵三萬來到蕭縣（今江蘇蕭縣），遭遇司馬顒軍隊的頑強阻擊，眼看就要戰敗，范陽王司馬虓領八百騎兵及時趕到將司馬顒軍隊擊潰，司馬越軍隊繼續向前推進，很快就攻破潼關（今陝西潼關縣），直入關中腹地。在長安城外，司馬越大敗司馬顒於灞河岸邊，司馬顒見勢不好，逃進了南山（今陝西境內太白山）。

永興三年（西元三〇六年）五月，司馬越佔領長安，護送惠帝回洛陽。惠帝下詔封司馬越爲太傅，司馬越一掌權，就命鎭南將軍劉弘等人追捕司馬穎，司馬穎聞訊拋下老母和妻子，帶著兩個兒子落荒而逃，被頓丘太守馮嵩捕獲。馮嵩將司馬穎交給范陽王司馬虓，司馬虓暴斃後長史劉輿怕囚禁司馬穎惹來禍害，就假傳詔書將司馬穎和兩個兒子處死。

十一月十七日惠帝因吃了毒餅而死。司馬越召皇太弟司馬熾進宮，即皇帝位，是爲懷帝。懷帝一上台，就下詔要司馬顒回朝當司徒，司馬顒竟毫不生疑，驅車前往洛陽，結果途中被南陽王司馬模所派之人扼死在車裡，他的三個兒子也無一倖免。

至此，歷經十六年的內亂，王室中有實力的七個王先後死於非命，司馬越得以穩坐輔政大位，但西晉王朝早已是滿目瘡痍。

西晉・玉璏

劉聰弒兄篡位

東晉十六國時的漢國（史稱前趙）河瑞二年（西元三一〇年）七月，前趙皇帝劉淵死，太子劉和繼承皇位後聽信讒言，向大司馬劉聰發起攻擊。擁兵十萬的劉聰遂反攻京城平陽。劉和的軍隊不堪一擊，平陽城轉瞬間被攻破，剛當了七天皇帝的劉和一命嗚呼。

永鳳元年（西元三〇八年）十月，匈奴人劉淵在蒲子（今山西隰縣）稱帝，建國號漢（史稱前趙），封長子劉和為太子，四子劉聰為車騎大將軍。兩年之後，劉淵病死，劉和即位，上演了一場兄弟之間的權力之爭。

旗鼓相當兩兄弟

劉和、劉聰兩兄弟，從小就受父親劉淵寵愛。劉和身材魁梧，禮儀姿態無不透著陽剛之氣，而且勤奮好學，《毛詩》、《左氏春秋》等儒學經典都瞭然於胸。但劉和也有致命的弱點，他心胸狹隘、生性多疑，對待屬下更是刻薄至極，十分不得人心。

劉聰自幼聰慧好學，不僅通習諸子百家，對孫武的兵法也頗有領悟。十五歲起，劉聰開始學習騎射之術，他體力過人，可以將三百斤的強弓拉彎。與哥哥劉和性格迥異，劉聰喜歡結交社會名流、英雄豪傑。八王之亂期間，劉聰就已經是河間王司馬顒麾下的赤沙中郎將，後來又被成都王司馬穎拜為右積弩將軍。

劉淵稱帝之後，劉聰曾兩次率兵攻打洛陽，雖然都沒有成功，但他從中獲得寶貴的實戰經驗。太子劉和大部分時間身處宮中，文韜武略比劉聰遜色許多。

劍拔弩張爭權位

河瑞二年（西元三一〇年）七月十八日，劉淵病死，太子劉和做了皇帝。宗正呼延攸、侍中劉乘、西昌王劉銳等人向劉和進言：「先帝生前考慮不周，致使齊王劉裕、魯王劉隆、北海王劉乂握重兵掌控京城防務，大司馬劉聰擁十萬精兵屯駐京城郊外。一旦他們謀反，豈有您的立錐之地？」劉和一聽，不禁嚇出一身冷汗，趕快找來安昌王劉盛、安邑王劉欽商量對策。

此時劉淵還沒有下葬，呼延攸、劉乘、劉銳三人爲何急著給劉和進言呢？原來呼延攸因爲劉淵在位時一直不重用他，心懷忌恨。劉乘一向對劉聰厭惡至極，早想借刀殺人。劉銳和劉淵本是兄弟，劉淵臨死前卻沒有任命他做顧命大臣，因而心生怨憤。

某日，劉和召見劉盛、劉欽來到宮裡，劉和說：「劉聰等人擁兵自重，恐怕要謀反，我決定先下手制服他們。」劉盛聽後連連搖頭：「先帝屍骨未寒，這四位親王也沒有謀反之意，您這樣殘殺自己人，讓天下人如何看待？」一旁的呼延攸、劉銳聞言大怒：「今天的決定不容商量，你這樣說是何居心？」說完，劉銳就命左右侍衛，將劉盛亂刀砍死。同來的劉欽見狀，嚇得連連說：「一切都聽從皇帝安排！」

七日皇帝命嗚呼

七月二十一日，劉和開始行動，他命劉銳領兵攻擊劉聰，呼延攸領兵攻擊劉隆，尚書田密、武衛將軍劉璿領兵攻擊劉乂。劉和不知田密、劉璿已暗通劉乂、劉聰，他們將計就計先領兵衝入劉乂府第，再與劉乂合兵，劈開城門投奔劉聰。劉聰軍隊士氣大振，準備迎擊來犯的劉銳等人。

劉銳聞知田密、劉璿投敵的消息，知難而退撤回了城內，與劉乘、呼延攸聯合攻擊劉裕、劉隆，結果劉裕、劉隆先後被斬殺。

七月二十三日，劉聰進行反攻，他領兵攻破了平陽城西明門。見對手來勢洶湧，劉銳等人趕忙逃竄到南宮。劉聰的前鋒軍隊緊追其後，將劉和、劉銳、劉乘、呼延攸等人一網打盡。次日，也就是劉和當上皇帝的第七天，就被劉聰殺死在光極殿。劉和、劉銳、劉乘、呼延攸等人則被五花大綁，押到大街上斬首示眾。接著，劉聰在眾大臣的簇擁下當上了皇帝。

西晉 · 青釉雞籠

雞籠由長方形券棚式罩和平底基座組合而成。籠罩鏤空呈長方形條格窗，內有公、母雞各一隻，造型淳樸可愛。

靳準弒君的意外結局

麟嘉三年（西元三一八年）七月十九日，前趙皇帝劉聰病死，即位的劉粲荒淫無度，與未滿二十歲的太后、大司空靳準的女兒靳月華偷歡。靳準借此機會除掉心腹大患濟南王劉驥等人，發動政變殺死劉粲，自號漢天王。十月，相國劉曜即皇帝位，與石勒一道討伐靳準。未料，靳準卻死在自己人刀下。

前趙皇帝劉聰先後殺害晉懷帝和晉愍帝，晉帝國自此偏安江南，中國歷史進入東晉十六國與南北朝的大分裂、大混戰時期。

以女兒爲誘餌

劉聰當上前趙皇帝後，政治上頗有建樹，生活上卻荒淫無度，他在位期間竟同時擁有好幾位皇后，爲中國歷史所罕見。其中，上皇后靳月華是中護軍靳準的女兒，靳準本是郎官出身，善於察言觀色、見風使舵，很快就爬上了高位。

尚書令王鑒等人看不慣劉聰的做法，就直言進諫：「自古以來，皇帝選立皇后都是以品德爲上，選擇名門望族出身的淑女。而今，皇帝卻不這樣做，根本不考慮所立皇后的品德如何。王沈的婢女，出身閹豎之人，怎能作爲六宮嬪妃的主人？」劉聰聽了，心中惱怒，就命人將王鑒等人推到刑場殺了。臨刑前，王鑒怒罵監斬的王沈和靳準爲亡國的豎子鼠輩。靳準還委屈地說：「我是按照皇帝的旨意辦事，亡國的事與我何干？」

麟嘉三年（西元三一八年）七月，劉聰病重，開始安排後事，封劉曜爲相國，封石勒爲大將軍，要兩人接受遺詔輔政，兩人都堅辭不就。接著，劉聰又封濟南王劉驥爲大司馬，封國舅靳準爲大司空、司隸校尉，掌管京城平陽的防務。十九日，劉聰崩殂，太子劉粲登上皇帝位，封還未滿二十歲的靳月華爲皇太后。對劉聰的死，劉粲毫不悲戚，還私下與太后靳月華偷歡，喪盡人倫。

鬼大哭，聲聞百里

靳準見劉粲對朝政沒有絲毫的興趣，就悄悄地告訴劉粲：「我聽說朝裡有人要廢黜皇帝，擁大司馬劉驥掌權，陛下可得早做打算。」劉粲起先不以為然，靳準又唆使女兒跟劉粲說，劉粲才信以為真，馬上派人將劉驥和他所謂的黨羽殺了。之後，劉粲認為靳準舉報有功，封靳準做了大將軍，並將所有軍政事務交靳準決斷。靳準趁機將軍政大權握在手中，接連假傳聖旨封自己的弟弟靳明、靳康等人做了將軍，全面掌控京城平陽的軍權。

八月，靳準找到金紫光祿大夫王延，想讓他和自己一起行動殺掉劉粲。王延一聽臉色大變，轉身就走。出了靳準府第，王延與衛將軍靳康相遇，靳康見王延神色異常，就命人將王延押回。

深怕夜長夢多的靳準，馬上命令軍隊緊急集結，並親自率領軍士衝進皇宮。到了光極殿，正和嬪妃宮女玩得不亦樂乎的劉粲被衝進來的軍士們嚇傻了。劉粲還沒來得及開口詢問，就被軍士推到靳準面前跪倒，靳準歷數了劉粲的數十條罪狀，將他亂刀砍死。劉家皇室裡的男女老少，馬上被五花大綁押到平陽城的鬧市區，全部斬首。就連死了的劉淵、劉聰，也未能倖免，被靳準掘墳砍頭、焚燒宗廟。有人記載，當時的平陽城「鬼大哭，聲聞百里」。

靳準封自己為漢天王，並即刻派人送信給晉王朝說自己願意奉還兩位皇帝（晉懷帝、晉愍帝）的靈柩。石勒、劉曜等人聞知平陽政變的消息，立即出兵討伐。靳準招架不住，派使者把皇帝用過的物品送給石勒以求和解，石勒又將使者轉交給已當了皇帝的劉曜，劉曜要靳準投降，靳準遲疑不決之際，竟被試圖投敵活命的弟弟靳康等人誅殺。隨後，靳康等人將皇帝玉璽送給了劉曜。不久，靳康等人率領平陽城一萬五千多人投奔劉曜，然而劉曜並沒有手下留情，下令將包括靳康在內的與靳準有關聯的一切人等，全部誅殺。

唐．閻立本．鎖諫圖（局部）

此圖表現的是十六國時期，後漢國的廷尉陳元達向皇帝劉聰冒死進諫的情景。

凶殘莫過石虎

如果要為中國歷史上最凶殘、最忘恩負義之人排名次，後趙皇帝石虎應該能名列前茅。石虎自小父親亡故，是石勒的父母把他撫育成人，後來石勒又對他恩寵有加。然而，權欲熏心的石虎不僅不報恩，還殺得石勒一家斷子絕孫。

東漢以來，北方少數民族開始不斷地向內地遷徙。東晉衰微之際，一些少數民族首領藉機實現自己的政治抱負，紛紛建立起獨立王國。羯族人石勒白手起家，趁著這種混亂局面南征北戰，建立了後趙政權。

可怕的皇位

建平四年（西元三三三年）七月，後趙皇帝石勒屍骨未寒，太子石弘正在靈柩前守喪。突然，一陣凌亂的腳步聲響起，打破了皇宮裡的寧靜。只見一群武士衝了進來，二話不說拖起石弘就往外走。石弘極力掙脫，並大聲疾呼：「要帶我去哪裡？」這時中山王石虎出現了，厲聲喝道：「太子莫要慌亂，今天只是請你上殿處理一些國事！」石弘心中畏懼，乖乖地由武士們挾持上殿。石弘在殿上坐定，石虎眼露凶光恨恨地說道：「快快下令抓捕程遐和徐光！」石弘眼巴巴地看著一同被挾持來的大臣，希望有人出來爲他說話。可是大臣們跪在地上，噤若寒蟬。石弘無奈，只得聽從。石虎冷笑道：「太子還算英明，我一定讓廷尉嚴加懲辦這兩個逆賊！」石弘一聽「太子」兩字，如同噩夢驚醒，拉住石虎的衣襟乞求道：「我無能無才，品質又低劣，哪能擔當承繼大統的重任。爲江山社稷著想，請中山王登基做皇帝。」石虎鄙視了癱軟的石弘一眼：「先帝去世，太子即位，是天經地義的事，我怎敢違逆！請太子即位後好自爲之！」石弘大哭，再三央求石虎做皇帝以成全自己。石虎被他哭得心煩，大聲喝道：「好了，你配不配做皇帝，天下人自有公論，在這裡哭哭啼啼成何體統！」石弘立即噤了聲，石虎稍稍緩和了語氣：「你快快登基，以了卻先帝的夙願！」石弘不敢怠慢，在石虎的注視下惶恐不安地做了皇帝。

石弘做皇帝的第一天，頒布的第一個詔令，就是誅殺程遐和徐光。當然，他們的家人也沒有一人倖免。隨後，石弘拜石虎爲丞相、魏王、大單于，加九錫，並劃出十三郡建立魏國，統領文武百官。同時，石虎派長子石邃進宮日夜「保護」皇帝石弘的安全，並將石勒的舊臣全部趕出朝廷，任用自己的親信充當要職。

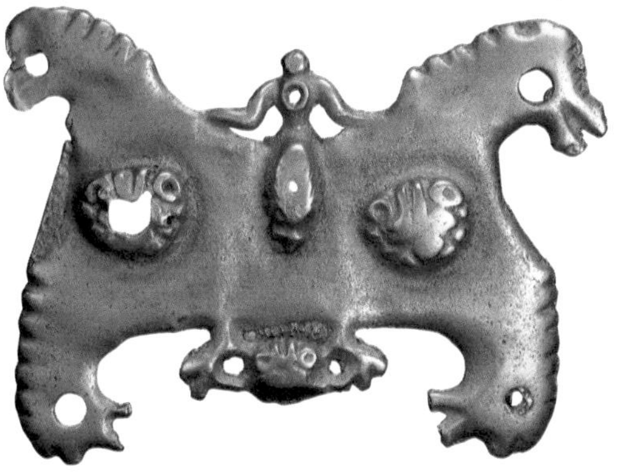

東晉・四獸紋金飾件

飾件長八・九公分，寬六・三公分。「四獸」（或作「四鳥」）分布於四角，中間騎坐一個人形紋。飾牌的左右兩側與下邊又各有一個獸面紋。

後趙的功臣

石虎，字季龍，上黨武鄉（今山西榆社縣）人，自小父親病故，被石勒的父母撫養成人，頗受嬌寵。十七歲那年，石虎被送到石勒的軍隊中隨軍。石虎整天在兵營裡仗勢欺人、胡作非爲，特別好用彈弓打人，經常有軍士受他偷襲致傷，他則滿不在乎、看著血流滿面的軍士幸災樂禍地大笑。終於，石虎的惡行激起公憤，不斷地有人到石勒那裡告狀，甚至要求捲鋪蓋走人。石勒見石虎如此不爭氣，說了多次也不聽，就怒不可遏地要殺了他安定軍心。石勒母親得知，急忙跑來求情，石勒這才作罷，命人把石虎拉出去狠狠責打一頓，石虎自此收斂了許多。

沒過幾年，石虎果然成長爲勇猛的將領，不但弓馬嫻熟，而且在作戰中當仁不讓，把許多悍敵殺得丟盔棄甲。石勒賞識石虎，封他做了征虜將軍。石虎則不負重託，帶領軍隊四處開拓疆土，爲後趙立下汗馬功勞。

後趙元年（西元三一九年）石勒自稱趙王，建立了後趙政權。爲鼓勵石虎繼續爲國效力，石勒封他爲侍中，同時加封中山公。不久，石虎又幫著石勒滅掉了前趙，石勒安心地登上皇帝寶座，立兒子石弘爲太子，封另一個兒子石宏爲大單于，石虎則由中山公升爲中山王。但是戰功卓著的石虎並不滿足，他早已對皇位垂涎三尺，結果卻連大單于的位子都沒得到。回到家，石虎憤憤不平地對兒子石邃說：「二十多年來，都是我拚死拚活打江山，石勒只知養尊處優、坐享其成。可他一當皇帝就把我拋到腦後，眞是氣煞人了！只要他哪天嚥了氣，我必叫他斷子絕孫！」

中書令徐光看出端倪，私下向石勒進言：「劉邦當年在馬上打天下，其子劉恆以清靜無為治天下，這才是國家興盛之道。如今太子仁厚，中山王卻暴虐成性，恐怕要成為國家的禍害。因此，請皇上一步步削弱中山王權勢，並讓太子參與朝政，才能保全江山社稷。」石勒未置可否，徐光再也不敢提此事。

轉眼兩年過去，石虎愈發驕橫，右僕射程遐看不下去，對石勒說：「如今朝中凶悍之人，非石虎莫屬。他的眼裡，除了皇上，再也放不下任何人。而且，他的幾個兒子也已長大成人，手握重兵，如果不盡快剷除，日後他豈肯拜於太子腳下。」石勒不以為然：「石虎是我的至親骨肉，況且天下還未安定，我怎能對他行不義之舉！我知道你是太子的舅父，怕日後石虎搶了你的風頭。不用擔心，到時我自會給你合適的權位。」程遐聽後萬分委屈：「我是為國家著想，皇上卻認為我有私心。石虎雖是太后養大，但並非皇上親骨肉，即使有戰功皇上也待他不薄，可他的野心卻無止境，皇上如何能滿足得了？」石勒仍然沒有理會程遐的話。隨後，程遐找到徐光說出自己的擔憂，徐光回道：「石虎早把我們當成眼中刺，日後不僅國家要蒙難，恐怕我們也難逃魔爪。」

後趙．鎏金銅佛像

這是中國迄今為止所發現的有確切紀年銘文的第一尊佛造像。此佛像在風格上已明顯失去了早期造像的風味，是走向「中國式佛像」漢化過程的典型。

血腥的奪位戰

建平四年（西元三三三年）年五月，石勒病重，石虎獨自進宮侍奉左右，不准皇親國戚和文武大臣進宮問安。石虎知石勒來日不多，就假傳聖旨召秦王石宏、彭城王石堪回來探望。石勒一見他們大驚失色：「現在都什麼時候了，你們還敢擅離職守？是誰叫你們回來的，我看這人居心叵測，非殺了不可！」石宏兄弟倆見石

東晉・重裝甲馬畫像磚

畫像磚為河南鄧州出土，表現出東晉十六國時期北方重甲騎兵出征的場面。

勒動怒，趕快辭別了父親，只是他們還沒走出皇宮就被石虎的親信留住。

石勒在病榻上放心不下，再三問石宏回封地了沒，石虎欺瞞道：「這會已在半路，想必也快到了！」不久，石勒任命程遐和徐光爲輔政大臣，並留下一份遺詔：「請石虎以周公、霍光爲榜樣，盡心維護後趙政權。」石虎對此嗤之以鼻，並即刻採取行動誅殺了程遐、徐光，牢牢掌控朝政。

劉太后是女中豪傑，有膽有識，她不忍心看到子孫遭石虎凌辱，就悄悄把彭城王石堪叫到宮中商議對策。

石堪悲憤地說：「如今先帝的舊臣全遭貶斥，軍隊也已被石虎的親信把持，要想發動政變誅殺石虎恐怕難以成功。我想逃到兗州，以太后懿旨請南陽王石恢出面當盟主，號召各地方力量聯合起來出兵討伐石虎，我們或許會有出頭之日。」劉太后稱許：「形勢危急，你現在就出發。」當天，石堪就帶著幾名隨從化裝成平民百姓混出都城。不日，石堪來到兗州城下叫石恢開門，石恢卻懾於石虎淫威，不敢放石堪進城，石堪無奈只得向南奔逃。

石堪逃出都城的當天，就被石虎發現。石虎派出的軍隊一路追擊，在城父（今安徽亳州境內）生擒了筋疲力盡的石堪。石虎審問石堪爲何逃跑，石堪誓死不說，石虎惱羞成怒，命人把石堪放在爐火上慢慢炙烤。接著，石虎又對石堪的隨從施用酷刑，有人受不了就和盤托出了劉太后與石堪密謀誅殺石虎的計劃。石虎遂帶著人馬衝進宮中，亂刀砍死了劉太后。

鎮守長安的河東王石生、鎮守洛陽的武衛大將軍石朗聽聞都城變故，一同舉兵討伐。可是石朗的軍隊還未

高句麗（西元四世紀中葉）．平原射獵圖（局部）
壁畫約高一百公分，寬一百三十公分，位於吉林集安洞溝舞俑墓主室左壁。

及出發，石虎就已親率大軍逼近洛陽。洛陽城頃刻間就被攻破，石朗做了階下囚。石虎又玩起殺人遊戲，先砍去石朗的雙腳，然後盡情欣賞石朗痛苦的模樣，最後不耐煩了才舉刀砍掉石朗的腦袋。

收拾了石朗，石虎揮師西進攻打石生。意氣風發的石虎沒想到，他的軍隊剛到潼關，就遭遇石生部將郭權的猛烈阻擊，石虎軍隊傷亡慘重，屍首相接綿延三百里。就在這時，讓人不可思議的事情發生了，石生麾下的兩萬鮮卑兵在首領涉的率領下突然倒戈，把石生殺了個措手不及。不久，石生被貪財的部將所殺，人頭亦送到了石虎手中。

最後的瘋狂殺戮

看著親人們一個個變作石虎的刀下鬼魂，皇帝石弘身處宮中整日以淚洗面。終於，石弘再也無法忍受這種囚徒生活，於延熙二年（西元三三四年）十月親赴丞相府，乞求石虎接受他的請求做皇帝。石虎高高站在台階之上，傲慢地說：「你回去吧，我還沒想好要不要做皇帝！」說完話便拂袖而去。石弘只得起身，失魂落魄地回到宮中，淚流滿面地對生母程太后說：「我們的命不長了！」聽得程太后心如刀絞。

石虎之死

石虎篡奪了皇位，只縱情於殺戮、享樂，朝政則交給太子石邃處理。起初，父子倆還能相安無事，石邃有事拿不定主意就去找父親定奪。不料時間一久石虎就厭煩了，因爲石邃時常打斷他的玩興，氣得他破口大罵。石邃挨了罵，索性就不見父親。但石虎幾天不見兒子，又怕生變故，就把兒子叫來痛打一頓。石邃無法忍受父親的暴虐，就與部屬商量弒父奪權。

石虎得到風聲，把石邃和他的太子妃、兒女二十六人全部斬殺，統統裝進一個特大的棺材掩埋。不久，石虎又立石宣做太子。石宣比父親還心狠手辣，殺了弟弟石滔以鞏固太子之位。石虎查明眞相後，氣得要昏厥過去，命人把石宣押至刑場，先讓石滔的兩個宦官拔光他的頭髮，再挖出他的眼睛、割掉他的舌頭、剁去他的手腳、剖開他的肚子。隨後，石虎親眼看著石宣被吊在柴堆上燒成灰燼，下令把他的骨灰撒到都城的各個十字路口，任由路人踐踏。

接連失去三個兒子，石虎的精神遭受沉重打擊，晚上睡覺也難得安定，常常在驚恐不安中驚醒。建武十五年（西元三四九年）四月，石虎走到了人生盡頭，但他身後的皇權之爭依然不止。到最後，他十三個兒子中，沒有一個得以善終。

這時，尚書給石弘出了個主意：「依上古堯舜的禪位先例，請石虎以禪讓之禮繼承皇位。」石弘已心灰意冷，把手一揮讓尚書去辦。尚書連夜起草了一份奏章，去討好石虎。石虎瞄了一眼，就把奏章摔到尚書臉上，怒喝道：「石弘愚昧無知，竟敢在先帝居喪期間行悖禮之事，應該直接廢黜，還談什麼禪讓？」尚書嚇得癱坐在地，不知如何回應。石虎則懶得理他，命令部將郭殷率領軍士闖進皇宮，向石弘發布了廢黜他爲海陽王的決定。石弘淡定自若，讓郭殷把他送到該去的地方。文武百官、宦官宮女不捨，失聲痛哭起來。石弘已然解脫，平靜地說：「我自己昏聵無能，不能做好皇帝，沒有什麼值得悲傷的。」

送走了石弘，文武百官趕赴丞相府，請石虎擇日登基。石虎假惺惺地說：「皇帝是多麼崇高的稱號，我怎能擔當得起，我就暫且稱攝政趙天王吧！」隨即，石虎展開最後的殺戮，將廢黜的石弘、程太后以及秦王石宏、南陽王石恢一併殺死在崇訓宮。之後，石虎繼續捕殺石勒的子孫，眞正做到了斬草除根。

苻堅的致命一擊

晉陞平元年（西元三五七年）六月的某天夜裡，苻堅的軍士闖進前秦厲王苻生的寢宮。醉醺醺的苻生問左右侍衛來者何人？侍衛說是賊。苻生喝道：「既是賊，見了我為何不叩頭，拉下去斬了！」惹得苻堅的軍士哈哈大笑。隨即，苻生被誅殺，苻堅自稱大秦天王。

晉永和六年（西元三五〇年）閏正月，氐族人蒲洪改姓苻，稱大單于、三秦王。一年之後，他的兒子苻健正式稱天王，建國號大秦，史稱前秦。

苻健在位期間政治還算清明，但政權到了其暴虐成性的兒子苻生手裡，人人自危，苻健的侄子苻堅成了前秦得以延續的希望。

成大器者苻堅

苻堅與苻生，同為前秦帝國開國君主苻洪的孫子。但兩人從小就表現出截然不同的性格。苻堅自小就表現得穩重大方。與其他出身氐族的人不同，苻堅主動要爺爺苻洪給他請一個老師教他讀書。苻洪心想氐族人只知喝酒吃肉，有幾個人願意學習，滿口答應了苻堅的要求。經過幾年的寒窗苦讀，苻堅飽學滿腹經綸，成為氐族人中的佼佼者。

苻生天生一副桀驁不馴的性格。有一次，苻洪和失去一隻眼睛的小苻生開玩笑：「瞎小子哭的時候，是不是只有一隻眼睛流淚？」苻生聽後臉色大變，拔出佩刀刺向自己，厲聲對爺爺說：「看看這就是一隻流淚的眼睛！」苻洪對苻生的凶暴表現，錯愕不已，命左右人鞭打苻生，苻生痛得哀號：「我能忍受刀砍，卻不堪忍受鞭打！」事後，苻洪想起這事就心有餘悸，本來想叫兒子苻健把苻生除掉，被另一個兒子苻雄勸住。

永和十一年（西元三五五年）六月，皇帝苻健患病。平昌公苻菁以為苻健已死，就領兵攻擊東掖門準備誅殺太子苻生。不想苻健聞聽變亂立即登上端門，調集軍隊防衛，叛軍見狀紛紛扔下武器逃散。不久，苻健處死了苻菁，其他人既往不咎。六月十五

襄陽古城牆「夫人城」段

東晉太元三年（西元三七八年），前秦大軍進攻東晉襄陽城，當時襄陽由梁州刺史朱序鎮守。朱序的母親韓夫人早年跟隨丈夫朱燾於軍中，頗曉戰事。當襄陽外城被前秦大軍攻破時，韓夫人帶領城中婦女連夜築起一道內城，幫助兒子固守襄陽。後來，人們把韓夫人所築的城牆稱為「夫人城」。

日，苻健病死，苻生當上了皇帝。

暴虐成性者苻生

苻生一坐上皇帝寶座，就改了年號，顧命大臣、右僕射段純等人進諫：「還沒等到下一年元旦就改了年號，是對先帝的不尊。」苻生聽後十分惱怒，命人把段純拉出去砍了。其他大臣一看苻生這種做法，不由得倒吸一口涼氣。

八月，中書令王魚跟苻生說：「最近，您的大角星旁出現了一顆光芒四射的彗星，根據占卜的結果這預示著不出三年國家必有大喪，大臣會被殺戮。」苻生隨口就說：「皇后與我對臨天下，應驗了『大喪』的說法，太傅毛貴、車騎將軍梁楞、僕射梁安等人受先帝遺詔輔政，則應驗了『大臣』的說法。」不久，苻生就把皇后和毛貴、梁楞、梁安等人殺了。苻生的暴虐行徑可見一斑。

苻生還染上了酗酒的毛病，常常喝得爛醉如泥，近臣侍衛就藉機爲非作歹，甚至假傳聖旨殺人。苻生更視殺人如兒戲，接近他的人都如履薄冰，命在旦夕。

有一次，苻生問大臣民間對他的評價如何，有大臣馬上回奏：「皇帝您聖明，得到天下人的稱頌！」苻生狠狠地說：「你敢阿諛奉承我！」說完就讓左右將這個大臣斬首。過些時日，苻生又問了同樣的問題，大臣們小心翼翼地回奏：「皇帝的刑罰稍微有些重了！」苻生同樣惱怒：「你敢誹謗我！」說這話的大臣同樣也被斬了。

雖然朝廷上下人人自危，但苻生對此卻不以爲然，他下了一道詔書：「我接受天命統治天下，自登基以來有什麼錯？到今天我才誅殺了不到千人，卻有人誹謗我暴虐凶殘，是何道理？我以爲只有嚴刑峻法才能治理好國家，今後將繼續實施。」對於當時關中西部出現的大批豺狼虎豹經常在光天化日之下出來吃人的事情，有大臣請苻生祭祀神靈以免除災禍，苻生竟然不客氣地說：「野獸餓了才吃人，你讓牠吃飽了不就沒事了，有必要祭祀神靈嗎？再者上天從來都是愛護人的，只是犯罪的人太多，上天才派野獸幫我誅殺！」

風聲鶴唳

風聲鶴唳，出自《晉書·謝玄傳》：「聞風聲鶴唳，皆以為王師以至」，說的是淝水之戰中，前秦軍中了晉軍的圈套四處逃散，他們不敢走大路，只能從小道奔逃，聽到附近樹林裡風吹鶴鳴的聲音以為是就要追上來的晉軍，慌亂中自相踐踏致死傷者無數。人們以此形容人處在驚慌疑懼、自相驚擾的狀態。

作惡者必自斃

漸漸地，大臣們把希望寄託在已是東海王苻堅身上，盼望著有一天他能取而代之，把國家和人民帶離苦海。苻堅憑藉著滿腹經綸，好結交英雄豪傑，在朝中樹立起威望。

苻堅對暴虐成性的苻生不是沒有想法，而是擔心勢力單薄舉事不成反惹來殺身之禍。這時，尚書呂婆樓爲苻堅推薦了一個隱士王猛。兩人一見如故，苻堅對王猛的才智佩服得五體投地。又有特進、領御史中丞梁平老向苻堅進言：「當今皇帝喪失理性道德，全國上下無不懷有叛離之心。燕國和晉國對我國虎視眈眈，伺機尋找機會攻擊我國，如果繼續這樣下去，國破家亡的日子離我們不遠！您作爲東海王，應當擔起救國的重任，請早早謀劃！」苻堅聽後仍有些遲疑。

苻生似乎感覺到來自苻堅等人的威脅。昇平元年（西元三五七年）六月的一天夜裡，喝得醉醺醺的苻生對著身邊的侍衛婢女言道：「阿法兄弟也不可信，明天就把他剷除。」這群侍衛婢女中有苻堅等人安插的心腹，得信後立即找機會離開皇宮，跑到清河王苻法、東海王苻堅那裡報信。箭在弦上，苻堅再不敢猶豫，與苻法、梁平老等人商議後，即在當晚採取行動。

先由苻法和梁平老等人率領數百名精兵悄悄潛入皇宮的正南門，苻堅、呂婆樓率領三百軍士緊跟其後。苻法等人做好進攻準備，苻堅下令軍士擂動戰鼓、搖旗吶喊，苻生的衛士見狀紛紛扔掉武器投降。苻堅和苻法他們沒費什麼力氣就衝進了苻生的寢宮。苻生聽見宮裡宮外喊殺聲四起，酒醒了大半，指著苻堅的軍士問左右侍衛：「他們是何人？」侍衛答道：「是賊！」苻生喝道：「既然是賊，

淝水之戰

隨著前秦國力的強盛，苻堅就有滅掉東晉諸國統一天下的心願。太元八年（西元三八三年），苻堅在滅了前燕、前涼、代之後，集中力量攻擊東晉。對於朝中大臣的反對意見，苻堅不屑一顧地說：「我大秦軍盛，就是投下馬鞭也足以讓江水斷流，這仗還有什麼不敢打的？」五月，志在必得的苻堅發兵九十萬向東晉開進。

東晉方面以宰相謝石爲首的主戰派決心與前秦軍死拼，起初的幾場惡戰，晉軍都以慘敗告終。後晉軍得到密報，以五千精兵偷襲了前秦軍營，前秦軍慘敗，晉軍的戰局得以扭轉，雙方自此僵持在淝水兩岸，誰也不敢冒進。

這時，晉軍的前鋒都督謝玄出面了，他派人面見前秦平陽公苻融：「你們孤軍深入緊靠河岸紮營，這分明不是想速戰速決。不如你們後撤一點，給我們留出渡河的空地，然後咱們決一死戰，豈不更好！」苻融想這樣可以借晉軍渡河之際將其殲滅，就同意了謝玄的建議。但是，前秦軍後撤的腳步剛剛挪動，就聽陣後有人喊：「秦軍敗了！快逃命啊！」立時，前秦軍亂作一團，紛紛四處逃散。而此時，晉軍已渡過河來，將苻融一箭射死，對群龍無首的前秦軍發起猛烈攻擊，苻融統領的三十萬前秦軍死者十有七八。

淝水之戰，致使前秦元氣大傷，之前歸降的鮮卑、羌族首領紛紛舉起反叛旗幟，中國的北方再次陷入四分五裂的局面。苻堅也在兩年之後，被後秦皇帝姚萇殺害，前秦土崩瓦解。

見了我爲何不叩頭，拉出去斬首！」苻堅的軍士一見他傻乎乎的樣子，禁不住哈哈大笑。隨即，苻堅的軍士將苻生拉到了另一間屋子，廢黜爲越王。幾天之後，苻堅派人誅殺苻生。

不久，苻堅撤銷了「皇帝」的稱號，自稱天王在太極殿登基。由於苻生的殘暴統治，百姓生活在水深火熱之中，苻堅決心開創清明政治，採取了整頓吏治、廣招賢才、平息內亂、與民休養生息的政策，前秦不僅得以延續，還展現出勃勃生機。

王猛像

王猛，晉太寧三年至晉寧康三年（西元三二五年至西元三七五年），字景略，北海劇（今山東昌樂西）人，前秦宰相，曾勸苻堅不要向東晉興兵。

白癡皇帝遭遇紈袴子弟

東晉元興元年（西元四〇二年）正月，門閥世族出身的桓玄領兵攻進了建康城，剷除異己後獨掌朝政。次年，桓玄逼晉安帝司馬德宗「禪位」並自建國號楚。在建康皇宮聽政的第一天，桓玄竟壓塌了皇帝寶座，後來有人出面打圓場，鬧劇才得以收場。

又一個白癡皇帝

太元二十一年（西元三九六年）九月，嗜酒的孝武帝司馬曜一句戲言：「以你的年齡早該廢掉，我更喜愛年輕貌美的女子。」引起寵冠後宮的張貴人惱怒，當晚張貴人就命婢女用被子將孝武帝悶死。張貴人對外謊稱孝武帝是暴病而亡，並扶立太子司馬德宗即位，是爲安帝。

司馬德宗是一個白癡，不但不太會說話，而且不知冷暖、饑飽，連基本的生活自理能力都沒有。會稽王司馬道子見有機可乘，就鼓動心腹之臣上奏朝廷要求封他爲太傅、揚州牧。司馬德宗不僅同意了，還索性把大小軍政事務全部交給司馬道子決斷，成了十足的傀儡皇帝。

中書令王國寶驕縱不法，卻善於阿諛奉承，司馬道子很快就把他看做心腹之臣並委以重任。隆安元年（西元三九七年）四月，王國寶仰仗司馬道子的權勢，準備褫奪兗州刺史王恭和豫州刺史庾楷的兵權。這兩人不服，立即出兵討伐。膽小懦弱的司馬道子一看形勢要亂，立即借司馬德宗的名義發了一道詔書命王國寶自殺。

紈袴子弟桓玄

桓玄是東晉名將桓溫的兒子，五歲時就承襲了父親南郡宣武公的爵位。長大後桓玄頗爲自負，常以名門望族自居，只是礙於他的父親晚年有謀反篡位的跡象，他一直得不到朝廷的重用，以致鬱鬱寡歡。

隆安二年（西元三九八年），桓玄借兗州刺史王恭等人討伐譙王司馬尚之和江州刺史王愉的時機出兵，太傅司馬道子驚慌失措中把位子傳給了年僅十六歲的兒子司馬元顯。八月，桓玄和南郡相楊佺期等人率兵沿江東下，直搗湓口（今江西九江境內）王愉的陣營。王愉倉皇中逃至臨川，最後被桓玄的軍隊生擒。眼看就要打到建康城下，不想這次軍事行動的「盟主」王恭被部將劉牢之殺死，桓玄等人只得退兵。

不久，桓玄、楊佺期、荊州刺史殷仲堪爲防備朝廷攻擊在潯陽結盟，桓玄被推爲盟主，變得更加驕橫跋扈。殷仲堪、楊佺期不服，與桓玄展開廝殺，桓玄親手消滅了這兩位盟友，佔據長江中游一帶地區。

元興元年（西元四〇二年），司馬元顯決心剷除桓玄，派劉牢之爲前鋒都督出兵討伐。存有二心的劉牢之竟投降了桓玄，桓玄拿下建康並誅殺了司馬元顯，降將劉牢之也被桓玄解除兵權後自縊而亡。桓玄自命爲太尉，全面掌控了軍政大權。

變換大王旗

元興二年（西元四〇三年）二月，桓玄命令司馬德宗封自己爲大將軍，緊接著又加授相國、楚王之位，桓玄要篡權奪位的野心昭然若揭。

十月，桓玄命人散布謠言，稱天降祥瑞預示自己要當皇帝。待輿論聲勢造足之後，桓玄就要司馬德宗親手書寫了「禪位」詔書，並把傳國玉璽等物呈獻給自己。十二月三日，桓玄正式登基，建國號楚，封司馬德宗爲平固王。在即位詔書中桓玄發洩了對東晉帝國的不滿，有大臣勸諫，桓玄竟然不客氣地說：「禪位只是給人民演戲，用得著那麼當眞嗎？再者我們怎能以此欺騙蒼天？」於是，再沒有人敢言語。

十二月九日，桓玄剛一坐上建康皇宮的寶座，意外就發生了。只聽「匡噹」一聲，皇帝寶座給壓塌了。大臣們面面相覷，不知如何是好。過了半天，大臣殷仲文才出列打了圓場：「這是因爲皇帝聖德深重，大地不能承載的緣故！」

桓玄即位後仍不改當初的紈袴作風，所以不得人心。元興三年（西元四〇四年）初，北府舊將劉裕聯合劉毅、何無忌等人起兵討伐桓玄，桓玄不得已逃出建康。五月，逃至江陵附近的桓玄與益州督護馮遷相逢，馮遷拔刀向前，桓玄喊道：「你敢謀殺天子？」馮遷不客氣地說：「我只是要殺殺天子的叛賊！」說完一刀結果了桓玄的性命。

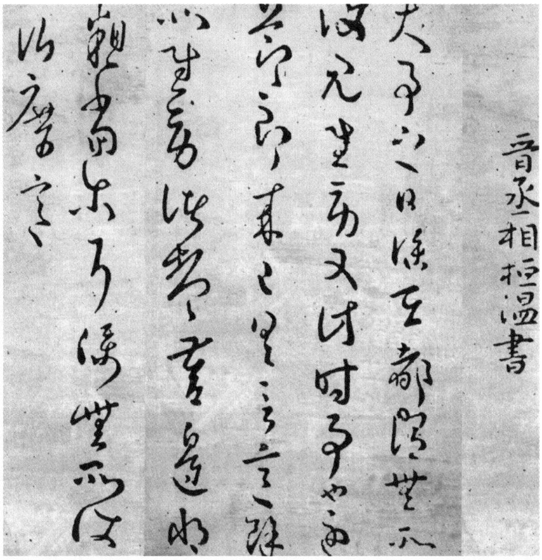

東晉・桓溫・大事帖

天賜之變：父子兄弟相殘

北魏道武帝拓跋珪晚年剛愎自用、殘忍好殺，又整天沉溺於酒色，使朝政一塌糊塗。東晉義熙五年（西元四〇九年）十月，次子拓跋紹心中積累許久的憤懣爆發，發動政變將道武帝刺死。太子拓跋嗣藉機盡殺拓跋紹及其黨羽，登上了皇帝寶座。

淝水之戰後，前秦帝國瓦解。鮮卑族首領拓跋珪在東晉太元十一年（西元三八六年）建立了魏國，史稱北魏。

太元二十年（西元三九五年），拓跋珪在參合陂（今山西大同）大敗後燕軍隊，乘機佔領了黃河以北地區，成為當時北方的強大政權。

半世清明半世糊塗

東晉隆安二年（西元三九八年）十二月，拓跋珪遷都平城（今山西大同），正式登基，是為魏道武帝。國家初建，拓跋珪勵精圖治，積極地拓展疆土，並引進中原的先進農耕文化發展經濟。同時，拓跋珪還對外遏制異族侵擾以穩固邊疆，學習漢民族的政治文化，仿照晉帝國建立宮廷典章禮儀制度。很快地，北魏的社會經濟得到空前發展。

拓跋珪當政後期卻變成了一個剛愎自用、好色濫殺之人，整個統治階層也跟著腐化、墮落。義熙五年（西元四〇九年），北魏國內不斷地出現異常的天災，占者告訴拓跋珪：這是您身邊將有災禍發生的凶兆。

拓跋珪自此惱怒憂慮、茶飯不思，懷疑身邊的大臣都心懷不軌，沒有人能讓他相信。每天上朝時，只要看到誰的神色不對，或者走路不穩、

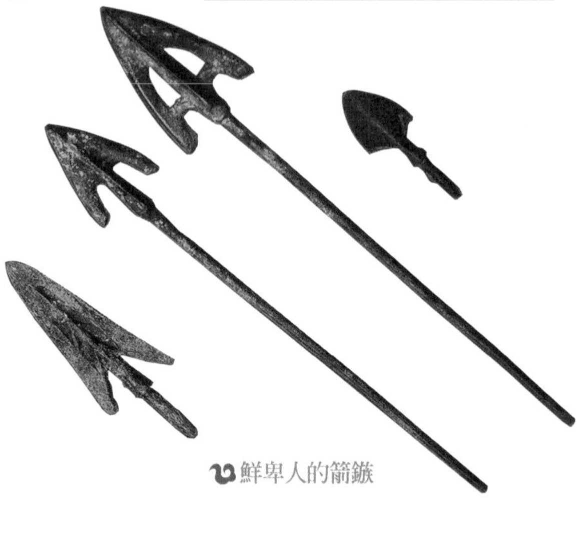

鮮卑人的箭鏃

言辭有差錯，拓跋珪都認爲是這人心中有惡念，要親手將這人處死然後扔到天安殿前示眾才能放心。一時之間，朝中大臣人人自危。城內的強盜小偷見沒人維持治安，馬上變得猖獗起來，大街小巷人跡絕少。拓跋珪知道宮外的情形後卻說：「這是我故意縱容他們，大災之年過後我必然要重新整治。」

無賴王子拓跋紹

拓跋珪年輕時，跑到母親賀太后所在的賀蘭部落，見到賀太后的妹妹生得沉魚落雁之貌，就產生了邪念，他直接向賀太后提出了要納之爲妾的要求。賀太后一聽連連搖頭，爲斷兒子的念想賀太后說了一句：「不行！太過美麗的東西，必懷有不善之物。況且她已經是有夫之婦，你怎能強奪他人之愛呢？」拓跋珪當晚就派人把這位美少婦的丈夫給殺了。等賀太后知道了，只能順從了寶貝兒子的心願，讓妹妹做了兒子的賀夫人。

不久，賀夫人就生下了一個兒子拓跋紹，受封清河王。拓跋紹生來就是一個凶殘無賴之徒，平時喜歡穿著普通百姓的衣服，在大街上閒逛。碰到他認爲比較好的東西，就上去搶，還常把人家的衣服剝光用來

蠟像「定都盛樂」

盛樂古城是拓跋鮮卑代政權時期的北都，今內蒙古和林格爾縣北土城子。拓跋鮮卑始祖力微率部進駐這一地區。拓跋猗盧建立代政權，「城盛樂為北都」。

取樂。就是在外面跑的豬狗被他看見也不放過，非要抓住剁殺。拓跋珪氣得要死，就把拓跋紹捉住頭朝下倒插進井裡，眼看著快要斷氣了，才把他拉上來。但拓跋紹沒有絲毫的改過之意，他的哥哥也爲此教訓過他幾次，他非但不領情還暗自記恨在心。

義熙五年（西元四〇九年）十月十三日，拓跋珪將對兒子的厭惡遷怒於其母親賀夫人，對她大加責罵並把她關起來準備處死，只是因爲天馬上黑了拓跋珪猶豫不決才沒有動手。入夜後，賀夫人偷偷地派心腹去給拓跋紹傳遞消息，拓跋紹聽了就心急火燎地要去解救母親。

殺父救母起宮變

拓跋紹一聽說父親要殺了母親，氣得暴跳如雷。年方十六歲的他，訂立殺父救母的方案後，就帶著一干親信悄悄潛入天安殿。

這時，拓跋珪早已入了夢鄉，左右侍衛聽見周圍有異常的聲音，立即喊了一聲：「有賊！」拓跋珪猛地從夢中驚醒，從床上坐起來急著要找佩刀，卻半天沒有找到。而拓跋紹已帶著親信持刀立在拓跋珪的眼前，拓跋珪還沒來得及開口，就被兒子拓跋紹一刀砍死了。隨即，拓跋紹救出了母親賀夫人。

次日，一直到中午時分皇宮的門還緊閉未開，等著上朝的大臣們不知發生了什麼事，在皇宮外議論紛紛。這時，宮內突然傳出了皇帝的詔令：「文武百官集合於端門之前，面向北肅立。」接著，拓跋紹把宮門扳開了一條小縫，問宮門外面的文武大臣說：「我有叔父，也有兄長，你們願意擁奉誰？」大臣們一聽不禁愕然失色，情知宮裡出了大事，但沒有人敢應答。過了半天，南平公長孫嵩說了一句：「我們願意擁奉大王！」這時大家才確信拓跋珪已經死了，但又不知拓跋珪是怎麼死的，所以沒有人再敢說話，只有拓跋珪的弟弟陰平公拓跋烈放聲大哭而去。

拓跋珪死亡的消息立即在京城內外傳開，官民之間一片躁動，心懷異志的人也摩拳擦掌準備大幹一場。肥如侯賀護在安陽城北燃起烽火，不但賀蘭部落的

北朝·鮮卑族三足銅鐺

慘無人道的子貴母死制度

北魏帝國源自鮮卑部落，從部落時期起就形成了一種慘無人道的習俗——「子貴母死制度」，即首領在確定合法繼承人時，必須誅殺合法繼承人的母親，以避免外戚干政的情形發生。

明元帝拓跋嗣就是這種情形，其父親拓跋珪當時這樣解釋：漢武帝劉徹殺鉤弋夫人，目的是為防止母后專政或外戚作亂，我這樣做法古人也是為了國家的長治久安。但這種制度往往無濟於事，因為他的生母殺了，日後他還可以立乳母為太后，干政的情形照樣發生，獻文帝拓跋弘在位時馮太后攝政就是一例。

人趕來，其他部族的人也紛紛向安陽城集結。

藉機殺弟登帝位

拓跋珪一死，按正常情況應當由太子即位。拓跋珪生前所屬意的太子人選是拓跋紹的兄長拓跋嗣，此時尚在京城之外逃命。當初拓跋珪準備立拓跋嗣爲太子時，就按照部落的傳統逼他的母親劉貴人自殺。拓跋嗣對母親極爲孝順，聽到噩耗痛哭不已。拓跋珪知道後大怒，並派人要他進宮。拓跋嗣身邊的人趕緊上前說：「皇帝現在盛怒之時，你進宮凶多吉少，不如暫且在外躲避。等皇帝氣消了，再進宮見他不遲。」拓跋嗣覺得有理，就帶了幾名隨從逃出了京城平城。

拓跋嗣一聽到弟弟拓跋紹殺了父親之後，立即帶人回到平城，白天躲在深山裡，晚上睡在侍衛王洛兒家裡。漸漸地，周圍人都知道拓跋嗣回來了，高興地奔走相告。拓跋紹得知消息立即派人追殺。宗室拓跋磨渾和獵郎叔孫俊對拓跋紹說他們知道拓跋嗣的下落，拓跋紹就派了兩名武士隨他們前往。一出城，拓跋磨渾和叔孫俊就殺掉兩名武士，覲見拓跋嗣。拓跋嗣命王洛兒扮成信差，到城裡聯絡朝中大臣，並通知安遠將軍安同等人，準備在當晚採取行動。

義熙五年（西元四〇九年）十月十四日夜，平城裡的內應突然衝進拓跋紹的寢宮，將措手不及的拓跋紹綁了起來。隨即，城門大開，候在外面的拓跋嗣進了平城。拓跋紹和他的母親賀夫人被推到了拓跋嗣面前，拓跋嗣沒有猶豫就下令誅殺，參與謀殺拓跋珪的人也沒有一人倖免，被殺的一個不留。十七日，拓跋嗣繼承了皇位，是爲明元帝。

一床棉被悶死晉恭帝

義熙十四年（西元四一八年）十二月，宋王劉裕用一根繩索結果了東晉白癡皇帝司馬德宗的性命，然後謊稱皇帝暴斃而亡，扶立其弟司馬德文即位。元熙二年（西元四二〇年）六月，劉裕強逼司馬德文「禪位」，建立劉宋帝國。劉裕命人鴆殺司馬德文。司馬德文不從，結果被一床棉被悶死。

元興三年（西元四〇四年）初，北府舊將劉裕聯合劉毅、何無忌等人起兵討伐桓玄，將桓玄趕出了建康城。次年三月，劉裕迎接安帝司馬德宗回京，恢復了東晉帝國。安帝大封平叛功臣，劉裕被封爲侍中、車騎將軍等職。

平步青雲

劉裕，出生在彭城（今江蘇徐州），雖然以自己是漢高祖劉邦的弟弟楚王劉交的子孫自居，但從小家境貧寒，主要靠賣草鞋爲生。劉裕少有大志，喜歡騎馬射箭，很快就參加了東晉王朝的北府軍隊。

隆安三年（西元三九九年）十一月，孫恩軍隊佔領了會稽城，嚴重威脅都城建康的安全，朝廷立即派出前將軍劉牢之出兵鎮壓。這時，劉裕已是劉牢之軍中的參軍事，在戰爭中機智勇敢，多次打敗勁敵屢立奇功，很快就升爲建武將軍、下邳太守、彭城內史等職，成爲東晉一員虎將。

元興二年（西元四〇三年）十二月，桓玄篡權自立爲帝並建國號爲楚，開始了窮奢極欲的統治。劉裕見桓玄不得人心，立即聯合劉毅、何無忌等各方豪傑討伐桓玄。劉裕所領軍隊人數雖少，但個個英勇善戰，讓桓玄吃了很多敗仗。

元興三年（西元四〇四年）三月覆舟山一戰，劉裕先讓士兵們吃飽喝足，然後派老弱殘兵上山布置成旌旗疑陣，搖旗吶喊給桓玄軍隊造成漫山遍野全是敵軍的假象，趁桓玄軍隊軍心渙散之際劉裕身先士卒，衝入敵軍陣營拚死一戰。早已沒了士氣的桓玄軍隊亂作一團，劉裕又命士兵順著東南風縱火焚燒，桓玄軍隊裡死傷無數。此時，桓玄如驚弓之鳥，倉皇逃出了建康城。劉裕則領兵進入建康城，並派部將繼續追剿桓玄。五月，逃至江陵附近的桓玄被益州督護馮遷一刀結果了性命。

劉裕佔領建康城後，迎回安帝。安帝封平叛有功的劉裕爲侍中。劉裕深知自己在朝中根基淺薄，堅辭不就。安帝以爲他不滿意，又加封他尙書事。劉裕還是不肯就職，請求安帝允許他返回少年時生活的地方京口（今江蘇鎮江）。安帝見他態度堅決就允准他回鄉。

劉裕像

劉裕，晉哀帝興寧元年至宋永初三年（西元三六三年至西元四二二年），字德輿，小名寄奴，南北朝時期宋朝的建立者，史稱宋武帝。

權傾天下

義熙五年（西元四〇九年）正月，南燕國皇帝慕容超認爲皇家的音樂殘缺不全，想俘虜一些東晉人前來充實，因而向東晉發動侵略戰爭。

面對南燕國入侵，劉裕上書朝廷要求領兵北伐，獲得朝廷同意，很快就領兵出征。在臨朐（今山東臨朐縣），劉裕出奇兵偷襲南燕軍隊，正在城內的慕容超嚇得一個人騎著馬逃出城去。

晉軍對南燕軍隊發起猛攻，殺死其重要將領十多人。慕容超招架不住，立即向後秦國皇帝姚興求救。姚興與夏國的赫連勃勃激戰正酣，哪有心思出兵救援慕容超，但又不能眼看著這個近鄰被東晉滅掉，於是就給劉裕寫了封信，要求劉裕趕快退兵，不然他就要派十萬大軍來征剿。劉裕知道姚興沒有分身之術，不予理會，繼續攻打慕容超。

次年二月五日，劉裕領兵屠南燕國都城廣固城（今山東青州），活捉了慕容超，南燕國滅亡。後來，劉裕又領兵先後擊敗作亂的廣州刺史盧循，收復巴蜀等地。義熙十一年（西元四一五年），後秦國皇帝姚興死去，皇室內部的爭權奪利導致關中大亂，劉裕趁機攻入長安，滅掉了後秦。至此，劉裕基本鞏固東晉帝國的邊防，他的地位也上升到頂峰，先後被安帝封爲太尉、宋王，受九錫，權傾天下。

義熙十四年（西元四一八年），劉裕羽翼已豐，朝中無人可與之對抗，他的狼子野心隨之暴露無遺。劉裕想派中書侍郎王韶之毒死安帝，但安帝的弟弟琅琊王司馬德文悉心照顧安帝的飲食起居，始終不離左右，王韶之難以下手。後來，安帝得了病需要出宮治療，王韶之就用衣服扭成繩子，將安帝活活勒死。劉裕得知後馬上對外宣布：「安帝暴病而亡，擁立司馬德文即位，是為恭帝。」

斬草除根

恭帝坐上皇位很快就過了一年，劉裕也加緊實施奪位計劃。有一天，劉裕將部屬請到府上喝酒，酒過三巡劉裕說了一句：「我為興復晉室南征北戰，皇帝賜我『九錫』，如今我已年邁體衰，卻享受這樣的高位，必遭天下人忌諱，國家也不能長治久安，為此我打算把爵位還給皇帝回建康養老。」其他人都不知他說這話的意圖，只有中書令傅亮想明白了劉裕的話，他在晚上敲開了劉裕家門，說他想回一趟建康。劉裕心知肚明，就沒有說話。傅亮回到京城不久，恭帝就下詔要劉裕回朝。

在建康的傅亮則暗示恭帝司馬德文，要他下詔「禪位」，同時還呈上了一份「禪位」詔書的草稿。為保命的恭帝強作歡顏，假作痛快地答應了傅亮寫就「禪位」詔書，並對侍立左右的人說：「桓玄的時候晉國已失去社稷，是劉公的努力才使晉國又延續了近二十年。所以今天的事，早就是我的心願。」隨後，恭帝司馬德文回到他原來的住所琅琊王府。

元熙二年（西元四二〇年）六月十四日，劉裕在都城建康搭就受禪台，正式登上皇帝位，建國號為宋。司馬德文被劉裕封為零陵王，遷居秣陵（今江蘇南京境內）。但劉裕並未就此放過司馬德文，先是命郎中令張偉用毒酒毒死司馬德文，張偉不肯奉

南朝．青瓷蓮花尊

命，飲毒酒自盡。而司馬德文王妃的兄長褚秀之、褚淡之兩人卻落井下石，不僅替劉裕監督司馬德文的生活，還扼殺其妹褚靈媛所生男孩。司馬德文害怕慘遭毒手，就整天和褚靈媛同處一室，形影不離。劉宋永初二年（西元四二一年）九月，劉裕命褚家兄弟將褚王妃引到另一個房間，然後讓埋伏一旁的軍士進房間準備毒死司馬德文，司馬德文不肯就範，說：「我是佛教徒，如果自殺而死來生就不能投胎爲人。」軍士們聽罷一擁而上，用一床棉被將司馬德文悶死。劉裕還裝作不知情的樣子，帶領文武百官哀悼司馬德文。

劉宋開國皇帝——劉裕

劉裕當上皇帝時，已擁有了黃河以南的廣大地區，成爲南北朝時期中國境內疆域最大的一個帝國。劉裕在位期間，注重吸取前朝士族豪強挾主專橫的教訓，抑制豪強兼併，清理士族人等户籍，減免租賦並將一部分屯田分給沒地的百姓，禁止豪強封錮山澤。劉裕雖然是賣草鞋出身沒讀過什麼書，但他懂得人才是國家棟樑的道理，特別重視教育，在各地大力辦學。同時，劉裕還減輕了東晉以來的苛重刑罰，廢除一些慘無人道的酷刑。一時之間，劉宋帝國政治清明，人民生活安康。雖然劉裕即位僅三年就病死，但他的兒子宋文帝劉義隆延續了他許多有利於國家發展的政策，開創了自東漢滅亡以來少有的盛世——元嘉之治。

南朝．貴嬪出行圖畫像磚

磚長三十八公分、寬十九公分、厚六．三公分。描繪貴族婦女盛裝出行的情景，與東晉著名畫家顧愷之傳世作品中的人物形象有很多相似之處。

弒父以圖帝業

宋文帝劉義隆在位時，劉劭被立為太子，他品行惡劣，為了能早點做皇帝，竟私下詛咒盼文帝早死。不久陰謀敗露，文帝準備廢其太子之位。劉劭在得知消息的當晚即發動政變，將文帝刺死在寢宮，自行稱帝。然而劉劭在位僅三個月，就遭武陵王劉駿殺戮。

劉宋景平二年（西元四二四年）五月，劉裕的兒子劉義隆當上皇帝，是爲文帝，他勵精圖治很快就把國家帶入政治清明、人民安康的元嘉之治時期。

但暮年的劉義隆卻變得生性多疑好猜忌。元嘉二十八年（西元四五一年）正月，劉義隆害怕其弟江夏王劉義恭謀反，就派人將其殺死，由此揭開了南朝皇室兄弟父子相互殘殺的序幕。

荒唐的弒父招數

劉劭，是文帝劉義隆的長子，生在劉義隆爲老父劉裕守喪期間，有違禮制，所以劉義隆推遲宣布了兒子的出生時間。劉劭長大成人後，深得父親劉義隆的喜愛，被立爲太子。劉義隆爲鞏固劉劭的太子地位，防止諸王生變還給劉劭配備了強大的衛隊。而劉劭的母親袁皇后因嫉妒劉義隆寵愛潘淑妃，鬱鬱寡歡而死。劉劭因而對潘淑妃和她生的兒子劉濬頗爲痛恨，劉濬怕日後遭橫禍，就常常討好劉劭。漸漸地，兩人竟成了無話不談的好兄弟。

這時，劉劭透過東陽公主劉英娥結識了一個叫嚴道育的女巫，並尊爲

南北朝．黃玉瑞獸

高七公分，寬九．三公分。瑞獸昂首挺胸，頭上有一彎角，頷下有毛，肩生雙翅，揚卷尾。形態生動，造型與南北朝的石雕獸接近。

天師。在嚴道育的指點下，劉劭讓人用玉石刻了一尊父親劉義隆的像，偷偷地埋在含章殿前，試圖以此咒死劉義隆，自己好早早地登上帝位。

元嘉二十九年（西元四五二年）七月的某一天，劉義隆發現劉劭竟讓家奴做太子衛隊的隊主，氣得大罵劉劭。劉劭害怕父親懲處他，就給劉濬寫了一封信詢問對策。劉濬回信說：「他再找你麻煩，就縮短他的壽命，那樣我們也能早早慶祝。」從此，兩人通信不斷，常常討論如何滅掉父親劉義隆的問題。不久，劉劭的家奴向劉義隆透露了太子劉劭用巫術詛咒的事情。劉義隆聽後就派人搜尋，不僅從含章殿前挖出玉人，還搜索出劉劭和劉濬往來幾百張信箋。劉劭一見父親將罪證擺在他面前，只好惶恐地承認罪行。劉義隆心裡雖然憤懣難過，但不忍心治罪，就把罪責放到女巫嚴道育身上，派出專使在全國各地追捕。

血濺上合殿

劉義隆本以爲太子劉劭已痛改前非，直到元嘉三十年（西元四五三年）二月，有人告密才知女巫嚴道育竟還長時間躲在太子宮中。劉義隆勃然大怒，叫來侍中王僧綽商議，準備廢掉劉劭的太子之位，將劉濬處死。就在行動將要進行之時，劉義隆卻犯了一個致命的錯誤，就是把這個決定告訴了自己寵愛的潘淑妃。潘淑妃聞言大驚，馬上派人把這個消息告訴了劉濬。劉濬知道已到了生死關頭，於是迅速把消息傳遞給劉劭。

劉劭得信後，馬上召集他的衛隊將領，並宣讀了一份假造的詔書：「輔國將軍魯秀謀反，命太子劉劭清晨率軍入宮。」劉劭要將領們集結衛隊，做好行動的準備。二月二十一日凌晨，全副武裝的劉劭用假詔騙開了

魏晉・玉辟邪

長六・五公分，玉料青白色，局部有深褐色沁斑。辟邪昂首挺胸，張口露齒，腦後有角，腹側有羽翅，身上有紋，微垂於地，作伏臥狀。

皇宮大門，同時命令太子衛隊持續跟進。因爲按照皇家的制度，太子衛隊沒有皇帝的詔令是不能進入皇宮的，所以劉劭早早就準備好一份皇帝要求太子衛隊進宮討伐叛逆的假詔。進宮後，劉劭的得力部將張超之等人手持利刃直奔劉義隆所住上合殿。張超之連砍數刀，劉義隆立刻命喪黃泉

奪皇位兄弟反目

殺死了劉義隆，劉劭整肅了朝中異己，下詔即皇帝位。劉劭的即位詔書這樣說：尚書僕射徐湛之、吏部尚書江湛密謀造反，殺死了我的父皇。等我率領衛隊進入宮殿，已經來不及救他，這噩耗讓我痛哭不已、肝腸寸斷。如今，元兇已被我誅殺！接下來，劉劭本應主持父親的喪禮，但他不敢面對父親的靈柩，命令部屬枕戈待旦，以防有人生變。

隨後，劉劭開始把肅清異己的矛頭指向地方，密令太尉中兵參軍沈慶之誅殺武陵王劉駿。沈慶之卻將密信展示給劉駿看，並鼓勵劉駿起兵討伐劉劭。劉駿即向各地發出討伐劉劭的文告，並組織討逆軍，襄陽太守柳元景、雍州刺史臧質、南譙王劉義宣以及地方州府聞之紛紛歸附。

元嘉三十年（西元四五三年）五月初，討逆軍一路勢如破竹，很快就進逼建康城。劉劭的軍隊只得沿秦淮河紮起柵欄加以防禦，同時挖開渠壩放水，試圖斷絕討逆軍的進軍路線。建康城中的男子都被劉劭拉去當了兵，最後兵力難以爲繼只好用女人上陣充數。很快地，討逆軍就橫渡秦淮河。劉劭的軍隊見大勢已去，兵敗如山倒紛紛潰退。劉劭下令將建康城六座城門緊閉，但還是不斷有城內軍民逃出去投奔討逆軍。就連江夏王劉義恭也趁亂跑出了建康城，劉劭憤怒之極殺死了他的十二個兒子。

五月四日，各路討逆軍會合後湧入建康城。稍早之前，劉濬曾勸劉劭捲著金銀財寶逃亡，劉劭卻說：「人心已失，跑到哪裡都是枉然！」兇手張超之見討逆軍入城，就急忙跑到上合殿弒殺文帝劉義隆的御床前想躲起來，被討逆軍士兵發現後剖腸割心而死。慌不擇路的劉劭則藏到武庫的井中，很快就被發現，成了階下囚。

劉劭見到臧質問了一句：「能不能把我放逐到邊疆？」臧質回道：「主上自有裁決！」說完，劉劭就被綁在馬上押至軍門。劉劭眼睜睜地看著他四個年幼的兒子被一一砍下了頭顱，輪到自己時，劉劭仰天長歎：「竟是如此的境地！」隨後，劉駿又下令斬殺了劉濬等人。女巫嚴道育等人則被人用皮鞭當街打死，然後焚燒其屍體，將骨灰丟棄到滾滾長江中。

四月二十七日已即皇帝位的劉駿自此正式在建康城的皇宮裡臨朝聽

政。但當上皇帝的他非但不整治朝政，還整天沉溺於酒色，殘害忠義之臣，以致留下暴虐的惡名。後來，他的二十八個兒子，有十六個死於害怕與之爭權的明帝劉彧刀下，餘下的十二個也未能善終，被後廢帝劉昱一一殘殺。

劉宋後期的亡國之君

元嘉三十年（西元四五三年）二月，宋文帝劉義隆被太子劉劭弒殺，劉宋的國力急轉直下，走上了衰亡之路。繼任皇位的劉駿不但將多位同姓藩王殺戮，還貪圖美色，連自己漂亮的表妹也不放過。不久劉駿的表妹病死，劉駿因哀傷過度鬱鬱而終。劉駿的兒子劉子業即位後更加凶殘，把他的叔父劉彧當豬一樣羞辱，劉彧氣不過發動政變將其殺死，自己當了皇帝。但劉彧非但沒有停止皇室的內訌，還一口氣殺死了劉駿的十六個兒子。幾年後劉彧病死，他十歲的兒子劉昱登上皇位。桂陽王劉休範、建平王劉景素相繼起兵反叛，右衛將軍蕭道成借平叛之機迅速擴充了勢力，並掌控了朝政大權。後來，蕭道成指使劉昱的侍從楊玉夫和楊萬年將劉昱殺死。劉昱的弟弟劉准當上傀儡皇帝沒兩年，就被蕭道成趕下台，僅存六十年的劉宋帝國滅亡。

南朝．彩繪朱雀畫像磚

畫像磚起源於戰國時期，盛行於兩漢；主要用木模壓印然後經火燒製成，也有的是在磚上刻出紋飾。畫像磚的內容非常豐富，不僅是美術作品，也是記錄當時社會生產、生活的實物資料。

王室相殘的更迭

蕭齊永明十一年（西元四九三年）七月底，西昌侯蕭鸞引兵入宮擁立蕭昭業為帝，從此掌控輔政大權。但蕭昭業昏聵荒淫，蕭鸞很快就發動政變將其廢殺。接著，迎立新安王蕭昭文作為過渡皇帝。不到三個月，蕭昭文也成了刀下鬼，蕭鸞自己當了皇帝。

劉宋昇明三年（西元四七九年）四月，權臣蕭道成將劉宋順帝趕下台，自立爲皇帝，建國號齊，史稱蕭齊。

蕭道成在位時，尚懂得勵精圖治維持了政局的穩定。但等到他荒淫暴虐的子孫當了皇帝，皇室內父子兄弟相殘的慘烈程度絕不遜於劉宋王朝。

昏君蕭昭業

蕭昭業從小就聰明伶俐，思維敏捷，受到祖父蕭賾和父親蕭長懋的喜愛。太子蕭長懋因病長期臥床，蕭昭業表面上表現得悲戚，以致很多人都爲他的孝心感動。但背地裡，蕭昭業不僅嬉笑如常，還找了一個女巫咒蕭賾和蕭長懋早死。

不久，太子蕭長懋病死，蕭昭業被蕭賾立爲皇太孫。然而，蕭昭業沒想到他的皇帝之路並不平坦。病重的蕭賾突然昏厥之時，中書郎王融準備藉機發布事先擬好的假詔以擁立竟陵王蕭子良爲帝，被西昌侯蕭鸞得知，蕭鸞趕忙騎馬闖進皇宮奉蕭昭業登殿即位，同時命部屬加強皇宮內外的警戒，將蕭子良趕出新皇帝即位的宮殿。

當上皇帝沒幾天，蕭昭業就向王融下手，以王融「險躁輕狡、招納不逞、誹謗朝政」爲由命其自殺。除掉王融後，蕭昭業開始肆無忌憚。

即位不到一年，蕭昭業就把祖父蕭賾辛辛苦苦十幾年積攢的國家財富揮霍一空。蕭賾生前留下的漂亮嬪妃蕭昭業也一個都不放過，皇宮很快就被他弄得烏煙瘴氣。一些善於阿諛奉承的小人見有機可乘，聚集到蕭昭業身邊，蕭昭業任由這些人干預朝政，賣官鬻爵。身負輔政重任的蕭鸞雖然不動聲色，但朝中的諸多大臣早已怨聲載道。

權臣蕭鸞

蕭鸞是開國皇帝蕭道成的侄兒，從小就父母雙亡，蕭道成將其撫養成人，視若己出。蕭賾死時，命西昌侯蕭鸞輔佐太子。蕭鸞沒有辜負蕭賾的遺命，平息叛亂將蕭昭業扶上了皇帝寶座。

齊高帝蕭道成像

雖然蕭鸞早有當皇帝的野心，但他知道需要韜光養晦以待時機，所以才遵從蕭賾的遺命奉蕭昭業爲帝。但他沒想到蕭昭業竟是一個無道昏君，爲了維護國家政局，蕭鸞多次勸諫蕭昭業，蕭昭業非但不聽還討厭起他來。周奉叔等人趁機進讒言，說蕭鸞圖謀不軌已久，蕭昭業開始疑忌蕭鸞並試圖削弱他的實權。蕭鸞眼見局面要失控，就以迅雷不及掩耳之勢誅殺了周奉叔等人。朝中許多大臣贊成蕭鸞的做法，蕭昭業身邊的小人也收斂了許多。

蕭鸞除掉蕭昭業身邊的奸佞之人，讓蕭昭業深信蕭鸞有謀反篡位之心。蕭昭業開始反擊，先任命外戚、中書令何胤守護皇宮，並與之密謀誅殺蕭鸞，不想何胤心裡害怕推脫掉了。蕭昭業也覺得把握不大，就下令把蕭鸞調出建康城，不再讓他參與朝政。同時，蕭昭業下令將始興內史蕭季敞、南陽太守蕭穎基的軍隊調入京城，以防蕭鸞叛亂。

大權旁落的蕭鸞豈能就此罷休，他決心除掉蕭昭業另立新帝。隆昌元年（西元四九四年）七月二十日，蕭鸞身穿紅袍率領一千心腹衝入皇宮，直撲蕭昭業所住壽昌殿，一刀結果了他的性命。接下來，蕭鸞想著得有太后的一紙詔書來收拾殘局，丹楊尹徐孝嗣馬上掏出了早已備好的太后詔書，蕭鸞看後喜不自禁。

過渡皇帝蕭昭文

宮廷政變次日，蕭鸞根據太后的詔令，追貶死去的蕭昭業爲鬱林王，

南朝・彩繪玄武畫像磚

迎十五歲的蕭昭文爲帝。此時蕭鸞取而代之做皇帝的決心已定，所以蕭昭文注定是一個過渡皇帝。

朝中明眼人早已看出蕭鸞的狼子野心，就勸蕭鏘發兵制服蕭鸞以正朝綱。制局監謝粲對蕭鏘和隨王蕭子隆進言：「只要二位王爺把皇帝請上殿發布命令，我們這些武將自會關閉宮門，並盡快將蕭鸞抓捕，請趕快決斷。」蕭子隆想答應，蕭鏘卻猶豫不決。馬隊主劉巨再次請蕭鏘決斷，勉強答應的蕭鏘回去向母親辭別，不想消息洩露。蕭鸞立即出兵把蕭鏘和蕭子隆殺死，這場還沒來得及行動的宮廷政變就這麼胎死腹中。

不久，晉安王、江州刺史蕭子懋聽到蕭鏘和蕭子隆被殺害的消息，密謀從潯陽起兵討伐蕭鸞。蕭子懋本想讓他的舅父於瑤之在建康城內暗中策應，不想這於瑤之一得信就跑到蕭鸞那裡去告密。蕭子懋不僅起事不成，還遭殺身之禍。

蕭鸞從此更加懷疑所有的宗室成員，好像每一個人都想把他除掉，於是一場針對諸王的肅清運動展開。宗室諸王幾乎都成了蕭鸞誅殺的對

江蘇丹陽南朝齊明帝蕭鸞興陵石雕

象，安陸王蕭子敬、南平王蕭銳、晉熙王蕭銶、巴陵王蕭子倫等人先後遭蕭鸞毒手。他們或被亂刀砍死，或被白綾勒殺……然而蕭鸞的凶殘邪惡還不止於此，他在殺人的前夜總要焚香禱告，做悲痛欲絕狀。等把人殺了，蕭鸞才指使心腹告被殺的人謀反，接到告發信先做出一副寧死不信的模樣，最後事情「查明」了，蕭鸞一擺手「大義滅親」。到蕭鸞後來死在皇帝位上時，宗室諸王幾乎被他趕盡殺絕。

將宗室成員幾乎殺絕，蕭鸞才邁出登上帝位的實質一步。延興元年（西元四九四年）十月，蕭昭業死後不過三個月，蕭鸞就讓太后下了一道詔令，謊稱蕭鸞是高帝蕭道成的兒子，自當承受天命。就這樣，蕭昭文這個在位僅四個月的過渡皇帝下了台，拱手讓位給蕭鸞。即便如此，蕭鸞還是不放心，派御醫下手將蕭昭文除掉。

南齊．羽人戲虎磚印（局部）

此物出土於江蘇丹陽胡橋南齊陵墓。

蕭寶卷殺戮絕不落人後

蕭齊永元二年（西元五〇〇年），雍州刺史蕭衍聯合南康王蕭寶融起兵征討無道昏君蕭寶卷。次年十二月，蕭衍的軍隊逼近建康城，蕭寶卷的頭顱被兗州中兵參軍張齊等人砍下。接著，蕭衍又以「清君側」之名斬殺了蕭寶卷身邊的奸佞之人。中興二年（西元五〇二年），蕭衍改朝換代做了皇帝，建國號梁。

就在蕭齊宗室陷於連年內亂時，外部北魏孝文帝拓跋宏的改革增強了其國力，對蕭齊形成嚴重的威脅；內部則出現一位驍將蕭衍，隨著勢力壯大對皇位也垂涎三尺。

勇謀兼備

蕭衍，南蘭陵中都里（今江蘇丹陽）人，是高帝蕭道成的同鄉族侄。蕭衍出身望族，從小就聰明好學，接受了正統的儒家教育。少年時，蕭衍在文學方面的才華就展現出來，與當時名揚江南的才子謝朓、范雲、沈約、王融等人並稱爲「八友」。幾年後，蕭衍就憑藉著家族背景到衛將軍王儉手下做事。王儉見蕭衍是個很有才華的人，就提拔他做了戶曹屬官。從此，蕭衍憑借果斷的辦事作風和善於處理人際關係的特長，一路青雲直上。

蕭齊永明十一年（西元四九三年），西昌侯蕭鸞想廢掉蕭昭業，就拉攏從鎮西將軍府諮議參軍位子上退下來的蕭衍。蕭鸞認爲要想成事，就得取得隨王蕭子隆的支持。蕭衍卻不以爲然，他告訴蕭鸞：「隨王只是徒有虛名，而他所依靠的只有司馬垣歷生、武陵太守卞白龍，這兩人也是貪圖富貴之人。只要你以高官厚祿誘惑他們，單剩下隨王就好解決了。」蕭鸞覺得蕭衍說得很有道理，就按著他的辦法做了。不久，蕭鸞做了皇帝，他沒有忘記才華橫溢、見解獨特的蕭衍，接連提升蕭衍做中書侍郎、黃門侍郎。

建武二年（西元四九五年），北魏三十萬大軍來犯，蕭鸞派左衛將軍崔慧景、黃門侍郎蕭衍、平北將軍王廣之等人迎敵。王廣之領兵赴義陽（今河南信陽）救援途中，聽說北魏軍兵強馬壯，嚇得畏縮不前。情急之下蕭衍領兵趕赴義陽附近的賢首山，命人趁著天黑在山上插滿旗幟。次日天亮，義陽城中的軍民看到賢首山上旌旗招展，以為援軍趕到，頓時士氣大振攻擊北魏軍，蕭衍趁機領兵夾擊，將腹背受敵的北魏軍打得潰不成軍。最終，蕭齊取得戰爭的勝利，也迫使拓跋宏取消南下江南的計劃。立下戰功的蕭衍受封太子中庶子。

建武四年（西元四九七年）九月，北魏軍再次來犯，蕭鸞派蕭衍、崔慧景增援雍州（今湖北襄樊）。戰爭持續到第二年三月，蕭衍知道雍州城內糧草將盡，就與崔慧景商量突圍，崔慧景則認為北魏軍只善於游擊戰，久攻不下自然會退兵。不想北魏軍愈聚愈多，崔慧景一看情勢不好就私自從南門逃離。崔慧景一逃走，馬上軍心大亂，無法控制局面的蕭衍只得倉促後退，軍隊的自相踐踏和北魏軍的攻擊致使齊軍死傷慘重。之後，蕭鸞封蕭衍為雍州刺史。

「清君側」

永泰元年（西元四九八年）七月，蕭鸞病死。這個生前將宗室諸王趕盡殺絕的皇帝給兒子蕭寶卷留下這樣一句話：「殺人的事情，要快速決斷，絕不能落於人後。」蕭寶卷做了皇帝，雖然治國無術，卻深刻領會老父的殺人之道，只相信身邊的宦官侍從，絕少與朝中大臣交往，對不順眼的大臣、甚至功臣都妄加殺戮，使得朝廷上下人心惶惶。

永元二年（西元五〇〇年）十月，蕭寶卷聽信宦官茹法珍等人的讒言，將蕭衍的哥哥、尚書令蕭懿用藥酒毒死。蕭衍聽到這個噩耗，心中極其悲痛，立即召集部屬商議對策。蕭衍提出以「清君側」的名義發兵建康，得到眾人的贊同。但蕭衍明白要想得到更多的支持，就得聯絡其他的

梁武帝蕭衍像

宗室成員，最終蕭衍選中了南康王蕭寶融作爲盟友，兩處兵合在一處向建康城進發。

次年三月，蕭寶融在江陵（今湖北江陵縣）稱帝，任命蕭衍爲左僕射、征東大將軍，繼續統領大軍進攻建康城。眼看著蕭衍率領的大軍逼近建康城，蕭寶卷卻一點也不慌張，繼續命人爲自己建造豪華的宮苑，強搶百姓的財物。

十月二十一日，蕭衍率軍坐鎮石頭城，命令部屬強攻建康城。而城內的蕭寶卷還執迷不悟，聽信茹法珍的讒言：「反軍之所以能圍城這麼久，都是大臣們不盡心，應該把這些人全殺了！」蕭寶卷準備再開殺戒。征虜將軍王珍國得到密報後大爲恐慌，立即派親信向城外的蕭衍送了一面銅鏡，表示自己願意歸附的決心。蕭衍見到銅鏡大喜，立即回贈了一塊斷金，表示兩人同心可以斷金。

十二月六日晚，王珍國與兗州刺史張稷領軍闖入內殿。還在殿內歌舞昇平玩得不亦樂乎的蕭寶卷聽到殿外聲音異常，倉皇跳窗而逃。但此時宮內各處門窗已被內應關閉，蕭寶卷插翅難逃。平時陪伴左右的宦官黃泰平已然站在蕭寶卷面前，手起刀落，避閃不及的蕭寶卷被砍傷了膝蓋。兗州中兵參軍張齊上前一步照著蕭寶卷的頭部砍去，立時蕭寶卷的頭顱滾落。隨後，王珍國等人把蕭寶卷的人頭送到了蕭衍手裡。蕭衍領軍開進建康城。

南朝．梁．石雕觀音菩薩像

整像由紅色砂岩雕造，中間為一座觀音立像龕，兩側有四身脅侍菩薩、四僧像、二護法力士，在龕前還雕出二獅二象和八人組成的伎樂。

立國稱帝

除掉了蕭寶卷，蕭衍藉著太后之

名誅殺了蕭寶捲身邊的奸佞之人。同時，蕭衍讓太后封他做了大司馬，而早先稱帝的蕭寶融還遠在建康城之外。

南清河太守沈約早已看出蕭衍想當皇帝的心思，就試探蕭衍，蕭衍不置可否。沈約就直入主題：「現在可不比上古，不能用淳樸的民風去要求別人。如今，連放牛的小孩都知道齊朝氣數已盡，你應當上承天命！」蕭衍說自己再考慮一下。沈約則緊逼一句：「創業之時你應該考慮，而如今帝業已成，你還有什麼要考慮的。再說一旦天子（蕭寶融）進京，就什麼都確定了，你想反悔都來不及！」就這樣，蕭衍下定了奪取皇位的決心，開始向蕭鸞還活著的幾個兒子下手，先後殺死了邵陵王蕭寶攸、晉熙王蕭寶嵩、桂陽王蕭寶貞，鄱陽王蕭寶寅聽到風聲連夜逃往北魏。

接下來，沈約等人開始爲蕭衍奪位大造輿論聲勢，讓人在民間傳播「行中水，爲天子」的謠言。同時，沈約寫信給蕭寶融身邊的人，授意他們逼迫尚在回京路上的蕭寶融讓位給蕭衍。蕭寶融自知與蕭衍相爭必是以卵擊石，就給蕭衍寫了一份禪位詔書。

中興二年（西元五〇二年）四月，蕭衍如願以償地登上皇位，建國號梁。僅過了幾天，怕留下後患的蕭衍就迫不及待地命人給蕭寶融送去生金。蕭寶融說：「要我死，還用讓我吞金嗎？只要把我灌醉就行了。」來人滿足了蕭寶融這個可憐的要求，在他醉酒之後一刀砍下他的頭顱。

南朝．梁．張元造釋迦、多寶並坐背屏式造像

造像通高四十三公分，主尊坐佛頂結磨光肉髻，面相豐圓，體格飽滿。菩薩頭戴高冠，身披X形交叉的天衣，除體態略顯豐腴外，造像裝束基本上與北朝同時期作品相吻合。

胡太后：虎毒也食子

北魏胡太后與孝明帝元詡（拓跋詡）爭權，元詡密令權臣爾朱榮進京以脅迫胡太后，胡太后得知後意欲除掉元詡。沒多久，元詡就暴死宮中。爾朱榮得知後打著給元詡報仇的幌子，領兵進入洛陽將胡太后殺死。此後，元氏衰微，爾朱榮成為北魏的實際統治者。

母子相爭

北魏延昌四年（西元五一五年）正月，宣武帝病死，六歲的元詡被扶上皇位，其生母胡太后開始臨朝聽政。胡太后生來就聰明、能文能武，大小政事被她處理得妥妥當當。這樣的安穩日子沒過幾年，胡太后的妹夫元叉和宦官劉騰勾結發動政變，將胡太后幽禁起來。軍政大權落入元叉和劉騰之手，他們趁著皇帝年幼肆意地養婢蓄奴、賣官鬻爵，朝政很快就被弄得一塌糊塗。

正光六年（西元五二五年）二月，宦官劉騰已死，元叉也漸漸放鬆了對胡太后的警惕。元詡最終將胡太后解禁出來。隨後，胡太后與高陽王元雍聯手剷除了元叉，又重新坐回攝政的位子。但此後的胡太后與以前判若兩人，不但寵信奸人鄭儼、徐紇等人，還窮國力建造大量的寺院，弄得民不聊生。

關中隴右和山東、河北地方紛紛起兵反抗，梁朝也藉機北伐，北魏政權岌岌可危。此時的元詡業已長大，也常常聽朝臣議論胡太后的不是。胡太后怕左右人等將自己的惡行告訴元詡，就想盡辦法將親近元詡的人外放，甚至加以莫須有的罪名剷除。漸漸地，元詡看到親近自己的人在一個

北魏．玻璃缽

缽以天青色透明玻璃採用無模吹製法製成，這種製法在北魏以前尚未採用。至北魏時，吸收了羅馬薩珊玻璃吹製法等技法，使中國玻璃工藝得到進一步發展。

個地消失，他明白幕後黑手就是他的母親胡太后。從此，這對母子由猜忌而生的嫉恨之情日益加深。

虎毒食子

元詡知道要想削弱胡太后的權勢，就得先除掉她身邊的鄭儼、徐紇等奸人，但胡太后高高在上自己根本無力去做。最後元詡想起了邊關權臣爾朱榮，就給他下了一道密詔，讓他起兵進京以脅迫胡太后。

爾朱榮馬上命高歡為先鋒，率軍向洛陽進發。高歡火速行軍很快就到了上黨（今山西潞城），元詡又突然下了一道密詔，命令爾朱榮軍隊停止前進。

洛陽城內的鄭儼、徐紇等奸人，知曉了元詡讓爾朱榮發兵的意圖後，連夜在胡太后寢宮商量對策。胡太后對元詡引狼入室的做法極度憤怒，因為實力強大的爾朱榮早已對北魏政權垂涎三尺。而鄭儼、徐紇等奸人則明白一旦元詡事成，他們將面臨滅族之禍，於是極力勸諫胡太后趕快除掉元詡。武泰元年（西元五二八年）二月二十五日，元詡猝死宮中。

葬身黃河

走在半路的爾朱榮接到元詡的第二份密詔，騎虎難下。突然，從洛陽傳來胡太后害死元詡另立新君的消息，爾朱榮猶如抓住一根救命稻草，立即向部屬發出進發洛陽的號令：皇帝暴死，胡太后卻扶立一個不會說話的小孩即位，明顯是要專權，這樣國家怎麼能安定呢？

胡太后眼看著爾朱榮的大軍就要逼近洛陽，趕忙派黃門侍郎李神軌領兵迎敵。李神軌剛一出兵就聽到北中（通往洛陽的黃河橋北岸城池）失陷，嚇得跑回洛陽。徐紇、鄭儼兩人聞訊後連夜逃出了洛陽。驚慌失措的胡太后無計可施，只得帶著一群嬪妃削髮去當尼姑以求贖罪。但攻進城的爾朱榮可不願給她這個機會，隨即，胡太后和她所立的小皇帝就被扔進了波濤洶湧的黃河。

北魏·鎏金銅釋迦像

釋迦趺坐在須彌座上，做說法狀，耳大而下垂，有北魏時期佛像的明顯特徵。

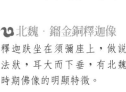

侯景：餓死梁帝蕭衍

早先仰仗爾朱榮發跡的侯景，在爾朱榮倒台後投奔了高歡，不久他又轉而向蕭衍示好，糊塗的蕭衍竟毫不猶豫地接納了。梁武帝太清二年（西元五四八年），羽翼已豐的侯景起兵反叛，於次年五月攻破建康城，將對自己有知遇之恩的蕭衍囚禁起來活活餓死。

蕭衍晚年一心向佛、不理朝政，使梁朝民不聊生。這時，北魏權臣爾朱榮與他豢養的三大梟雄高歡、宇文泰、侯景出現裂痕，高歡出兵剷除了爾朱榮，侯景見風使舵依附於高歡，宇文泰則遠據長安另立山頭建立西魏。而侯景他很快就把目光瞄向南方的梁朝。

從狗子到將軍

侯景，羯族，字萬景，北魏時懷朔鎮（今內蒙古自治區固陽縣）人。侯景自小就桀驁不馴，喜好騎射，雖因右腳長有肉瘤而走路不穩，但還是被高歡軍隊的人看上。大通二年（西元五二八年）二月，梟雄爾朱榮發兵洛陽誅殺胡太后，奪取了北魏的軍政大權，侯景見爾朱榮勢大立即前往投奔，很快就得到爾朱榮的重用。

梁武帝中大通二年（西元五三〇年）九月，爾朱榮領兵進京意圖謀反，不想被北魏孝莊帝元子攸誅殺。爾朱榮一死，他的部屬高歡立即落井下石消滅了他的家族勢力，侯景也跟著跑到了高歡陣營。不久，孝武帝元脩與高歡爭權，元脩出洛陽到長安投奔了宇文泰，高歡則另立新君。自此，北魏分裂成高歡控制的東魏和宇文泰控制的西魏。

高歡集中兵力對付宇文泰，把河南一地交給侯景經營。河南地處中原，沃野千里，幾年時間侯景就紮穩腳跟，河南儼然成爲一個獨立於東魏之外的王國。

養虎爲患

對於高歡，侯景還有所忌憚，但對於他的兒子高澄，侯景根本不放在眼裡。高歡一死，侯景就在河南叛亂向西魏投降。高澄隨即派出大軍征討，侯景見高澄來勢兇猛又轉而向蕭衍求救，表示願意傾河南之地歸附梁朝，欲借梁朝兵力消滅高澄。

一接到侯景的降書，蕭衍高興地夜不能寐，以爲自己有了統一天下的資本，毫不猶豫地答應了侯景的請求。蕭衍封侯景爲河南王，並派司州刺史羊鴉仁等人爲侯景送去糧草。不久，蕭衍又命貞陽侯蕭淵明出兵十萬救援侯景。但蕭淵明的軍隊，根本不是東魏軍隊的對手，主將蕭淵明也被生擒。侯景就在渦陽一戰中破釜沉舟與敵軍進行肉搏戰。最終侯景還是戰敗，三萬軍隊被打得只剩下八百人，侯景帶著這些殘兵敗將逃到了壽陽（今安徽壽縣）。

南朝．梁．阿育王佛立像

太清二年（西元五四八年）二月，東魏和梁朝進行停戰談判，侯景害怕自己成了籌碼，就想試探一下蕭衍的態度。他命人僞造了一封東魏給梁朝的信函，說東魏願意以貞陽侯蕭淵明交換侯景。蕭衍接到信後，不知有詐就回信說：「你們早上把蕭淵明送回來，我晚上就把侯景送給你們。」侯景看到信，肺都要氣炸了，狠狠地罵了一句：「這老傢伙的心腸如此惡毒！」侯景的謀士王偉趁機說：「與其坐以待斃，不如起來做一件大事，就看大王怎麼決斷。」

侯景開始暗地裡招兵買馬，但作戰還得儲備充足的軍械物資，侯景就向蕭衍提出要求。而此時的蕭衍還蒙在鼓裡，盡力地滿足侯景。甚至侯景請求讓京城的工匠到壽陽打造兵器，也沒引起蕭衍的懷疑，馬上把工匠派去。爲壯大謀反的力量，侯景派使者去遊說司州刺史羊鴉仁和自己一起造反，卻被羊鴉仁拒絕，羊鴉仁還把侯景派來的使者押送到京城。蕭衍的寵臣朱異卻不以爲然：「就憑他那幾百人，還能如何？」蕭衍聽信了朱異的話，就把抓來的使者放了。侯景見蕭衍這樣麻木，就更加的肆無忌憚，他給蕭衍上表：「我從來忠實於你，羊鴉仁卻污蔑我謀反，應當予以誅殺！」蕭衍爲表示安撫，給了侯景許多賞賜。

直搗建康城

太清二年（西元五四八年）七月，侯景打出討殺寵臣中領軍朱異、少府卿徐驎、太子右衛率陸驗等人的旗號，宣布發兵建康城。在討殺檄文中侯景這樣說：「朱異等人奸佞驕貪、欺君罔上，早已爲人民所痛恨，因此我們號召天下的有志之士都加入我們的隊伍，清除皇帝身邊的奸佞。」爲了贏得人心，侯景嚴令他的軍隊遵守軍紀，並不得有擾民的行爲。而一些皇室成員和地方勢力早已對朱異等人深惡痛絕，侯景的作爲剛好與他們相合，所以不少人都給予支持。

身居內宮的蕭衍只知吃齋念佛，聽到侯景謀反的消息後，任命兒子邵陵王蕭綸領兵討伐。這時的侯景兵力薄弱，哪是來勢兇猛的梁軍對手，於是他就採納了謀士王偉的意見，以出城狩獵的名義放棄了壽陽，率領輕裝備的騎兵直往建康城殺去。十月，侯景兵至歷陽（今安徽和縣），歷陽太守莊鐵投降，還建議侯景要趁著國家久無戰亂、人民已不習慣戰爭的時機，快速出兵佔領建康，如此才能不給朝廷喘息機會以成大事。

歷陽失守，蕭衍馬上召集群臣商議，都官尚書羊侃建議扼守長江天險、阻止侯景過江，然後派蕭綸襲擊壽陽，這樣侯景腹背受敵自然就土崩瓦解。但朱異卻認爲侯景根本沒膽量過江，蕭衍則把朱異的話視若神明，就把羊侃的正確意見給擋了回去，任命臨賀王蕭正德爲平北將軍駐守長江。

蕭正德一上任不加強防守，還偷偷地徵集了幾十條大船準備給侯景渡江用。蕭正德爲什麼要這樣做？原來侯景早在起兵之前，就密會了蕭正德要求他在建康城做內應，並許諾事成之後擁戴他做皇帝。這位當初被蕭衍廢黜的太子看到又有做皇帝的希望，就滿口答應下來。

有蕭正德做內應，侯景很順利地跨過長江，但是在建康城下卻遭遇了頑強抵抗。久攻不下，侯景就引玄武湖水淹城，還是未能攻破梁軍的防線。這時，謀士王偉出了一個主意：用假和解的方式麻痺敵人，也可以給我們時間休整軍隊、補充糧草。侯景就向蕭衍求和，雙方在太清三年（西元五四九年）二月達成停戰協議。蕭衍以爲侯景就此罷戰，放鬆了警惕。不想十幾天之後，侯景突然發起猛攻，措手不及的梁軍被打得落花流水。歷經一百三十多天的圍城之戰就此結束，而建康軍民爲這場戰爭付出了十餘萬條性命。

遺言「呵呵！」

就在侯景攻破建康城的當晚，守

在台城西北角的永安侯蕭確見無法抵抗，就跑回宮給蕭衍報告：「城池已失守！」蕭衍躺著動也沒動，有氣無力地說：「還能不能打！」蕭確回道：「不能了！」蕭衍仰天長歎了一聲：「事已至此，你趕快逃吧！」不久，侯景就進了城，命人將蕭衍和太子蕭綱幽禁起來。但侯景心裡明白，以自己如今的實力尚不足以立國稱帝，而蕭正德是被廢黜的太子，立他爲帝必遭天下人反對，於是太子蕭綱就成了侯景理想的傀儡。

被幽禁在冷宮的蕭衍，身邊不僅沒有一個侍從，供應的食物也一天天的減少以致斷絕。太清三年（西元五四九年）五月，憂憤成疾、已多日滴水未進的蕭衍想討一碗蜜水喝，呼喚了幾聲都沒有人理睬，最後蕭衍發出了「呵呵！」兩聲，一命嗚呼。侯景在給他辦完隆重的葬禮後，立太子蕭綱爲帝，是爲簡文帝。

後侯景時代

侯景立蕭衍的兒子蕭綱爲帝之後，牢牢掌控梁朝的軍政大權，並出兵佔領了三吳地區（今太湖及錢塘江流域一帶）。大寶元年（西元五五〇年），侯景自命爲相國、漢王，接著又廢殺了皇帝蕭綱和太子蕭大器，建立漢國自稱皇帝。湘東王蕭繹聞知侯景害死了皇帝和太子，派梁江州刺史王僧辯、東揚州刺史陳霸先出兵征討侯景。梁軍一路勢如破竹，很快就打到建康城外，雙方展開廝殺，侯景見不能取勝就帶著一百多名部屬逃往吳郡。途中，跟隨侯景左右的羊侃之子羊鶤，因憎恨侯景霸佔他妹妹爲妾，就趁著侯景睡著之時命令水手掉轉船頭折返京口。侯景醒來後勃然大怒，羊鶤則指著侯景的鼻子說：「今天是拿你命的時候！」說完，就用長矛刺穿了侯景的心窩。這場長達四年的變亂就此結束。

南朝．梁．侯朗造佛立像

立佛內著袒右僧祇支，衣帶處束以花結，帶體鐫刻有細緻精美的紋飾並垂搭至雙膝處，內衣之外罩以雙領下垂式袈裟，衣袂繞搭於左下臂後垂於體側，衣褶呈階梯狀，紋路自然寫實，袈裟的下方露出圖案化的裙擺。這是一尊極為典型的漢族褒衣博帶式造像，較北朝同時期的此類作品更為成熟。

由輔政蛻變爲皇帝

陳文帝臨死前把太子陳伯宗託付給安城王陳頊，陳頊為表忠心哭得一塌糊塗。不想陳文帝屍骨未寒，陳頊就動了奪位的念頭，要太皇太后下了一紙詔書：誣稱陳伯宗與中書舍人劉師知等通謀，不堪擔當大任。於是，陳頊心安理得地取而代之做了皇帝。

弱勢皇帝陳伯宗

陳伯宗，是陳文帝陳蒨的長子。陳武帝永定三年（西元五五九年），陳蒨登上帝位，立陳伯宗爲太子。陳蒨是一個有勇有謀之人，即位以前就先後在平定王琳、周迪、陳寶應等人的叛亂中發揮舉足輕重的作用。做皇帝後，陳蒨更是勵精圖治，實施了一系列有利於社會經濟發展的政策，使經歷連年戰亂的江南一地重獲生機。陳蒨也因此成爲南北朝歷史上難得一見的有爲之君。但他的兒子陳伯宗，卻與他判若兩人，自小就生性懦弱，做事也沒什麼主見，碌碌無爲。

天康元年（西元五六六年）三月，陳蒨病重，就把安城王陳頊、中書舍人劉師知、吏部尚書袁樞等人叫到病榻前安排後事。他最放心不下的就是生性軟弱的兒子陳伯宗，於是想爲兒子找好顧命大臣。同時，陳蒨還想試探陳頊的態度，就對著眾人說：「我想效仿古代的先賢，把帝位讓給弟弟陳頊。」陳頊聽後趕緊仆倒在地，淚流滿面地拒絕。袁樞等人也極力勸陳蒨收回成命，替陳頊保證以後一定會負起輔政大任。就這樣，陳蒨了卻心裡的擔憂，陳頊也確定了輔政的地位。

位極人臣的陳頊

陳蒨死後，陳頊以叔父之尊做了皇帝陳伯宗的輔政大臣，受封驃騎大將軍、司徒、錄尚書事，都督中外諸軍事。但陳頊的位子還沒坐穩當，就遭到劉師知等人的嫉妒，他們假傳皇帝詔令把陳頊外派揚州。陳頊見詔不敢違抝，就開始收拾行裝。其謀士毛喜認爲事有蹊蹺，就勸陳頊把事情搞清楚再做決定。依毛喜之計，陳頊假稱有病把劉師知騙到府裡。同時，毛喜到太后那裡探知原因。太后卻說：「如今皇帝年幼，輔政的事情全依靠

陳宣帝陳頊像

陳頊，怎麼會把他派往揚州？」毛喜又去問陳伯宗，陳伯宗根本不知情。這下，陳頊可放開了手腳，他馬上命人把劉師知下進大牢，宣布了欺君罔上的罪狀。還沒等廷尉審理，劉師知就在當晚自殺了。隨後，陳頊又剷除了劉師知的餘黨。從此，陳頊一改往日的低調，在朝中以「周公」自居，不斷地加強自己的權勢。皇帝陳伯宗還是如以前，處理朝政全無主張，索性把所有的事情都推給陳頊，陳頊儼然成了皇帝。

矯詔稱帝

當初陳蒨託孤時借稱讓位給陳頊，陳頊沒有答應，不是他不想當皇帝，而是怕天下人不服。如今，陳頊全然把持了朝政，就差皇帝的名分，因而做名正言順的皇帝只是時間遲早的問題。始興王陳伯茂早已看不慣陳頊專權的作風，就不斷地惡言相向。陳頊索性一不做二不休，發動了一場政變。光大二年（西元五六八年）十一月，陳頊要太皇太后下了一紙詔令，稱皇帝陳伯宗與中書舍人劉師知等人通謀，且文帝陳蒨生前已知陳伯宗不堪擔當大任，有意把皇位讓給陳頊，現在是實現文帝夙願的時候了！詔書一下，陳頊就派刺客殺了對他出言不遜的陳伯茂。太建元年（西元五六九年）正月，陳頊即位，陳伯宗被改封爲臨海王。

雖然陳頊的皇位來於權謀手段，但他即位後還算勤政，推行清明政治，使社會經濟得到恢復和發展。

隔江猶唱後庭花

唐朝詩人杜牧做過一首詩《泊秦淮》：「煙籠寒水月籠沙，夜泊秦淮近酒家。商女不知亡國恨，隔江猶唱後庭花」。說的就是陳頊的兒子陳後主的故事。陳後主雖然治國無術，卻是填詞作曲的好手，他整天與嬪妃文臣游宴作樂，沉溺於酒色歌舞之中，寫下了《玉樹後庭花》等一批有名的詞曲。對於皇帝分內的朝政國事，陳後主卻從來不理。後來隋軍南下，陳後主自恃有長江天險，根本不把隋軍放在心上。禎明三年（西元五八九年），隋軍攻破建康城，陳後主被生擒，被囚禁在洛陽，抑鬱而死。

外公當家做主人

楊堅是北周靜帝宇文闡的外公，他以輔政之位總攬軍政大權，並一步步剷除異己，清除立國稱帝的障礙。北周靜帝大定元年（西元五八一年）二月，楊堅迫使宇文闡「禪位」，自稱皇帝建立了隋朝，之後實現了中國自魏晉南北朝分裂之後的又一次大統一，為大唐盛世的到來奠定了基礎。

北周是梟雄宇文泰家族篡奪了西魏政權後建立的國家，武帝宇文邕在位時滅掉北齊統一北方，使北周空前強盛。但武帝之後，其子十分昏聵暴虐且又早死，留下幼子繼位，將北周政權推向亡國的邊緣。同時，北周也成就了一個家族——崛起於弘農華陰（今陝西華陰）楊氏家族。

國丈楊堅

楊氏家族的發跡始於楊忠，楊忠本是西魏的隨國公，位列十二大將軍，後幫著權臣宇文護滅掉了西魏。北周建立後，楊忠位至柱國、大司空。憑藉著父親楊忠建立的基業，楊堅十四歲就入了仕途，在京兆尹當了一名功曹。

十五歲，楊堅得授散騎常侍、車騎大將軍、儀同三司。後來，楊忠去世，楊堅繼承了父親的爵位。武帝時，楊堅被封爲大將軍、隨州（今湖北隨州）刺史。不久，楊堅的長女楊麗華做了太子妃，楊家的地位跟著又提升了一大截。

建德四年（西元五七五年）七月，武帝下達征討北齊的命令，楊堅在戰爭中立下赫赫戰功，進位柱國。武帝死後，太子宇文贇即位，是爲宣帝，楊堅的女兒楊麗華被立爲皇后。做太子時宇文贇就整天和一堆阿諛小人廝混，常常受到武帝的責罰。以致武帝一死，宇文贇就拍著父親的棺材叫罵：「你怎麼不早死！」當上皇帝後，宇文贇更是暴虐荒淫，把朝政當兒戲。

大象二年（西元五八〇年）五月，宇文贇暴斃。事先被楊堅收買的內史上大夫鄭譯祕不發喪，擬假詔任命楊堅爲總知中外兵馬事（即全國兵

「妻管嚴」楊堅

隋文帝楊堅不僅開創了一個朝代、結束了漢末以來長期混戰、分裂的局面，在位時還是有名的節儉勤政之君。但在老婆獨孤皇后面前，楊堅卻是一個十足的「妻管嚴」。楊堅將一位美女納入後宮，得到密報的獨孤皇后立即派人趁楊堅外出的機會把這位美人除掉。楊堅回宮後氣得要死，騎了一匹馬就跑出宮。尚書左僕射高熲趕忙追了上去苦勸楊堅回宮，楊堅憤憤地說：「我算什麼皇帝，一點自由都沒有！」高熲說道：「皇上你怎能為了一個女人而捨棄天下？」楊堅這才隨高熲回了宮。

馬大元帥），要御正中大夫顏之儀連署。顏之儀知道有詐就嚴詞拒絕，並稱只有趙王宇文招才能擔當起輔佐幼帝的重任。鄭譯見顏之儀不屈服，就模仿他的字體簽了名。隨後詔令發出，楊堅控制了長安的各路軍隊。

隋文帝像

楊堅怕宗室諸王生變，就假借送千金公主出嫁之機將趙王宇文招、陳王宇文純、越王宇文盛、代王宇文達、滕王宇文逌騙回長安，並從顏之儀手裡搶下皇帝玉璽符節。一切安排妥當，楊堅才對外公布了宇文贇的死訊，八歲的宇文闡稱帝並尊嫡母楊麗華爲皇太后，楊堅則受封左大丞相並有權節制文武百官。

殊死之鬥

楊堅雖然趁著宇文贇死後的暫時混亂登上高位，但要穩固位子還得排除來自宗室諸王的威脅。楊堅首先把目標放在漢王宇文贊身上。此時，鬼迷心竅想當皇帝的漢王整天賴在皇宮裡不走，楊堅就派心腹劉昉給他送去了許多美女。漢王看了喜不自禁，就把劉昉當做知音。劉昉藉機提醒漢王：「現在的皇帝年幼無知，怎麼能承擔大任？而你是先帝的弟弟，又英明賢德，繼承皇位是眾望所歸。只是先帝剛死，事情還沒有安定下來，你待在宮裡難免引起閒言，不如先回王府以待時機，到時眾人自會迎你回宮做皇帝。」如此一來，漢王宇文贊才心甘情願地離開皇宮。

短襦長裙

短襦長裙是隋代女服的基本形式。它的一個特點是裙腰繫得較高，一般都在腰部以上，有的甚至繫在腋下，給人一種俏麗修長的感覺。

在宗室諸王看來，楊堅一步步地孤立皇帝宇文闡，日後必成他們北周政權的心頭大患。於是，趙王宇文招等人就開始密謀誅殺楊堅的計劃。楊堅得知後，就藉口趙王宇文招與越王宇文盛謀反，以外孫宇文闡的名義下了詔書，將他們全家殺得精光。隨後，楊堅又對其他的宗室諸王下手，將宇文闡變成眞正的孤家寡人。

建立大隋朝

大象二年（西元五八〇年）十二月，楊堅受封隋王、相國，總領文武百官，但楊堅繼續對宗室諸王開殺戒，以掃清稱帝立國的所有障礙。

大定元年（西元五八〇年）二月，楊堅身邊的一些心腹臣僚不斷地上書建言，提出請楊堅順應上天之命登基稱帝。又有人跑到宇文闡跟前，勸諫宇文闡讓出帝位。宇文闡能有什麼法子，只得寫了一份禪位詔書並搬出了皇宮。十四日，楊堅風風光光地在長安舉行了皇帝登基大典，建國號隋。時年九歲的宇文闡被外公楊堅封爲介國公，三個月後即死去。

隋．白釉象首壺

壺為盤口，有蓋，溜肩鼓腹，平底，因器身置象首得名。壺柄為一引頸伏首的龍柄，使壺顯得秀麗而充滿動感。壺體施白釉，唐代「南青北白」的瓷藝格局在隋代已初顯端倪。

死於非命的楊堅父子

楊堅建立隋朝，立長子楊勇為太子，後楊勇被廢。仁壽四年（西元六〇四年），楊堅在仁壽宮被太子楊廣殺死，楊廣繼承大統。楊廣當上皇帝後橫徵暴斂、荒淫無度。大業十四年（西元六一八年），右屯衛將軍宇文化及發動政變，用一根綢巾把楊廣勒死。

楊勇失寵

楊堅共有五個兒子，全爲獨孤皇后所生。長子楊勇從小就勤奮好學、溫良謙恭，倍受父母寵愛，楊堅稱帝后把楊勇立爲太子。

有一年冬至，文武百官候在宮外準備覲見太子。楊勇沒加思索就回屋換了衣服接見文武百官的祝賀，同時命令東宮樂隊奏樂迎接。不久，這件事傳到楊堅的耳中。楊堅問文武百官：「冬至節你們都去朝見太子，是何禮數？」太常少卿辛亶答道：「前往東宮的事不是朝見，只能算作祝賀。」楊堅不依不饒：「既是祝賀，你們爲何不分別前往？太子爲何要更換正裝、用禮樂迎接？」朝堂之上馬上變得鴉雀無聲，後楊堅打破沉寂：「太子現在還是臣下，應當恪守爲臣之道，以後再不許有這種事情發生。」這件事讓楊堅對楊勇留下了不好的印象。

楊勇的妃子元氏是楊堅和獨孤皇后親自選立的，但楊勇卻一直偏愛小妾雲氏。風聲傳到了獨孤皇后那裡，獨孤皇后平生最痛恨男人對妻子感情不專，就將楊勇找來加以訓斥。楊勇以爲是元氏打的小報告，回去後數落了元氏幾句。不日，元氏就心疾突發死掉了。獨孤皇后覺得元氏死得蹊蹺，又把楊勇叫來盤問，但並沒有問出所以然來。元氏一死，楊勇馬上命雲氏主持東宮內務，獨孤皇后知道後愈加憤怒。

楊廣奪嫡

晉王楊廣，是楊堅的次子，不僅長得儀表堂堂，而且頭腦靈活又不失穩重。在征討陳朝、收服突厥的戰爭中，楊廣立下赫赫戰功。但是楊廣專擅心計，他深知母親獨孤皇后反感男人多寵，就整天和王妃蕭氏在一起，即使不小心讓別的美人懷孕，楊廣也讓她們墮胎，甚至把已經生下來的嬰兒扼死。不明就裡的獨孤皇后對楊廣的作爲連連稱讚，認爲他爲人專一，以後必成大器。另外，楊廣還迎合父親楊堅節儉的心理，故意在楊堅面前打扮得很樸素。

楊廣喜歡結交各級官員，只要是楊堅和獨孤皇后派來的人，楊廣都熱情招待，走時還給他們帶上禮物。這些人回去後，總要在楊堅和獨孤皇后面前稱頌楊廣的賢德。有一次，楊堅和獨孤皇后親自到晉王府，事先得知消息的楊廣趕忙把府中的美女藏起來，剩下的人也一律換上粗布衣服。楊堅和獨孤皇后看到楊廣如此簡樸，心裡十分欣慰。

後來，楊廣被任命爲揚州總管。臨行前，楊廣特意到後宮向獨孤皇后辭行。獨孤皇后看著伏在地上痛哭流涕的兒子，禁不住老淚縱橫。楊廣見時機已到，向獨孤皇后哭訴道：「我這一走，就不能盡心地侍奉父皇母后，但我的心會時刻牽掛著你們！只是我生性愚鈍，只知道珍惜兄弟的手足之情，卻不知何故得罪了大哥楊勇，以致有人說他要加害於我。」獨孤皇后聽後憤憤地說：「這不肖子愈來愈蠻橫，我還活著他就這樣，不知我死了他還要怎樣魚肉你！」楊廣馬上表現得更加悲戚，搗蒜般地給獨孤皇后叩頭：「父皇母后一定要保重！」

見到楊堅，獨孤皇后說起這事時欷歔不已，並說楊勇只寵愛小妾雲氏，我們給他選的太子妃也不明不白地死去，連一個嫡孫也沒留下。楊堅聽後連連搖頭，把上儀同三司韋鼎叫來問道：「我這些兒子中，誰最能擔當大任？」韋鼎不置可否：「皇上和皇后最喜愛誰，就應該把皇位傳給誰，做臣下的怎能妄言！」楊堅笑道：「你只是不肯明說而已。」

楊勇被廢

楊廣與安州總管宇文述交好，試

隋・青瓷武士俑

隋．佛說法圖

此為莫高窟第三百九十窟壁畫。

圖依靠宇文述奪取太子之位。宇文述獻計說：「廢立太子是國家大事，我作爲外臣很難進言，我認爲能夠使皇帝回心轉意的只有一人，他就是越公爵楊素。我和楊素的弟弟楊約很熟，最近回京的時候我去找找他。」楊廣聞言大喜，馬上命人給宇文述送來厚禮。

楊約時任大理少卿，楊素有什麼事都喜歡和他商議。這天，宇文述來到楊約府上，兩人把酒言歡至子夜，開始擺開桌子賭博。宇文述故意表現得手氣很差，把楊廣送給他的金銀財寶全輸給了楊約。楊約正過意不去之時，宇文述說：「不瞞你說這其實是晉王給你的賞賜！」楊約聞言大驚：「無功不受祿，我怎敢要晉王的財物？」宇文述馬上換了嚴肅的表情：「你們楊家兄弟權高位重，一定在朝中得罪了很多人，一旦當今皇上不在了，你們去依靠誰？太子楊勇早已不受皇上寵信，什麼事情都辦不成，對權臣更是恨之入骨，他登基後你們能有好日子過？現在，請求皇上廢立太子，只是你大哥楊素一句話的事。等到日後晉王當了皇上，你們還害怕什麼？」楊約覺得宇文述說的有理，就去找楊素。

楊素馬上去找獨孤皇后，因爲獨孤皇后的話楊堅沒有不聽的。楊素裝作不經意的樣子說：「晉王是賢德之人，很像皇上。」獨孤皇后不禁感傷遠在揚州的兒子：「誰說不是呢，我們每次派使者去看他，他都要和王妃親自迎接。他的妃子也知書達理，常常和婢女同吃同住。不像我的大兒子楊勇，成天只知玩樂、猜忌陷害骨肉兄弟。」

楊堅這段時日也在觀察楊勇，看他有無悔改之意。一天，楊堅派楊素去探望楊勇。楊素走到太子府門口慢慢坐下來休息，而在裡面迎候的楊勇

開創科舉制度

楊堅建立隋朝後，廢除了魏晉以來從士族門閥中選官的制度，開始採用分科考試的方法選拔官吏。楊廣即位後，於大業二年（西元六〇六年）正式設立進士科，為中國科舉制度的肇始。楊廣曾在詔書中提出，科舉考試的宗旨是：諸郡學業該通，才藝優洽，膂力驍壯，超群等倫，在官勤奮，堪理政事，立性正直，不避強禦，四科舉人。

這種一直延續到清末的選官制度，無疑是社會制度的一大進步。因為科舉制度不僅衝破了士族門閥把持官吏階層的局面，擴大了選任官吏的範圍，為大批門第不高的知識分子參政提供了機會；還把讀書、考試和做官聯結起來，提高了各級官吏的文化素質。

長時間不見楊素，怒氣沖沖地跑到門口對楊素橫加指責。楊素進宮後這樣給楊堅覆命：「我看太子極度怨恨皇上，恐怕會有什麼變故，請皇上戒備！」同時，楊廣還派人賄賂楊勇身邊的奸佞小人姬威，讓他羅織楊勇的過錯。不久，楊廣指派的人鼓動姬威：「我家晉王已接到皇上廢立太子的密詔，你如果搶先告發太子，日後必有大富大貴。」姬威信以爲眞，就寫信檢舉太子試圖謀叛。

楊堅看著姬威寫的告發信，耳邊不時傳來獨孤皇后對楊勇的抱怨，以爲楊勇已不可救藥，遂下了廢立太子的決心。開皇二十年（西元六〇〇年）十月，楊堅命人宣讀詔書：廢黜太子和其子女的一切封號！癱軟在地的楊勇半天沒有話說，最後痛哭流涕地叩頭謝恩。

很快地，楊廣如願以償地當上了太子，並負起看管楊勇的職責。楊勇自認爲自己沒有過錯，不應受到廢黜的懲罰，就天天要求面見楊堅。這種要求楊廣哪裡肯理會，楊勇情急之下爬上了東宮院內的一棵大樹，朝著楊堅的寢宮方向大聲喊著冤屈，其聲音之悲慼無不讓人動容。終於，楊堅聽到了楊勇的哀嚎，就派楊素去查看。楊素回復：「楊勇已經癲鬼纏身、神經錯亂，沒有救了！」楊堅信以爲眞，長歎了一口氣。

弒殺楊堅

楊堅的四子楊秀，是一個嫉惡如仇、頗有膽識之人。楊秀聽說楊堅廢了太子楊勇，心裡很不服氣，當面質問楊堅派來的使臣：「楊廣哪裡賢德，有資格當太子？」使臣被問得啞口無言。楊廣聽聞之後，就指使人在楊堅面前說楊秀的壞話。

楊廣還偷偷地派人做了兩個木人，把木人的心用鐵釘釘住、手腳用鐵鐐縛住，一個寫上楊堅的名字，一個寫上漢王楊諒的名字，並寫了一張符：請華山神將楊堅、楊諒生擒，免得他們到處遊蕩！一同埋在了華山腳下。不日，楊堅召楊秀進京，對父親不滿的楊秀遲遲託病不肯受命。楊廣就讓人告訴楊堅：「楊秀違抗聖命，分明是心懷不軌！」雖然楊秀還是磨磨蹭蹭地來了，但楊堅早已對他心懷不滿。這時，有人給楊堅上奏：「楊秀爲發洩對皇上的怨恨，暗自在華山腳下埋了符咒。」楊堅不信，命人前去搜查，果眞在華山腳下挖出了兩個木人。楊堅看後氣得臉色鐵青，下詔把楊秀廢爲庶人。

仁壽四年（西元六〇四年）正月，楊堅依照慣例赴仁壽宮（今陝西麟游縣境內）觀賞山色，朝中的一切事務全交由太子楊廣裁決。四月，楊堅生了一場大病，楊廣得知後立即帶著楊素等人前去探望。楊廣見楊堅已病入膏肓，不禁心中竊喜，給楊素寫了一封信詢問自己在楊堅死後應該做些什麼。楊素見信後立即回了信，派人給楊廣送去。不想這送信的人一時糊塗，竟將信送到了楊堅手中。楊堅這才看清楊廣的眞面目，憂憤交加。

而此時的楊廣趁著父親楊堅病重，竟然調戲楊堅的寵妃陳夫人。驚惶失措的陳夫人連忙跑回楊堅寢宮。楊堅見陳夫人一臉狼狽，就問是何緣故。陳夫人哭哭啼啼地說出原委，楊堅氣得頓足捶胸：「這樣的畜生，怎能承受天命？」快快起草詔書把我兒楊勇傳來！在一旁的楊素聞訊後，大驚失色，立即派人把楊廣叫來。楊素

趙州橋石雕

趙州橋是世界上第一座大跨度敞肩拱石橋，不僅在科學技術上有很高的成就，而且具有高超的藝術特色。它的整體結構寓雄偉於秀逸舒展之中，橋兩旁石欄望柱的精美雕刻，欄板上的蟠龍以及石獸面、卷葉、花包飾等細部雕刻，刀法蒼勁，線條流暢，造型古樸，是隋代石雕藝術的精品。

趙州橋

趙州橋坐落在河北趙縣境內的洨河上，由著名匠師李春設計，距今已有一千四百年的歷史，是當今世界上現存最早、保存最完善的古代敞肩石拱橋。

對著楊廣耳語了幾句，悄然退下。楊廣命心腹張衡進入寢宮侍奉楊堅，並命令寢宮內其他人全部離開。不多久，張衡就出來宣布：「楊堅已死！」雖然人們都知道楊堅因何而死，但具體的死因卻眾說紛紜，不一而足。

隨後，楊廣一干人回到長安，以楊堅的名義殺死了楊勇和他的幾個兒子，登上了皇位。

開鑿運河

楊廣當上皇帝後荒淫無度，不僅營建了富麗堂皇的洛陽新都，還開鑿了貫通南北的大運河。即位第一年，楊廣就命人建造了萬艘船隻，從洛陽出發南下江都（今江蘇揚州），整個船隊浩浩蕩蕩綿延數百里。沿途的地方官吏，爲討楊廣歡心狠命地搜刮民膏民脂，一時之間弄得民怨沸騰。楊廣卻不管這些，在第一次下江都之後，又在此後以更大的排場接連兩次下江都。

魂斷江都

大業十三年（西元六一七年），楊廣又踏上南下江都的旅程。而此時的隋朝疆土已是遍地烽火，被壓迫得沒有活路的各地人民揭竿而起，右候衛大將軍趙才勸諫楊廣以民生爲重，楊廣聞之大怒，命人把趙才看押起來。到江都後，楊廣更是酒不離口，但他深知這樣的好日子不會長久，就對著銅鏡中的自己說道：「這麼好的頭顱，誰來把它砍掉？」蕭皇后聞之大驚，忙勸楊廣寬心。

大業十四（西元六一八年）三月，楊廣身邊的人見大勢已去，紛紛逃散。右屯衛將軍宇文化及、虎賁郎將司馬德戡等人則趁機謀劃一場剷除楊廣的行動。一開始，他們在護衛楊廣的武士中散布謠言：皇上聽說武士

們要叛逃，就釀製了大量毒酒準備在宴會上把大家毒死。武士們聞言大驚，司馬德戡趁機將武士們召集起來，說明了剷除楊廣的計劃，武士們異口同聲地說：「願意聽從將軍的調遣！」於是司馬德戡帶著武士們衝入楊廣寢宮，楊廣聞知趕忙換了普通人的衣服企圖躲避，但很快就被生擒。

成了階下囚的楊廣，眼看著十二歲的幼子楊杲被砍下頭顱，鮮血濺滿了他的衣衫。楊廣說道：「皇帝怎能死於刀下，快把我預備的毒酒拿來！」但沒人理他。絕望的楊廣趕忙解下自己的綢巾，求來人用綢巾把他勒死。最後，來人滿足了楊廣這個可憐的要求。

京杭運河圖

由於大運河的滋養，到清朝時，南方地區已是被稱為「人間天堂」的秀美繁華之地。

喋血玄武門

唐高宗武德九年（西元六二六年）六月四日清晨，李建成、李元吉上朝途經玄武門發覺氣氛不對，想返身回東宮，就聽見李世民帶領伏兵從後面喊殺而來。李世民趁機射倒李建成。李元吉中亂箭逃奔，被尉遲敬德追到殺死。不久，李淵自稱「太上皇」，把皇位傳給李世民。李世民任人唯賢、從諫如流，開創了大唐歷史的新紀元——貞觀之治。

隋煬帝楊廣荒淫無度，使得大隋朝民不聊生，各地農民起義風起雲湧。唐公李淵和兒子李世民趁機從晉陽起兵攻佔了京城長安，建立了大唐基業。不久，李淵的三個兒子就爲皇位的繼承展開了殊死搏鬥。

秦王李世民

李世民是高祖李淵的次子，李淵稱帝後受封秦王。李世民從小就表現出超人的膽識，好結交四方的英雄豪傑。早在晉陽起兵前，有一年突厥人將楊廣圍困於雁門（今山西代縣），年僅十六歲的李世民臨危受命，出奇兵救出楊廣。晉陽起兵，李世民等人也參與策劃、行事。唐建立後，李世民又率兵剿滅了一些殘餘勢力。因此，李世民可謂爲大唐的創建立下了汗馬功勞。

經過連年征戰，李世民網羅了大批的人才，武將有赫赫有名的秦叔寶、尉遲敬德、程知節，謀士有著名的「十八學士」房玄齡、杜如晦、許敬宗等人。武德四年（西元六二一年）十月，李淵封功績卓著的李世民爲天策上將，位在親王、公爵之上，並允許李世民設立官署。爲此，李世民設立文學館，將「十八學士」安置其中。每有大事要決斷，李世民都把這些人叫來，悉心聽取他們的意見。

齊王的如意算盤

齊王李元吉，是李淵的四子，雖然也勇猛過人，立過一些戰功，但他心高氣傲又好色放縱。同時，權欲熏心的李元吉還想與兩位哥哥——太子李建成、秦王李世民競爭皇權。無疑，面對這樣的競爭局面，李元吉在三人之中佔盡劣勢，於是他決定依附

李淵像

李淵，武德元年至武德九年在位（西元六一八年至西元六二六年），字叔德，隴西成紀（今甘肅秦安縣北）人，隋煬帝的外甥，唐代開國君主，廟號「唐高祖」，諡號太武皇帝。

太子李建成。

由於李淵封李世民為天策上將，並允許他自建官署，李建成明顯地感受到太子地位受到威脅。李建成明白自己全憑長子的身分成為皇位的繼承人，因此他需要一個幫手能協助他防範李世民。這時，李元吉向他示好，正合了他的心思。為維護太子地位，李建成私自招募了勇士二千多人屯駐東宮門，並將三百多名突厥兵藏匿東宮，以備不時之需。

向李淵寵妃借力

李建成、李元吉兩人還與李淵後宮的尹貴妃、張婕妤等人結好，經常給她們送禮物，這些人受了恩惠就常常在李淵面前說李世民的壞話。一次，李世民為獎勵淮南王李神通的戰功，就把他轄區內的一塊好地獎賞給了李神通。不想張婕妤的父親也看上這塊地，張婕妤就讓李淵寫了份詔書把這塊地賜給她的父親。不明就裡的李淵答應了張婕妤。但李神通認為李世民已先把地獎賞給了他，就沒有理會張婕妤的父親。張婕妤就去李淵跟前哭訴：「你賜給我父親的地，被秦王奪去賞給李神通。」李淵不問青紅皂白，就把李世民叫來大罵一通。李世民見李淵正在氣頭上，沒有吭聲，但張婕妤仍聯合其他嬪妃一起在李淵跟前抱怨李世民的專橫跋扈。

武德七年（西元六二四年）七月，有人告發李建成乘李淵去仁智宮（今陝西宜君縣境內）避暑的機會，勾結慶州（今甘肅慶陽）都督楊文幹以圖裡應外合將李世民誅殺在長安城內。李淵得知後怒不可遏，立即召見李建成，李建成一把鼻涕一把淚地向李淵請罪。而楊文幹那邊已經起兵，李淵就派李世民出兵征討，並許諾平叛之後封他做太子。但李世民前腳剛

唐・蓮花紋地磚

走，李元吉就和嬪妃們聯手向李淵求情，李淵受不住就毀棄了諾言，絕口不在李世民面前提廢立太子之事。

兄弟鬩牆

李世民平定楊文幹叛變之後，回到長安。李建成表面上向李世民道歉，骨子裡卻仍視他爲眼中釘。有一天，三兄弟跟隨李淵在郊外打獵，李淵命三人比試箭術，李建成藉機將自己的一匹烈馬給了李世民。李世民不知是計就翻身上了馬，不一會兒，李世民就被烈馬甩了出去，差點掉到崖下摔死。李世民不禁說了句：「他們企圖害死我，但是生死有命，我不會那麼容易死掉！」李建成聞之，就鼓動嬪妃們向李淵進讒言：「秦王自稱有天命，狂妄至極！」由此，李淵對李世民的猜忌日益加深。

武德九年（西元六二六年）六月初，李建成、李元吉邀李世民喝酒。宴後，李世民心如刀絞，鮮血直從口裡往出噴，一同前往的李神通見勢不妙，趕快找來解毒的藥服下，才撿回一條性命。李淵聽說後跑來探望，對李世民說：「大唐得以建立你的功勞最大，可是當年立你爲太子時你卻堅決不接受，我只能立建成爲太子。如今你們同在京城水火不容，所以我想讓你去洛陽，主管河洛以東的半壁江山，並允許你在那裡使用天子的旌旗。」

不日，李世民就要前往洛陽。李元吉對李建成說：「這豈不是放虎歸山，他擁兵洛陽我們如何能挾制他，一定得想辦法把他留在長安。」於是，他們收買了幾個朝臣去勸李淵收回成命：「秦王府的人聽說要去洛陽，高興得不得了，看他們這陣勢是想一去不復返。」就這樣，李世民赴洛陽的事被李淵放下了。

李元吉見誅殺李世民屢屢失手，就在李淵面前直言：「李世民早有謀反之意，現在不誅殺恐怕日後要成爲國家的大患。」李淵不以爲然：「現在並沒有什麼證據可以證明他要謀反，何況他有功於國家，怎能輕言誅殺？」李元吉有些不罷休：「要誅殺他還怕找不到藉口！」李淵怒斥李元吉：「他是你二哥，有什麼地方得罪於你，這樣和他過不去？」李元吉嚇得跪倒在地，連連向李淵說自己再也不敢妄言。

惡戰前夜

李世民身邊的房玄齡、長孫無忌、杜如晦等人深知李建成、李元吉與李世民之間的皇位之爭不可避免，雙方的一場惡戰遲早得發生。於是，他們就去面見李世民，分析了當前的形勢，並勸李世民抓住這個機會誅殺李建成、李元吉。

李建成、李元吉深知秦王府有很多驍將，試圖通過金錢收買他們。李建成派人送給尉遲敬德一車金銀財寶，並附了一封信：以這點微薄之禮奉獻長者，期盼長者能夠照顧我！尉遲敬德看都沒看讓來人把東西拉回去，並凜然說道：「我本是戴罪之身，所幸秦王厚愛才有今日。對於殿下我沒有一點功勞，所以不敢受此大禮。如果我與殿下暗自交往，就是對主人的不忠，這樣的人對殿下有什麼用？」李建成聽到回復後恨得咬牙切齒，直罵尉遲敬德「匹夫」！隨後，尉遲敬德把李建成的作為告訴了李世民，李世民說：「我知道你的忠心。日後他再有什麼饋贈，你只管收下，這樣不僅能探聽他的陰謀，還可以避免遭他嫉恨！」之後，尉遲敬德等來的卻不是李建成的進一步拉攏，而是悄然而至的刺客。尉遲敬德得知後，故意把家裡的門全都打開，自己則大咧咧地躺在床上。刺客見尉遲敬德就在咫尺，卻被這陣勢嚇得不敢動手。李元吉又讓人在李淵面前誣陷尉遲敬德，李淵聽信讒言將尉遲敬德下進大牢準備處死。李世民趕快派人營救，才救出了尉遲敬德。

除了誣陷尉遲敬德外，李建成還誣陷李世民的部屬程知節，李建成借李淵之手把程知節調離秦王府。程知節向李世民進言：「對方已經磨刀霍霍，要斬盡大王的手腳和翅膀，如果大王還遲疑不決，必將遭到對手的禍

昭陵六駿·什伐赤

昭陵是唐太宗李世民的陵墓，從貞觀十年（西元六三六年）開始修建，至貞觀二十三年（西元六四九年）建成，前後歷時十年。昭陵六駿是李世民在征戰中騎乘的六匹駿馬的塑像，什伐赤是六駿中一匹赤色的駿馬，「什伐赤」這個名字來自於突厥官名「設發」。

害！」果然，李建成採取了進一步行動，接連讓李淵把房玄齡、杜如晦調出秦王府。長孫無忌、尉遲敬德等人有些按捺不住，就苦勸李世民趕快動手。李世民去徵詢靈州大都督李靖、行軍總管李世勣的意見，但兩人都未置可否，李世民明白時機尚未成熟。

決鬥一觸即發

這時，突厥出兵侵擾邊關。李建成馬上推薦李元吉代李世民領兵迎戰，得到李淵的批准。同時，李元吉將李世民麾下的尉遲敬德、秦叔寶、程知節等人調入，並精選了秦王府的精銳部隊充實自己的力量。

見李世民已被孤立，李建成和李元吉就謀劃當晚在昆明池設一場鴻門宴，將李世民斬殺，而且李世民的部屬尉遲敬德等人也一個不放過全部坑殺。但是很快就有密探將消息報告李世民，李世民立即叫來長孫無忌、尉遲敬德等人商量對策。大家一致認爲只有先下手，才能保全性命。說話間，李建成派來請李世民到昆明池赴宴的人已候在府外。李世民見事情已無迴旋餘地，就決定趕赴李淵的寢宮，當面揭露李建成、李元吉兩人私通後宮、謀害自己的陰謀。李淵這才恍然大悟：爲何李元吉要急著帶兵出征。李淵安撫了李世民，並答應明日早朝親自審問李建成和李元吉，如果屬實一定嚴懲不貸。

李世民一出寢宮，張婕妤就命人把消息傳給李建成。李元吉說：「我們趕快排兵布陣，然後託病不去早朝，看李世民如何動作？」李建成不同意這樣做，說道：「那樣不是說明我們心虛嗎？再者部隊都在我們的掌控之中，怕他做什麼？」

血洗玄武門

武德九年（西元六二六年）六月四日清晨，李建成、李元吉裝作沒事的樣子一同去上朝。走到臨湖殿哥倆覺得氣氛不大對勁，剛想返身回東宮，就聽見李世民帶領伏兵從後面喊殺而來。李元吉情急之下向李世民張弓射擊，但幾次都落空。李世民趁機射倒李建成。李元吉中亂箭逃奔，被尉遲敬德追及殺死。隨即，尉遲敬德將李建成、李元吉的人頭割下。奇怪的是宮城內外不是已被李建成他們控制了嗎，爲何李世民還有機會成功突襲？

原來，李世民早已買通了守護玄武門的將領常何，得以率領著長孫無忌、尉遲敬德和親兵武士埋伏於玄武門內。而李建成總以爲玄武門是自己的心腹守護，所以大咧咧地和李元吉進入，沒有做絲毫的戒備。等到兄弟倆進了玄武門，李世民命人將城門關閉，以甕中捉鱉的方式剷除他們。

這時，太子府和齊王府的人聽說

李建成、李元吉被困玄武門，立即前來攻打。兩軍對陣展開廝殺，玄武門充斥在刀光劍影之中。由於雙方勢均力敵，太子府和齊王府的人馬見攻不下玄武門，就準備調集人馬攻打秦王府。正在這危急時刻，尉遲敬德提著李建成、李元吉的人頭立於城牆之上，太子府和齊王府的人知大勢已去，馬上就一哄而散。

玄武門的混戰平息，李世民命尉遲敬德去給李淵報信。李淵見尉遲敬德身著鎧甲、手持長矛直闖了進來，不由地怒斥：「你進來做什麼！」尉遲敬德答道：「太子和齊王謀反，已被秦王誅殺，我奉命前來護駕！」李淵聽後呆若木雞，半天才回過神來。不日，李世民借李淵之手，誅殺了李建成和李元吉的兒子，並把他們的其他家眷從皇族中除名。

唐．彩繪騎馬武士木俑

高昌王族張雄（西元五八四至六三三年）墓隨葬大量木俑。張雄是高昌左衛大將軍，兼兵部要職，死後葬儀隆重。這組騎馬武士木俑是他的部分儀仗隊。木俑製作均分段雕刻出人物的上身、下身（與馬的軀體連在一起）及馬首、四肢，膠合成型。接縫處黏貼紙條，最後通體施以彩繪。

武則天的溫柔一刀

武則天原是唐太宗的才人，後被高宗李治立為皇后。武則天憑藉其過人的才智，很快就得到高宗的信任，開始踏上奪權之路。載初元年（西元六九〇年）九月，李旦率六萬臣民上表勸進，請改國號。武則天即登上皇帝寶座，改唐為「周」，自號「聖神皇帝」。

一顆棋子

武則天，并州文水（今山西文水縣）人。曾任荊州都督的父親武士彠早亡，武則天就與母親相依爲命。

貞觀十一年（西元六三七年）十一月，唐太宗聽說武則天生得國色天香之貌，就把她召進宮當了才人，賜號「武媚」。此後武則天並未得到唐太宗的多少寵愛，但是在唐太宗臥病期間，侍病的太子李治對武則天產生了愛慕之情。唐太宗死後，沒有生育子女的嬪妃都要削髮爲尼，武則天也未能倖免，入感業寺與青燈爲伴。

太子李治登上皇位，是爲唐高宗。一年後，高宗去感業寺進香，見到了淒楚憐人的武則天，兩人互訴衷腸。由於當時唐高宗寵愛蕭淑妃，於是失寵受冷落的王皇后決意迎接昔日的武才人進宮，以分蕭淑妃之寵。王皇后主意已定，很快就促使高宗把武則天接到宮裡。武則天受封昭儀，起初對王皇后極盡阿諛奉承，並利用王皇后對宮內侍從的高傲蠻橫，極力與這些侍從結好，得以在宮中站穩腳跟。高宗很快就迷上了武則天，王皇后和蕭淑妃反而同受冷落。王皇后心中鬱悶，就聯合蕭淑妃在高宗面前說武則天的壞話，但高宗並不聽信。

永徽五年（西元六五四年），武則天生下一個女兒，王皇后前來探望。不一會兒，高宗來看寶貝女兒，揭開被子卻見女兒早已沒了呼吸，急令追查兇手。一旁的侍從趕忙回復：剛才只有王皇后來過。高宗想起王皇后平日對武則天的嫉恨，認定她就是兇手。

第二年，高宗力排眾議，以王皇后、蕭淑妃陰謀毒死自己女兒的罪名將兩人貶爲庶人，立武則天爲皇后。時隔不久，生惻隱之心的高宗跑到冷宮去看王皇后、蕭淑妃，王皇后藉機要高宗念舊情把冷宮改為「回心院」，高宗決定去辦。得信的武則天立即派人把王皇后、蕭淑妃的手腳砍去，並投入酒甕之中，兩人哀嚎幾天氣絕而亡。

毒殺親子

武則天當上皇后，開始捏造罪名，將朝中阻礙她受封皇后的大臣長孫無忌、韓瑗、來濟等人一一貶殺，並提拔她培植的親信李義府、許敬宗一干人擔任要職。不久，高宗得了頭痛症，沒有精力專心理政。武則天就與高宗一同坐上龍椅，兩人一起聽政，武則天則代替皇上決斷政務。

很快地，高宗就發現武則天處理政務不再與他商量，他簡直成了傀儡，心中大為不滿，隨即命西台侍郎上官儀起草廢黜武則天皇后之位的詔書，一旁武則天的心腹見情況緊急，趕忙跑去報信。武則天氣急敗壞地闖進宮質問高宗，高宗嚇得想抵賴，卻被武則天一把抓起還在桌上的詔書，高宗只得唯唯諾諾地說：「我本無意，全是上官儀出的主意。」武則天立即把上官儀滿門抄斬。從此，朝政全由武則天把持，人們把武則天和傀儡高宗稱作「二聖」。

眼看著武則天和她的家族一步步地蠶食李唐宗室，大有取而代之的圖謀，高宗終於坐上不了，就想趁著自己還活著把皇位傳給太子李弘。李弘是武則天的長子，為人仁孝忠義，對母親專權的做法早已不滿，還常常勸母親恪守婦道，遭到武后的嫌惡。就在上元二年（西元六七五年）四月，李弘暴病而亡，傳說是被武則天毒死。李弘死後，武則天的次子李賢又被立為太子。但李賢當上太子沒幾年，就被武則天誣陷「謀反」，貶為庶人。

廢黜兒皇帝

弘道元年（西元六八三年）十二月，高宗病死，遺詔命太子、武則天三子李顯在他的靈柩前即位，凡國事政務不能處理的都交給武則天決斷。李顯剛當上皇帝，就想把韋皇后的父

唐・彩繪陶猴

親韋玄貞提拔爲侍中，遭到中書令裴炎的反對。李顯氣得罵道：「我就是把大唐江山送給韋玄貞，爾等又能怎樣？」

武則天聞之大怒，立即在乾元殿召集文武百官，同時命羽林將軍程務挺等人領兵入殿。當著李顯的面，裴炎宣布武則天令：「廢黜李顯的皇帝尊號，貶爲廬陵王。」隨即御林軍士強扶李顯走下皇帝寶座，李顯掙扎著喊著冤屈：「我犯了什麼罪？」武則天冷笑一聲：「你都準備把大唐江山送給韋玄貞，還敢說沒罪？」

不日，武則天立四子、豫王李旦爲帝，是爲睿宗。武則天命睿宗居於別宮，不准過問朝政大事。接下來，武則天不僅安插自己家族的人佔據政府要職，還大封祖先王爵，以致李唐宗室成員人人自危。

光宅元年（西元六八四年）九月，眉州刺史李敬業聯合長安主簿駱賓王等人從揚州起兵，以擁立廬陵王李顯復位爲名討伐武則天。駱賓王起草了〈代李敬業傳檄天下文〉：「班聲動而北風起，劍氣沖而南斗平，暗鳴則山嶽崩頹，叱吒則風雲變色。以此制敵，何敵不摧？以此圖功，何功不克。……請看今日之域中，竟是誰家之天下！」武則天看到這氣吞河山的檄文，忙問左右：「這是誰寫的？」有人答：「駱賓王。」武則天無不惋惜地說：「這樣的英才怎能落失？」但李敬業的討伐軍打了不到兩個月就被擊敗。

女皇登基

掃平了李敬業，武則天深感朝野的反對力量是她日後登上大位的最大障礙。爲剷除異己，武則天大興告密之風，對告密的人，任何人都不能加

乾陵無字碑

此碑高六・三公尺，厚一・四九公尺，是按照武則天的遺言所立。武則天臨死前説，自己的功過，由後人評説，所以當時沒有刻文字。宋、金以後，一些遊人在上面題字，「無字碑」變成了「有字碑」。

以阻攔，還要提供交通食宿的便利。對告密不實之人，武則天也採取極其寬大的政策，多不予追究。一個叫魚家保的官吏，為武則天發明了接收告密信件的銅匭，放進去的信件，沒有專用鑰匙的人根本取不出來。但具有諷刺意味的是，不久裡面就有了一封揭發魚家保為李敬業製造兵器殘殺官兵的告密信。武則天二話沒說，就讓人把魚家保拉出去砍了。

武則天從告密者當中，提拔了酷吏周興、來俊臣等人，他們採取妄加罪名、嚴刑拷打的方式為武則天剷除了許多異己分子，其中不少人是李唐宗室成員。到載初元年（西元六九年），李唐宗室成員和支持者，幾乎被武則天斬殺殆盡。九月初，侍御史傅遊藝率關中百姓九百多人上表武則天，請改國號，賜皇上李旦姓武。武則天雖然嘴上不准，卻擢升傅遊藝為給事中。睿宗李旦見母親武則天稱帝已不可阻擋，就帶著六萬臣民懇請她登基。武則天選了吉日，廢掉大唐國號，自稱大周聖神皇帝，降睿宗為皇嗣，賜姓武。就此，大唐王朝中斷。

唐．鎏金龜負論語玉燭銀酒籌筒

此器出土於一座唐代金銀器窖藏中。下為形態頗為生動的伏龜，背馱仰蓮座，上承長體圓酒籌筒，上覆荷葉邊形筒蓋，中央結成寶珠鈕。在筒身雙線長方框中刻「論語玉燭」四字，並刻飾龍鳳等圖案。與酒籌筒同時出土的還有五十支酒令籌，上刻文字，上半段文字採自《論語》，下半段為行令章程。這正是唐人飲酒時行令的酒籌。

韋后的最後掙扎

唐中宗景龍四年（西元七一〇年）六月，韋后與安樂公主合謀毒死了唐中宗，立溫王李重茂為帝。臨淄王李隆基得知韋后意欲稱帝的陰謀，聯手太平公主發動政變，平定了韋后之亂。隨即，李隆基的父親相王李旦登基，太平公主繼續干政。

平定了太子李重俊之亂，韋后和安樂公主更加肆無忌憚。韋后想做第二個武則天的慾望不斷地膨脹，安樂公主則緊緊追隨。自此中宗臨朝問事，韋后都要像武則天那樣垂簾聽政。懦弱的中宗則聽之任之，縱容她們胡作非爲，最終給自己帶來一場殺身之禍。

韋后的野心

安樂公主是唐中宗李顯與韋后之女，原本嫁給武崇訓，武崇訓一死，中宗和韋后又把安樂公主改嫁給武承嗣的兒子、左衛中郎將武延秀。但婚後的安樂公主依然飛揚跋扈。有一天，安樂公主向中宗索要昆明池，中宗說人民要以此湖捕魚爲生，沒有答應她的要求。安樂公主大發脾氣，還強搶他人良田建造了一個規模比昆明池大得多的人工湖，命名爲定昆池，暗含了她要定昆明池的意圖。

安樂公主還經常派家奴到街上搶奪年輕女充作奴婢。左台侍御史袁從一得知後，立即把安樂公主的家奴抓起來。安樂公主就去找中宗要求放人，中宗竟答應了，氣得袁從一說道：「皇上縱容家人胡作非爲，怎麼能治理好天下！」

除了在生活上貪圖享受、極盡奢侈，安樂公主也沒有忘記自己的「皇太女」夢想，她經常和母親韋后一起謀劃大事。

中宗之死

景龍三年（西元七〇九年）年底，關中地區遭受罕見的大饑荒，長安城裡的糧食供應全靠大批的牛車從長江、淮河一帶調運，而十有八九的牛都累死在半路。爲減輕關中缺糧的緊張局勢，許多大臣就勸中宗前往東都洛陽。但韋后因爲自己的娘家在杜曲（今陝西西安南），就不願意遠赴洛陽，還叫巫師彭君卿嚇唬中宗：

「今年往東走大凶！」中宗信以為真。大臣們知道是韋后從中作梗，氣得暗自咬牙。對韋后掌控中宗、意圖全面奪權的野心，大臣們更是憤恨不已。

許州司兵參軍燕欽融上表中宗，直斥韋后淫亂干政、安樂公主夫婦禍害國家。中宗看了奏章，立即命人把燕欽融召來。面對中宗，燕欽融把心中對韋后等人的憤懣一吐為快，中宗尷尬地半天說不出話。這時，受韋后指使的兵部尚書宗楚客當著中宗的面假傳聖諭，命殿前軍士將燕欽融提起，猛地摔向殿內的石柱上，登時燕欽融腦漿迸裂，慘死在殿堂之中。此後，中宗嘴上沒說什麼，但心裡已對韋后一黨有了抗拒之心。

韋后等人感到往日裡百依百順的中宗，這段時間變得死一樣沉寂，不由心中恐慌。而宗楚客更清楚自己當著中宗的面假傳聖旨，罪惡是何等深重，就鼓動韋后趕快行動，以免遭殺身之禍。景龍四年（西元七一〇年）六月，韋后命人在中宗的餅裡下了毒，中宗吃餅後中毒而死。隨後，韋后等人祕不發喪，緊急調動韋氏族人及黨羽前來守衛長安。

平定韋后之亂

中宗的死訊很快就傳到太平公主那裡。太平公主找來上官婉兒，起草了中宗遺詔：「立溫王李重茂為太子；皇后攝政，相王李旦參謀政事。」但這份遺詔很快就招致韋后一黨的強烈反對，於是修改詔書，以相王李旦為太子太師，虛其職權。太平公主見其勢強就暫且忍氣吞聲。不日，李重茂當上皇帝，尊韋后為太后。不安分的安樂公主、宗楚客和韋氏族人極力勸韋后按照武則天的做法改朝換代做皇帝，韋后大肆在京畿要害部門安插韋氏族人、糾集黨羽準備謀殺李重茂後稱帝。

「斜封除官」圖

「斜封除官」，出自明刊本《帝鑒圖說》。唐中宗李顯在位時，韋后掌權，韋后的女寵都任意妄為，販夫走卒只需花三十萬錢，便可陞官。這種官員被稱為「斜封官」。

兵部侍郎崔日用，本是韋后黨羽，恐怕韋后稱帝的事要失敗，就派人去見相王李旦之子、臨淄王李隆基。李隆基從小就英武聰慧，兩歲時受封楚王，武則天在位時就在地方卜一祕密結交四方豪傑，準備光復李唐王朝。聽到崔日用的密報，李隆基立即去見太平公主。

太平公主極富權術，宛如她的母親武則天再世。太平公主也早對韋后一黨心存忌憚，把兒子薛崇簡派給李隆基調遣，全力支持李隆基發動政變。事先，李隆基與韋后陣營的果毅葛福順、陳玄禮等人聯絡，勸他們藉著軍士對韋氏族人的憤恨，作爲內應剷除韋后一黨，這些人表示願以死相助。

景龍四年（西元七一〇年）六月二十日夜，李隆基藉御林軍全都駐守玄武門之機，率眾衝入玄武門。葛福順拔出利劍，斬殺了韋后一黨的羽林將軍韋播、中郎將高嵩等人，然後提著他們的人頭大聲宣布：「韋后毒死先帝，以圖稱帝禍害國家！現在，我們只有同心協力把他們剷除，擁護相王登基，天下才能安定！膽敢有三心二意助紂爲虐的，罪及三族！」御林軍士一聽要誅滅韋后，沒有不擁護的。李隆基立即下令攻擊通往後宮的各個城門，即使在太極殿爲中宗守護靈柩的軍士聽到喊殺聲，也拿起武器投入剷除韋氏的戰鬥。

驚慌失措的韋后以爲飛騎營安全，就逃了進去，腳還沒站穩當，就被飛騎營軍士圍上砍了腦袋。安樂公主做夢也不曾想到會發生變亂，正在梳妝鏡前畫眉之時，被闖進來的軍士斬殺。

就這樣，韋后之亂平息，頗具自

江蘇淮安文通塔

江蘇淮安文通塔，原名尊聖塔，始建於唐中宗景龍二年（西元七〇八年）。

天災與人禍

唐中宗在位期間，可謂天災不斷。神龍元年（西元七〇五年）四月，同官（今陝西銅川）下了大冰雹，莊稼絕收，無數農家遭斷糧困苦。神龍三年（西元七〇七年）三月，自長安至山東一帶發生瘟疫。接著，又一場旱災席捲而來，死傷百姓難以數計。聽到災害消息的韋后和中宗，卻對百姓所受苦難置若罔聞。

韋后和中宗爲了取樂，有時讓宮女分作兩隊相互毆鬥以決勝負，有時則命宮女開辦市場，令王公大臣扮作客商相互交易。總之，他們享樂的花招層出不窮。

景龍四年（西元七一〇年）元宵前夜，韋后和中宗換上普通百姓的衣服，夾雜在如潮的人群中觀賞花燈。當晚，中宗還聽從韋后的主意把數千名宮女放出宮遊玩，結果有一半的人逃跑。二月，韋后和中宗到太極宮西的梨園球場觀看拔河比賽和拋球遊戲。四月，他們又跑到芳林園採摘櫻桃。六月，中宗就吃了韋后和安樂公主給他準備的毒餅一命歸西。

知之明的李重茂趕忙把皇位讓給了李隆基的父親、相王李旦，是爲睿宗。但睿宗在位僅三年卻時刻生活在太平公主和李隆基的夾縫之中。

薦福寺小雁塔

薦福寺位於陝西西安市，建於唐中宗嗣聖元年（西元六八四年），最初取名「獻福寺」。武則天天授元年（西元六九〇年）改名為「薦福寺」。

太平公主不太平

李隆基和太平公主聯手剷除了共同的敵人韋后，開始了他們之間的正面交鋒。睿宗在位期間，太平公主不斷地培植黨羽，並希望睿宗能廢黜太子李隆基。先天二年（西元七一三年）七月，急不可耐的太平公主將矛頭指向唐玄宗李隆基，但事情很快敗露，太平公主被迫自縊而死。

太平公主自小就生活在母親武則天的強權之下，浸淫著武則天玩弄權術的手法。剷除了韋后，太平公主準備借勢睿宗攬權，卻遇到了強敵李隆基。於是，兩個人之間的對決變得無可避免。

影子皇帝

被太平公主和李隆基扶上帝位的睿宗，性格軟弱。睿宗對太平公主剷除韋后一黨的謀劃給予了大量封賞，不僅給她「鎮國太平公主」的尊號，還加封食邑萬戶，連她的幾個兒子也一併得到王爵。

睿宗每每在朝中有事難以決斷，都會派人去請太平公主前來商議。對於太平公主的願望，只要提出，睿宗沒有不滿足的。不僅如此，睿宗還讓太平公主直接參政，宰相以下官員的升貶，全在太平公主一句話，太平公主趁機薦舉黨羽親信入朝爲官。一時之間，朝廷全然成了太平公主的朝廷。

起先，太平公主對李隆基並不在意，後來她卻發現李隆基絕非等閒之輩。睿宗要立李隆基爲太子時，太平公主就不滿意，但又找不到合適的理由反對。太平公主發現睿宗有心在有生之年傳位給李隆基，不禁感到恐慌，於是她就指使親信在外散布謠言，說：「李隆基並不是皇上的嫡子，不應該當太子。」太平公主想以此促使睿宗廢黜李隆基，另選一個平庸的皇子做太子。

沒想到睿宗聽到朝野議論紛紛，馬上就出來澄清：李隆基就是自己的嫡子，今後再有誰胡亂造謠將殺無赦！一計不成，太平公主又生一計。不久，太平公主又借助所謂的天象，散布李隆基有謀反奪位的動向，意圖讓睿宗戒備李隆基。但這次她卻弄巧

太平公主的兩段婚姻

太平公主一生共有兩段婚姻，皆因受困政治而難稱美滿。太平公主的第一段婚姻出現在她十六歲時，對象是城陽公主的二兒子薛紹。但這段平淡的婚姻只過了七年就戛然而止，原因並非太平公主的不安分或薛家的嫌惡，而是因為薛紹受累於兄長薛顗參與琅琊王李沖的謀反，被抓進大牢飢渴而死。武則天為安慰正懷著身孕的太平公主，破例給她食邑一千二百戶。

不久，武則天做主把太平公主改嫁給武攸暨，時隔兩個月武則天就做了皇帝，開始對李唐宗室進行新一波的肅清，已成為武家媳婦的太平公主安然避過險境。

成拙，正合了睿宗想放棄帝位的念頭。

王者之氣

李隆基讓太平公主忌憚的，就是他身上的那股王者之氣，並且他也是參與剷除韋氏一黨的主力，安定李唐王室的功勞不在太平公主之下。睿宗即位之初要選立太子，首要考慮的當然是嫡長子李成器。但李成器是一個不貪圖權位的人，堅辭不受太子之位。這樣，睿宗才讓最中意的兒子李隆基當了太子。

雖然睿宗在位期間相當倚重太平公主，但他時刻不忘給李隆基鍾煉的機會。對李隆基的處世爲人，睿宗更是深信不疑。延和元年（西元七一二年）七月，睿宗聽到太平公主散布的謠言：天象顯示太子將登上帝位，就對大臣們說：「把皇位讓給賢德之人，既可躲避災禍又有福於人民，何樂而不爲！」太平公主見情勢並沒有向她期望的方向發展，於是退而求其次，勸諫睿宗即使退位也要總攬朝政。

先天元年（西元七一二年）八月，李隆基登上帝位，是爲玄宗。不甘心的太平公主仍不肯鬆手，繼續借助已成爲太上皇的李旦支持擅權獨斷、肆意妄爲。朝中七個宰相有五個出自太平公主的門下，多半朝臣也只聽太平公主調遣。無法順利施行政令的玄宗對太平公主的怨恨日益加深。

這時右僕射劉幽求、右羽林將軍張向李隆基進言：「朝內的竇懷貞、崔湜、岑羲等人都是通過太平公主舉薦爲官的，他們不斷地製造陰謀，妄圖破壞皇上的大業。如果我們不早早行動，恐怕要生變故！」李隆基也早有剷除太平公主黨羽的想法，就同意他們採取行動。

但張卻轉身把消息傳給太平公主

的黨羽、侍御史鄧光賓。尙未在皇位上坐穩當的李隆基大爲恐慌，趕緊報告太上皇李旦。隨後，劉幽求被下進大牢，以「離間皇帝骨肉親情」的罪名被流放。李隆基的計劃雖然失敗，卻爲太平公主敲響了警鐘。

針鋒相對

先天二年（西元七一三年）七月，太平公主決定要搬掉李隆基這塊絆腳石，就把尙書左僕射竇懷貞、侍中岑羲、中書令蕭至忠、雍州長史李晉、左羽林大將軍常元楷等人叫到府裡密謀。最後商定在七月四日領御林軍衝入宮中，罷黜李隆基另立新君。同時，他們還在宮裡物色了一個宮女，企圖在李隆基的飯食中下毒，害死李隆基。

中書侍郎王琚感覺太平公主那邊動作異常，就向李隆基進諫：「我們要先下手，才能掌握主動。」左丞張說則派人給李隆基送來一把佩劍，要李隆基當機立斷，剷除太平公主黨羽。李隆基不敢輕舉妄動，以怕驚動太上皇爲由搪塞。長史崔日用當面直言：「如果奸人得志，國家葬送在你的手中，才是大不孝！只要你迅速採取行動抓捕太平公主黨羽，就不會驚動太上皇。」這時，就有左散騎常侍魏知古傳來太平公主密謀叛亂的密報。李隆基當即決定，於七月三日晚採取行動平定叛亂。

這一天，李隆基從龍武將軍王毛仲那裡調集了三百人馬直奔虔化門，召見太平公主的黨羽常元楷、李慈，

唐・三彩臥駝

臥駝全身施黃釉，雙峰，四肢屈跪臥地，頭部高昂，雙目圓睜，引頸長嘶，尾巴捲曲上翹，與昂起的頭部形成力的對稱，似在歇息中聽到主人的召喚而抖擻精神長鳴一聲，準備起行。

並即行斬首。隨後李隆基又到內客省等地，誅殺了蕭至忠、岑羲、竇懷貞等一干人。太平公主聞知風聲後，連夜逃進了長安郊外的山寺。

三天後，太平公主返回長安，被李隆基賜死，她的皇帝夢想也隨之煙消雲散。隨後，李隆基只留下當年追隨他誅滅韋后的薛崇簡，太平公主的其他幾個兒子和黨羽全部被誅殺，朝中與太平公主有干係的官員也一併被清除。

翦除了太平公主，李隆基才成爲名副其實的皇帝。李隆基爲表示中興唐室的決心，把年號改爲開元。經過李隆基幾年的苦心經營，大唐又恢復了勃勃生機，成爲當時世界上最強盛、最富庶的國家。

唐・彩繪象座塔式罐

塔式罐又叫塔形罐，是唐代新出現的一種明器。一般由蓋、罐、座三部分組成，因似佛教中的窣堵坡而得名。塔式罐以陶質為多，圖案主要有寶相花、卷雲、仰覆蓮等，有的還堆塑蓮瓣、獸首、鋪首啣環等圖案，或直接在器表壓印凹弦紋為飾。唐代塔式罐亦即五穀倉，是中國傳統喪葬觀念與外來佛教文化相結合的產物。

涇原兵變：朱泚粉墨登場

唐德宗即位之初抱負遠大，誓言要開創一個比開元盛世還要偉大的時代，可惜時運不濟又遭受「涇原兵變」，倉皇逃離長安。朱泚在叛兵的簇擁下號稱皇帝，最後不僅皇位沒保住，還被部將放了冷箭。

躊躇滿志立新政

大曆十四年（西元七七九年）五月，李适登上皇帝寶座，是爲德宗。德宗親眼目睹國家由盛到衰的過程，即位之初就誓言要圖強復興，再造一個比開元盛世還要偉大的時代。爲了早日實現宏願，德宗果斷地實施制度革新，不但拒絕收取各地的歲貢，遣散了皇家梨園的演員和樂手三百多人，還把後宮幾百個宮女一併放回家，就連他過生日的時候也不接受賀禮。對於有冤屈的人，德宗允許他們直接到中央上訴，由三司官員會審爲他們昭雪。

代宗時宦官受寵，形成了受賄索賄的惡習，此時卻呈愈演愈烈之勢，德宗對此十分痛恨。

有一次，德宗派宦官邵光烈出使淮西，淮西節度使送給邵光烈奴僕馬匹等物，德宗得知後痛打邵光烈六十大棍，並把他流放到蠻荒之地。其他宦官聞之無不心驚膽戰，索賄受賄的風氣得到整肅。

然而，安史之亂後形成的藩鎮割據局面，如今已發展成一個個獨立的王國，常常對中央的指令置若罔聞。建中二年（西元七八一年）正月，成德節度使李寶臣病危，想把節度使的位子傳給兒子李惟岳，可是又怕兒子軟弱掌控不了局面，就大肆屠殺部將。不久，李寶臣病死，其子李惟岳以父親名義上疏請求襲位，德宗嚴詞拒絕了李惟岳的請求。有大臣怕局面弄僵逼反了李惟岳，就勸解德宗收回成命，德宗不以爲然地表示：「節度使是國家給他的官位名號，其鎮守之地也是國家的土地。過去，正是由於縱容他們的慾望才惹來禍事，可見給他們封官加爵非但不能避禍，反而會鼓勵他們謀叛。因此，他李惟岳要造反，給不給他官位名號結果都是一樣。」

忽如一夜風雲變

李惟岳心裡不服，勾結魏博節度使田悅、淄青節度使李正己、山南節度使梁崇義等人聯合對抗朝廷。德宗得到密報，立即徵調一萬京西兵馬戍守關東，並下詔討伐李惟岳等人。起初，唐軍取得很大戰果，李惟岳、梁崇義先後戰敗並死於非命。但細究起來這些戰果並不值得稱道，因爲德宗主要是利用一些服從中央的藩鎮攻打叛亂的藩鎮，而朝廷直屬的軍隊力量薄弱，這就爲徹底平定藩亂埋下隱患。

終於，形勢在建中三年（西元七八二年）發生逆轉，盧龍節度使朱滔、成德節度使王武俊、魏博節度使田悅、平盧節度使李納擁兵自重，不僅不肯協助中央削平藩鎮，並自封爲王，公然對抗朝廷。同年年底，淮西節度使李希烈自稱天下都元帥、太尉、建興王，勾結朱滔等人出兵攻佔河南大片土地。即使這樣，德宗還是積極討伐反叛的節度使。誰知風雲突變，一場動人心魄的叛亂——涇原兵變，竟毫無徵兆地發生了。

建中四年（西元七八三年）十月二日，德宗詔令涇原節度使姚令言領兵救援襄城（今河南襄城縣）。這時天氣寒冷，士兵們冒雨前行，路經長安早已是飢寒交迫，本想著能受到皇帝的犒賞飽餐一頓。哪曉得到了長安城外根本沒人理睬，士兵們怨聲載道。

德宗覺得過意不去，就派京兆尹王翃前去犒賞軍隊，結果王翃剋扣犒賞物品，士兵們出於憤怒，軍中生變。姚令言聽聞後，急忙騎馬出城查看。這時士兵們已衝進城來，有士兵見到姚令言竟然搭箭射擊。德宗見局面要失控，就令宦官們拉出二十車金銀綢緞賞賜士兵，但士兵們根本不領情，繼續前行很快就集結到丹鳳門外。

德宗想召集禁軍前來護駕，等了半天卻沒有幾個人前來。而聚集到丹鳳門外的士兵已開始用刀劈砍宮門，情勢危在旦夕。德宗急忙集合貴妃、

唐·《簪花仕女圖》中的貴婦像

太子以及身邊的親王，出皇城北門逃離長安。

沒來得及跟隨德宗逃跑的王子王孫、嬪妃公主則哀號著四處亂竄。姚令言明白士兵們如此鬧下去，必然要造成更大的災禍，於是就把大家召集在一起，說：「我們只有迎立一個明主，才能建立功業，享受榮華富貴！我聽說朱泚正在長安城中，我們就擁護他！」將士們一聽言之有理，紛紛要跟隨姚令言去請朱泚。

朱泚乘亂稱皇帝

朱泚，幽州昌平（今北京昌平）人，自幼隨父親朱懷珪從軍，很會籠絡人心。起初，朱泚是盧龍節度使李懷仙的部將，後來李懷仙被部屬朱希彩暗算，朱泚轉而追隨朱希彩。但朱希彩對部屬凶殘暴虐，激起了眾怒，遭部將李懷瑗刺殺。朱泚藉機勾結弟弟朱滔奪取了職權，被朝廷任命爲盧龍節度使。後來，朱泚入朝爲官，其弟朱滔接替了節度使之位。

建中三年（西元七八二年），朱滔自立爲王反叛朝廷，朱泚受牽連被德宗罷黜了官職，閒居在家。這天，朱泚正百無聊賴地在家中發呆，突然聽見門外人聲鼎沸，急忙走出房門查看。這時，涇原節度使姚令言已領著一幫將士闖了進來，向朱泚道明瞭事情原委，朱泚立即騎上馬向皇宮奔去。

過了幾日，朱泚爲實現稱帝野心、斷絕人們對李唐皇室的念頭，把沒來得及逃跑的七十多個王子王孫、嬪妃公主拉出朱雀門外，命劊子手一個個砍去頭顱。接著，朱泚又剷除了眾多反對他稱帝的朝臣，於十月九日在宣德殿自稱大秦皇帝，並改國號爲楚。擁立朱泚有功的姚令言也隨之得勢，受封侍中、關內元帥等職。同時，朱泚還封他的弟弟朱滔爲皇太弟、太尉、尚書令。

另一方面，落荒而逃的德宗，在右龍武軍使令狐建的護衛下，馬不停蹄地奔走在蕭瑟的冬雨中，一路逃到奉天（今陝西乾縣）。朱泚不給德宗喘息機會，很快就派出軍隊圍攻奉

唐・石燈

天。魏博節度使李晟接到勤王詔書，日夜兼程從河北趕回關中救駕，聯合李懷光等勤王之師直逼長安。朱泚無奈，只得回兵退守長安，奉天之圍解脫。之後，雙方的戰事不斷擴大，直到興元元年（西元七八四年）五月，李晟等人才攻克長安，平息了朱泚之亂。

朱泚兵敗後打算投奔吐蕃，就一路向西逃竄。經過涇原節度使田希鑒的治所時，朱泚只剩下一百來個隨從，想進去稍作休整，不料田希鑒拒絕他進城。朱泚只好繼續往前奔逃。至彭原西城（今甘肅慶陽境內），部將梁廷芬趁朱泚不備，從背後射出冷箭直中朱泚，朱泚慘叫一聲滾落馬下，掉進旁邊的一個大土坑斃命。

一不做二不休

安史之亂中，唐朝大將王思禮身處危難，被騎兵張光晟所救。後來王思禮在朝中得勢，不忘張光晟救命之恩極力提攜。至建中四年（西元七八三年）長安發生涇原兵變，張光晟錯判形勢追隨了反叛朝廷的朱泚。張光晟頗受朱泚賞識，被封為宰相。不久，李晟率領大軍逼近長安，張光晟知朱泚大勢已去就暗自與李晟交往，希望能歸附朝廷。

興元元年（西元七八四年）五月李晟攻打長安，張光晟做內應先把朱泚騙出長安然後率領部屬投降，李晟答應在德宗面前替他求情減免反叛之罪。但事與願違，德宗還是下詔處決張光晟。臨死前，張光晟哀歎：「用我警示後人：第一莫做，第二做了莫休。」此後，就有了「一不做二不休」的成語，意指事情既然做了開頭，就堅持做到底，不要罷休。

唐·鎏金蓮花紋五足銀熏爐

銀熏爐是唐代專為宮廷製造金銀器的宮廷作坊文思院的產品，外貌豪華精美，是晚唐時期宮廷藝術珍品。

憲宗之死

唐憲宗本是一個有作為的皇帝，後期卻沉溺於長生不老之術，中毒之後性情變得異常怪異，動輒打罵、處死身邊的宦官。以王守澄為首的宦官，向憲宗下了毒手。自此，大唐完全捲入宦官專權、藩鎮割據的漩渦。

安史之亂後的大唐受藩鎮割據、外族侵襲之困，國力一落千丈，皇帝也成了權臣、宦官手裡的玩偶。永貞元年（西元八〇五年），唐順宗李誦啓用東宮舊臣王叔文、王伾等人推行抑制藩鎮勢力、滅除宦官的革新措施，但很快就遭到以俱文珍爲首的宦官集團反撲，僅僅當了二百多天皇帝的李誦被拉下寶座。

第三天子

唐順宗受宦官們逼迫，把皇位傳給太子李純，是爲憲宗。李純的童年時期，大唐已處於兵荒馬亂、風雨飄搖之中。建中四年（西元七八三年）十月，涇原兵馬途經長安，軍士們因沒有得到賞賜發生嘩變，德宗聞訊倉皇逃跑，以致滯留長安的皇室成員有七十多人遭叛軍殺戮，年幼的李純就是被遺棄的一分子。

後來，德宗返回長安，把李純抱在懷中逗樂，德宗順口說了一句玩笑：「你是誰家的孩子，爲何跑到我家！」年僅六歲的李純一語驚人：「我是第三天子！」德宗錯愕之餘，細想了一下李純說的沒錯，按照輩分排下去，作爲德宗長孫的李純理應是「第三天子」。德宗禁不住把李純緊緊摟在懷中。隨著年齡的增長，李純開始苦讀經書，每每看到祖輩開創的貞觀、開元盛世就心潮澎湃，暗自立下做一代明君的願望。

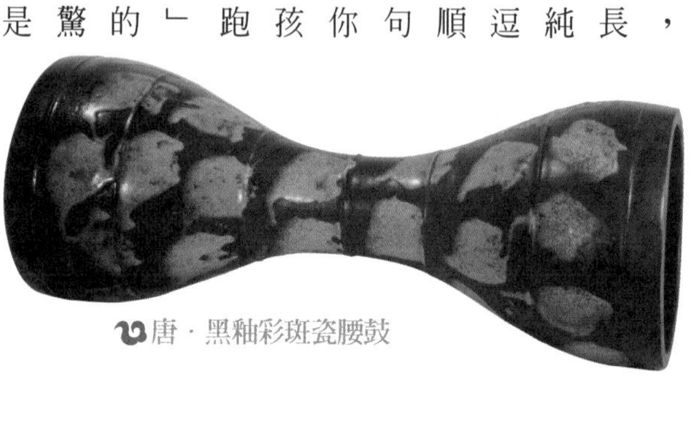

唐・黑釉彩斑瓷腰鼓

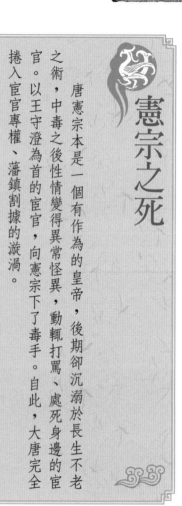

永貞元年（西元八二五年）八月，剛即位不久的憲宗就收到昇平公主呈獻的五十個美女，但憲宗毫不動心，正色地對來人說：「父皇從不接受饋贈，我怎麼敢違背祖制！」不久，又有荊南的地方官進貢了兩隻綠毛龜，憲宗看也沒看，說道：「我只喜愛賢能的人才！今後，一律不許呈獻這些玩物喪志的東西。」

中興之主

憲宗是一位想有所作爲的皇帝，雖然他身邊有虎視眈眈的宦官俱文珍，但他還是堅持啓用李絳、裴度等人爲相，進行財政賦稅改革以增強國家的收入。就在這時，西川節度使劉辟叛亂，憲宗立即派左神策行營節度使高崇文、神策京西行營兵馬使李元奕領兵討伐，叛軍被打得節節敗退。最後，高崇文攻破成都，劉辟被擒後押至長安斬首。在征伐劉辟的戰爭中，憲宗下定決心削藩。

元和四年（西元八〇九年）三月，成德節度使王士真去世，其子王承宗向憲宗要求承襲節度使一職。憲宗想藉機改變節度使父死子承的做法，就拖著不理會王承宗。左等右等不見任命詔書，王承宗便不斷地向憲宗上疏。憲宗見時機差不多了，就派京兆少尹裴武前去撫慰王承宗。誠惶誠恐的王承宗趕忙表示：「將士們脅迫我做節度使，才沒有等得及皇上的命令，但我對皇上的忠心可鑑。爲此，我願意向皇上獻出德州、棣州兩地。」不日，裴武回長安覆命，憲宗使出一石二鳥的招數，下詔封王承宗爲成德節度使、恆冀深趙州觀察使的同時，擢升王承宗的姻親薛昌朝爲保信軍節度、德棣二州觀察使。

唐．龍門石窟石灰岩菩薩立像

魏博節度使田季安事先得知詔書內容，馬上派人向王承宗送去密報：「薛昌朝私下與朝廷勾結，才得到重用。」王承宗聞之大怒，立即命人把薛昌朝抓了起來。憲宗聽到薛昌朝身陷囹圄，立即褫奪王承宗的官職爵位，派宦官吐突承璀領兵征討。翰林學士白居易對憲宗任用宦官吐突承璀做統帥大加反對，說這種做法恐怕要讓萬世取笑，但憲宗不聽。

討伐王承宗的戰爭斷斷續續打了一年時間，看不到勝利的跡象。急於請功的吐突承璀想了一個歪招，派出密使去見王承宗，勸他上疏請罪，朝廷就可以停止征討。王承宗心裡清楚繼續打下去只會對自己不利，就答應了。如此，這場沒有勝負的戰爭以雙方的相互妥協收場。

元和七年（西元八一二年）八月，魏博節度使田季安去世，繼任者田興向憲宗表達擁戴之意，如此魏博一地也處在朝廷的管轄之下。憲宗乘有利時機，又先後降服了淮西吳元濟、淄青李師道等藩鎮，結束藩鎮挾制朝廷、各自爲政的局面。此間，憲宗一直注重勤儉治國，即使有戰事也盡量不增加人民負擔，爲暮氣沉沉的大唐增添了些許生機。

寵信宦官巫師

由宦官扶立起來的憲宗，自即位之初就寵信宦官，尤其對擁立他的宦官總管俱文珍，更是倍加重用。得勢的俱文珍不僅對朝臣肆意妄爲，就連與自己一同共事的宦官也橫加喝斥。沒多久，犯了眾怒的俱文珍就因私自處死東川節度使李康遭到朝臣的猛烈攻擊。之後，俱文珍就抑鬱而死。

但憲宗並沒有記取寵信宦官的壞處，縱容新的宦官總管，吐突承璀乘勢而起。吐突承璀在憲宗當太子時就追隨左右。憲宗做了皇帝，吐突承璀沒幾年就從內常侍做到左軍中尉、功德使，接著就發生了吐突承璀統領三軍征討王承宗的事情。

元和後期，平定了藩鎮的憲宗變得驕橫起來，對於朝臣的忠告不僅不聽，還時常借助宦官打壓朝臣。更要命的是憲宗開始沉迷於神仙道士，命令地方官員給他推薦得道的巫師。

宗正卿李道古，見憲宗征求巫師，趕忙向憲宗舉薦了一個據說會煉製長生不老仙丹的巫師柳泌。憲宗見了柳泌，有相見恨晚的感覺，馬上命他開始煉丹。不久柳泌向憲宗謊稱：「天台山是神仙居住的地方，有許多

唐憲宗李純景陵東側仗馬

靈芝，如果皇上恩准我去那裡做官，我就能找回靈芝。」憲宗信以爲眞，一口答應了他。有諫官出來勸阻，憲宗卻說：「只要能讓我長生不老，犧牲一個地方何足掛齒！」

韓愈諫佛

韓愈，不僅是一個文學家，在仕途上更以剛正不阿聞名。元和十三年（西元八一八年）十一月，功德使報告憲宗：供奉佛指舍利的鳳翔法門寺塔（今陝西扶風縣境內）每三十年要開放一次，供人瞻仰朝拜。開塔之年，預示著風調雨順、五穀豐登。明年就是開塔之年，請皇上奉迎佛指舍利進宮。憲宗聽後，立即派了一幫宦官和尚前去迎接。一時間，朝野掀起一股崇佛信佛的狂潮，許多人為之傾家蕩產。

身為刑部侍郎的韓愈看不下去，向憲宗上疏：「自古以來，信奉佛教的皇帝，並不見得能長命。像梁朝皇帝蕭衍一生事佛，甚至不惜三番五次地去寺院做和尚，結果卻被侯景逼迫活活餓死，還為此亡了國。因此，請皇上以蒼生為念，不要做這種勞民傷財的事情。如果真的有神靈為此動怒，我願意接受所有的懲罰。」憲宗看了奏章暴跳如雷，要把韓愈拉出去殺了。所幸有裴度等人出來說情，憲宗才收回成命，把韓愈貶為潮州（今廣東潮州）刺史。韓愈為此長歎一聲：「一封朝奏九重天，夕貶潮陽路八千。本為聖朝除弊政，敢將衰朽惜殘年。雲橫秦嶺家何在，雪擁藍關馬不前。知汝遠來應有意，好收吾骨瘴江邊。」

一命嗚呼

憲宗開始服用柳泌給他煉製的仙丹，時間一久，憲宗常常表現出一副暴躁不安的樣子，對身邊的宦官動輒打罵、處死，以致宦官們人心惶惶，生怕腦袋突然落地。往日與憲宗寸步不離的吐突承璀也開始尋覓新的主子。不久，吐突承璀看中了澧王李惲，就鼓動憲宗廢掉太子李恆。以王守澄爲首的一部分宦官爲了保全性命，動了謀殺憲宗的念頭。他們找到太子李恆，進行接觸。

元和十五年（西元八二〇年）正月，憲宗暴斃於中和殿，當時在場的只有宦官陳弘慶。對於憲宗的死因，當時的人們怕宦官報復都諱莫如深，但大家在心裡已認定憲宗是遭宦官弒殺。接著，太子李恆在眾宦官的簇擁下登上帝位，是爲穆宗。吐突承璀和他中意的皇帝人選李惲，則遭到宦官們斬草除根式的殺戮。

宦官得勢，遭殃的是國家和人民。元和中興後的大唐，完全捲入宦官專權、藩鎮分而治之的漩渦，直至遭遇最後的毀滅。

玩樂皇帝命喪酒酣時

唐敬宗時常由著性子處罰宦官侍從，以致跟隨他左右的人由惶恐而生恨。寶曆二年（西元八二六年）十二月，宦官劉克明藉敬宗酒酣耳熱之時將其謀害。正想大展宏圖的劉克明，隨即遭到另一派宦官王守澄的撲殺。

穆宗是一個昏庸的皇帝，一上台就把政務交給擁戴有功的宦官首領王守澄，王守澄在朝中頤指氣使、不可一世。但沒過兩年，穆宗就迷上了巫師們煉製的長生不老藥，像憲宗一樣走上絕路。

大玩家李湛

長慶四年（西元八二四年）初，穆宗病死，太子李湛做了皇帝，是爲敬宗。時年十五歲的敬宗絕對是一個稱職的大玩家。做太子時，敬宗就癡迷於馬球比賽。爲了玩得過癮，敬宗親自組織了兩支馬球隊伍，整天在中和殿展開激烈的比賽。而且，敬宗還喜歡摔跤、拔河、手搏（手博，即徒手搏擊之意，後世的拳術，就是在此基礎上發展起來）之類的遊戲，常常玩得不亦樂乎。

即位之初，敬宗不顧父親還沒有下葬，就開始和內侍宮女們整日整夜地唱歌遊樂，歡樂的曲子不絕於耳。玩累了，敬宗倒地就睡，從來不顧忌自己的身分。第二天一早，大臣們在紫宸門外等候敬宗議事，直到日上三竿，還不見敬宗露面，年老體衰的朝臣站立不住已昏倒在地，才有人把敬宗找來。哈欠連連的敬宗還沒等朝臣們開口，就急著要退朝。左拾遺劉棲楚實在看不下去，對敬宗直諫：「國家現在紛亂不斷，皇上應當勤政理事才對，怎能一味地貪圖享樂！我不想讓皇上還沒有建立好的名聲，就惡名遠揚。我沒有盡到諫官的職責，願以死謝罪！」說完就猛烈地撞向殿前石階上，頓時頭破血流。敬宗連連揮手讓他趕快退下，並在宰相的建議下派人去慰勞。

宮裡來了假皇帝

敬宗到底還年少，在不斷向劉棲楚承認自己過失的同時又屢屢重犯。巫師蘇玄明見敬宗晝夜不分地遊玩，宮內戒備疏失，就對平日裡相熟的染坊工匠張韶說：「我給你算了一卦，近日你能坐上皇上的寶座和我歡宴。」張韶不信，蘇玄明鼓動他：「皇上只知道沒日沒夜地打球遊獵，幾乎不在宮裡住，這不正是我們實現願望的好時機。」張韶覺得刺激好玩，就和蘇玄明召集了百十名染工準備一起行動。

唐・眞子飛霜紋銅鏡

過了幾日，張韶一夥人把刀槍藏在給皇宮運送柴草的車中，準備當晚行事。可是，他們的車子還沒到目的地，就被守衛的軍士攔住，有些慌張的張韶殺了軍士，命同夥換好衣服向皇宮裡衝殺。立時，此起彼伏的喊殺聲打破了皇宮的寧靜。

宦官們看見一群人手拿兵器闖進皇宮，慌忙去找敬宗。此時敬宗正在清思殿打馬球，玩得起勁中聽到宦官來報：「匪徒衝殺進來！」敬宗聞之魂飛魄散，跑向神策軍營。左神策中尉馬存亮聽說皇上來了，趕忙出去迎駕。敬宗見了癱軟在地，馬存亮上前把敬宗背進軍營。同時，馬存亮命大將康藝全領兵迎敵。

闖進皇宮的張韶一夥，如入無人之境。很快地，張韶就坐上了皇帝寶座，高興地連連向蘇玄明舉杯：「你眞是料事如神！」蘇玄明似乎醒悟過來：「你就爲這些？」張韶被驚得酒杯落地，起身就往宮外逃去。與康藝全率領的神策軍撞個正著，康藝全一揮刀，神策軍士殺了上去，張韶、蘇玄明和他們的同夥立時被殺得片甲不留。

事後，朝臣以此忠告敬宗：「皇上沉溺於玩樂，才給了匪徒可乘之機。請皇上多關心政事，以中興大唐！」敬宗當面滿口答應，一轉身還是我行我素。

睚眥必報的宦官

敬宗爲了玩樂，在宮內設了五坊：雕坊、鶻坊、鷂坊、鷹坊、狗坊。這五坊的宦官仰仗敬宗的寵愛，經常在外胡作非爲。有一天，鄠（今陝西戶縣）令崔發在縣衙裡聽到外面喧鬧，就問是怎麼回事。衙役答道：「五坊的人又在毆打百姓！」崔發大怒，命衙役把這些人抓起來。有人溜回去報告敬宗，敬宗聞之氣得立即派人把崔發關進大牢。睚眥必報的宦官們見崔發被關起來，拿著棍棒衝進大牢將崔發暴打一頓。眼見著崔發已奄奄一息，又有一波宦官要衝進來，御史台的官吏趕忙把崔發藏在一張破席之下才逃過一命。

多名朝臣爲崔發求情，敬宗都沒理會。後來宰相李逢吉趁敬宗高興時進諫：「崔發被抓捕後，家中八十歲的老母憂愁得一病不起，皇上以孝治天下，應當體恤！」如此，敬宗才放了崔發。崔發的老母爲了宦官以後不再上門找事，命左右當著宦官的面打了崔發四十棍，宦官們才滿意而去。

不久，敬宗動了去驪山（今陝西西安境內）溫湯泡澡的念頭，朝臣們極力勸阻，敬宗不聽。拾遺張權輿匍匐在殿下進諫：「當年周幽王游幸驪山，被犬戎所殺；秦始皇身葬驪山，二世就亡了國；玄宗在驪山建宮殿，爆發了安祿山叛亂；穆宗去過驪山，回來就駕崩了！可見驪山是大凶之地，皇上萬勿前往！」敬宗聽了反倒來了興致：「如果驪山眞像你說得如此凶險刺激，我還眞應該前去體驗一下。」不日，敬宗從驪山回來，對左右宦官言道：「那些磕頭蟲的話，有何可信！」

命喪酒酣時

寶曆二年（西元八二六年）六月，敬宗下令宮中的神策軍、教坊等機構的人員到麟德殿參加馬球、手搏和雜戲比賽。酣戰之中，不僅有人摔胳膊斷腿，更有人腦袋都被撞碎。敬宗卻對此視若無睹，只管讓人把受傷者拖至一邊，比賽半點耽擱不得。直到午夜已過，玩性大盡的敬宗才命人散去。

另外，敬宗還有夜晚帶人在皇宮裡捉狐狸的嗜好。一次，敬宗見宦官魚弘志、許遂振等人在捉狐狸的遊戲中不盡力，就降了他們的官職。對於其他宦官侍從，敬宗更是無所顧忌，只要認爲他們態度不遜就進行鞭打，

唐．力士造像

此力士造像身體勻稱、胸部肌肉發達隆起，右手上曲握拳，左手作握兵器狀。造型威武、氣勢奪人，充分展示了唐代工匠高超的石雕技藝。

驪山

驪山位於陝西西安臨潼區城南，因景色翠秀，美如錦繡，故又名「繡嶺」。每當夕陽西下，驪山輝映在金色的晚霞之中，景色格外綺麗，有「驪山晚照」之美譽。

甚至沒收家眷財產、流放邊遠蠻荒之地。

十二月八日晚，敬宗又帶著一幫宦官去捉狐狸，回來後興致不減，又坐下來和宦官劉克明、田務澄、許文端以及馬球隊隊長蘇佐明等人歡宴。席間，一談到捉狐狸中的樂事，敬宗就笑得忘乎所以，一連喝了許多酒。不多會，喝得酩酊大醉的敬宗，起身往廁所的方向走去。突然間，大殿裡變得漆黑一片，慘叫聲隨即傳出。等大殿裡的蠟燭再次點亮，敬宗已暴斃。劉克明做出驚恐的樣子，叫來翰林學士路隋草擬了假詔：「命絳王李悟主持國事。」原來宦官劉克明早與同夥密謀，先害死敬宗擁立新帝，再借新帝之手剷除與之勢不兩立的另一派宦官王守澄。

就在劉克明以爲大功告成之時，王守澄一派發動反擊。王守澄聯合神策軍中尉魏從簡等人，領兵殺入皇宮，劉克明慌不擇路跳進了井裡，被發現的軍士拉了上來。王守澄下令把狼狽不堪的劉克明斬殺，絳王李悟亦被亂軍害死。同一時間，王守澄所派之人已把江王李涵迎進宮。王守澄打算發安民告示，卻不知如何措辭。被召來的翰林學士韋處厚說：「討殺叛逆，是正大光明之事，有何顧忌！」如此，江王李涵改名李昂，在王守澄一千人的擁戴下承繼大位。

皇宮變成屠宰場

唐文宗李昂為剷除宦官集團，與宰相李訓等人謀劃了一場剿殺宦官的計劃。但由於謀事不密，遭到以仇士良為首的宦官的瘋狂反撲。仇士良挾文宗緊閉宮門，對參與謀變的官吏軍士大開殺戒，皇宮內立時血流成河，儼然成了屠宰場。

到穆宗、敬宗時，大唐的國力已衰微到低谷。這時，出現了一位由宦官擁立、又試圖剷除宦官勢力、中興唐室的皇帝，他就是唐文宗李昂。

宦官擁立

寶曆二年（西元八二六年）十二月初八，宦官劉克明殺死敬宗李湛，並假冒敬宗遺詔讓敬宗之叔絳王李悟代理監國，並試圖藉此專權，引起宦官王守澄的撲殺。王守澄聯手中尉梁守謙等人組織神策軍討伐劉克明。很快地，劉克明就遭誅殺，李悟亦死於亂軍廝殺之中。

在討伐劉克明和蘇佐明的同時，宦官王守澄等人祕密將江王李涵迎入皇宮，準備擁立他做皇帝。由於敬宗在臨死前沒有留下由誰來繼承皇位的遺詔，那麼怎樣才能把李涵名正言順地扶上皇位？翰林學士韋處厚幫王守澄出了個主意：先假江王名義宣布宮廷叛亂平定，這樣就可以把平定叛亂的功勞放在江王身上，再借太皇太后名義頒布冊文，指定江王爲皇位繼承人。王守澄聽從韋處厚的建議，扶江王李涵登上皇位，改名李昂，史稱唐文宗。

文宗即位後，可不像他前面的幾位皇帝，或荒廢朝政，或沉溺金丹之術。他看到宦官權臣對國家的禍害，認識到只有剷除宦宦才可能穩固皇位、重振唐室。因此，文宗即位之初表面上對宦官恩寵有加，封擁戴有功的王守澄爲驃騎大將軍，暗地裡卻在養育羽翼，意圖剷除宦宦。

聰明反被聰明誤

宦官王守澄看到，登上帝位的文宗完全不像他前面的幾位皇帝。文宗不僅注重節儉，還積極革除朝廷上下盛行的奢靡之風。而且，文宗還是一個勤政愛民的皇帝，他規定每逢單日上朝，雙日則留給朝臣去處理政務。

上朝時，從國家的大政方針到政策的具體落實，文宗都認眞地和朝臣們商議。每當有地方遇到天災，文宗都會主動減少膳食標準，並督促官員積極賑災。

讓王守澄感到不安的是，文宗即位不久，就開始舉行科舉考試，爲國家招募人才。大和四年（西元八三〇年），文宗任命宋申錫爲宰相。宋申錫在朝臣中以清正廉潔、不結黨營私聞名，基於這一點，文宗祕密地將剷除宦官的重任落在宋申錫肩上。但令人惋惜的是，事機不密，宋申錫的謀劃很快就被王守澄知曉。王守澄先發制人，在朝廷上誣陷宋申錫與漳王李湊謀反。深感羽翼未豐的文宗就丟卒保車，忍痛將宋申錫貶黜。

這件事引起以王守澄爲首的宦官的警惕，王守澄認識到，要免除後患，就必須在文宗身邊安插心腹，控制他的行動。大和八年（西元八三四年），王守澄藉機將心腹鄭注、李訓舉薦到文宗身邊，做文宗的貼身侍衛。王守澄以爲，從此以後文宗的一舉一動都難逃他的掌控。

文宗也不是無能之輩，從鄭注、李訓來的第一天，他就清楚王守澄的用意。在和這兩人的相處中，文宗發現他們都對朝政時弊有自己獨到的見解，完全可以爲自己所用。而且，鄭注、李訓都是王守澄舉薦，利用他們剷除宦官集團，不會引起宦官的懷疑。很快，他們就得到文宗的恩寵和信任，鄭注被封爲太僕卿，李訓被封爲翰林侍講學士。他們向文宗獻計：可以利用宦官之間的矛盾，採取分化瓦解、挑撥離間的辦法剷除宦官。

大和九年（西元八三五年），文宗提升李訓爲宰相，封鄭注爲鳳翔節度使，以期讓二人內外呼應，剷除宦官。他們先採取行動，將殺死憲宗的山南東道監軍陳弘志宣召回京，隨後

唐．砂岩菩薩立像

晚唐至五代．金銅觀音菩薩立像

菩薩頭戴化佛冠的造型亦可見於晚唐的寺廟彩塑，袒露上身，斜披天衣的立像尚存唐像遺風，菩薩下身所著貼體長裙亦類似唐代改良式的「曹家樣」裝束。但此像的面相以及體格明顯有別於盛唐時代造像的豐腴飽滿，更兼立姿呆板缺乏動態，應屬晚唐至五代過渡時期的作品。

派人將其杖死於半途。接著，文宗又採取明升暗降的手法解除了王守澄手中的兵權，派人給王守澄送去一杯毒酒。就這樣，權傾一時的宦官首領王守澄一命嗚呼。爲防止宦官反擊，文宗以暴斃對外宣明王守澄的死因，並追封他爲揚州大都督。

「甘露」爲餌剷宦官

文宗依李訓之計，借提拔宦官仇士良來打壓王守澄。如今王守澄已滅，文宗自然把下一個目標鎖定仇士良，也只有這樣，才能徹底根除宦官集團。李訓和鄭注議定，借王守澄喪禮之際，以文宗名義召集所有宦官爲王守澄送葬，到時由鄭注領兵將宦官圍而剷之。

或許是由於李訓求功心切，以致事情沒有按預定的方案進行。大和九年（西元八三四年）十一月二十一日，離王守澄的喪禮還有幾天時間，沉不住氣的李訓在沒有和鄭注商議的情況下，提前採取行動了。最終，由於李訓等人的計劃不周，剷除宦官的任務沒能完成，只能眼睜睜地看著文宗被仇士良等人裹挾而去。

仇士良等人將文宗挾持回宮後，立即關閉宮門，並派遣五百神策軍持刃入宮，大肆屠殺參與謀變的官吏士兵，被殺死者有二千人之多。立時之間，皇宮內血流成河，儼然成了屠宰場。

李訓則在事變失敗後，著便衣倉皇逃往終南山避難，很快就被地方官發現。在押解回京途中，爲免受宦官凌辱，他讓押送之人殺死自己。這時，鳳翔節度使鄭注正在趕赴京師的路上，聽聞事變失敗，怕遭遇不測，率兵退回鳳翔，不久就被仇士良密謀誘殺。

計劃落敗抑鬱死

「甘露之變」非但未能剷除宦官集團，還招致宦官集團瘋狂的血腥報復，文宗身邊的大批官吏慘遭滅族之禍，以致朝中一度空員極多，無人理政。以仇士良爲首的宦官集團則更加猖狂，肆無忌憚地挾皇帝把持朝政，視朝臣如草芥隨意凌辱。

事後，文宗面對自己的境遇，自比不如周赧王、漢獻帝，說這兩位帝王不過受制強臣，自己卻受制家奴，可悲可歎！開成五年（西元八四〇年）正月初四，文宗抑鬱成疾，臨終前，文宗留詩一首：「輦路生春草，上林花發時。憑高何限意，無復侍臣知。」令人欷歔歎惋！

寶慶寺塔

陝西西安寶慶寺塔，初建於唐文宗大和、開成年間（西元八二七至西元八四〇年）。明景泰年間（西元一四五〇年至西元一四五六年），將塔從寶慶寺內遷建於今址。因以五色磚砌築，又稱花塔。

大唐的喪門星朱全忠

朱全忠發跡於黃巢農民起義軍，後叛變投降唐軍。在宰相崔胤與宦官集團的政爭中，朱全忠乘機深入朝廷滅宦官殺崔胤，挾昭宗東遷洛陽。天祐四年（西元九〇七年）四月，朱全忠稱帝建立大梁。歷時二百八十九年的大唐王朝至此壽終正寢。

囚徒皇帝

光化三年（西元九〇〇年）十一月某夜，喝得酩酊大醉的昭宗突然大發雷霆，無端地用手指著身邊的一個個黃門宦官和侍女叫罵起來。隨即，揮舞手中的刀把這些人全部砍殺。然後，昭宗像什麼都沒發生一樣昏然睡去。第二天已日高三桿，候在宮外的朝臣宦官都不見宮門打開。身爲左軍中尉的宦官頭目劉季述去找宰相崔胤：「宮門到現在都沒有打開，是不是裡面發生變故，請你和我一同去查看。」等他們率兵砍開宮門，目睹了內宮慘相，昭宗卻昏昏然沒有睡醒。出宮時劉季述惡狠狠地說：「皇上如此昏聵，何以治理天下？自古以來就有廢黜昏君、另立賢明的傳統，爲江山社稷著想，我認爲可以爲之！」崔胤心知宦官勢大，沒有表態。

過了幾日，劉季述、王仲先命軍士殺進寢殿，正在殿中的昭宗見情勢不對，趕忙起身往外跑，被劉季述一把抓住，按在了床上。劉季述厲聲喝道：「皇上既然不戀棧大位，就請去東宮頤養天年！」一旁被嚇得沒了魂魄的何皇后，趕忙替昭宗拿出玉璽交給劉季述。隨後，昭宗一干人被趕到了東宮。當晚，長安寒風大作，沒有被子禦寒的昭宗和嬪妃公主的哀號聲響徹宮城上空。

不日，劉季述假傳聖旨把太子李縝推上帝位，試圖讓昭宗永不見天日。唇亡齒寒，平時倚重昭宗的崔胤知道劉季述很快就會把刀架在他脖子上，於是物色適當人選準備反擊。崔胤得知左神策指揮使孫德昭自從昭宗被囚禁，心裡一直憤憤不平，就與其聯絡。等確定了孫德昭有解救昭宗的決心，崔胤親自寫了一份指令交給他。孫德昭手持密令暗通神策軍清遠都將董彥弼、周承海等人，商定在除夕之夜埋伏於安福門外伺機解救昭宗。

光化四年（西元九〇一年）正月初一，宦官王仲先像往常一樣經過安福門準備進宮朝見。突然，孫德昭領兵從一邊奔到王仲先面前。王仲先愣然：「你想怎樣？」孫德昭一言不發直接用刀砍掉了王仲先腦袋。隨即，孫德昭跑到東宮門外，喊道：「逆賊已被誅殺，請皇上出來慰勞將士。」何皇后哪裡肯相信，回道：「能不能讓我們看一下賊人的首級。」孫德昭把王仲先的人頭扔進宮中，昭宗方才相信。同時，周承海亦將劉季述活捉，剛押到長樂門下，就被一群手持大棍的朝臣亂棍打死。

唐．免死牌（局部）

免死牌又稱鐵券，是皇帝賜給功臣免死或行使其他特權時的憑據。此塊免死牌是唐昭宗在乾寧五年（西元八九年）賜給鎮海軍節度使錢鏐，上有金字詔書三百三十三字。

翦除宦官

雖然劉季述、王仲先被殺，但朝中宦官勢力仍在，崔胤就想借助宣武、宣義、天平三鎮節度使朱全忠的力量徹底剷除宦官勢力。朱全忠本名朱溫，是來自黃巢起義軍的降將，被僖宗賜名朱全忠，不久就做了宣武節度使。後來，朱全忠接連吞食了蔡州秦宗全等人的地盤，成爲雄霸一方的藩鎮頭目。

如驚弓之鳥的宦官頭目韓全晦見崔胤與朱全忠來往頻繁，料想會有不測，立即與鳳翔節度使李茂貞接頭。得到李茂貞的承諾，韓全晦等人於天復元年（西元九〇一年）十一月某夜闖入後宮，對昭宗謊稱：「朱全忠企圖謀反，率叛軍逼近長安，請皇上去鳳翔集結勤王之師討伐叛軍！」昭宗不信，提著寶劍要去查看，被韓全晦一把拉回。看著惡狠狠的韓全晦，昭宗只能屈就，帶著皇后嬪妃一干人隨韓全晦啟程奔赴鳳翔。等崔胤知道變故，昭宗已出了長安，趕忙把消息通報朱全忠。

第二年六月，朱全忠領兵包圍鳳翔城。雙方僵持了半年多時間，直到鳳翔城內糧草殆盡，李茂貞才誅殺了韓全晦等二十多個宦官，派人將首級送到朱全忠大營，並表達了昭宗準備回京的旨意。幾日後，昭宗在朱全忠的護送下回到長安。隨即，昭宗根據崔胤的意見，把宮內的數百個宦官全部集中到內侍省進行屠殺。瞬間哀號喊冤聲四起，久久不能散去。同時，昭宗下旨召回在各地監軍的宦官，回京者即被誅殺，違逆者密令地方節度使就地處死。自此，昭宗將禍害大唐的宦官勢力徹底剷除。

挾至洛陽

螳螂捕蟬，黃雀在後，崔胤剛主導昭宗根除了宦官，朱全忠就向崔胤伸出爪牙。天復四年（西元九〇四年）正月，朱全忠向昭宗遞上一封密奏：崔胤專權亂國、離間君臣，應將其與同黨一併誅殺。昭宗看過，哪裡敢有異議，按照朱全忠捏造的罪名將崔胤等人貶官。緊接著，朱全忠派朱友諒領兵包圍了崔胤府第，崔胤一家人都做了刀下鬼。但追究起朱全忠誅殺崔胤的原因，竟是爲了掃除他要昭宗遷都洛陽的障礙。

很快地，朱全忠向昭宗提出遷都洛陽的請求，昭宗心裡不願意想拖延。但朱全忠已派牙將寇彥卿逼迫著文武百官上路，並下令長安城的百姓一同前往。昭宗見無路可退，只能跟著上路。爲斷絕昭宗回來的念頭，朱全忠下令將長安城內的所有房屋拆毀，拆下的木頭則通過水路運往洛陽。一路之上，哀號聲不絕於耳，人們憤恨地唾罵：都是大奸賊崔胤把朱全忠召來禍亂國家、坑害百姓！

挾昭宗遷都，僅僅是朱全忠邁出的第一步。被朱全忠趕著上路的昭宗知道亡國的命運在逼近自己，就做出最後的努力，寫了一封密詔給西川節度使王建。直言自己一旦到了洛陽，就如同進了牢籠，要王建派兵救他。朱全忠見昭宗還心存幻想，就藉著宴請的機會，把昭宗僅剩的貼身宦官、玩伴二百多人一併絞殺。自此，昭宗完全生活在朱全忠的監控。

大明宮含元殿復原圖

大明宮在唐長安城外，緊靠北城牆東段，原是隋代禁苑的一部分。

弒君篡唐

天祐元年（西元九〇四年）八月十一日，昭宗已經歇息。突然有人急促地拍打宮門，聲稱有要事必須面奏皇上。宮門打開，卻見龍武牙官史太領著一百多名軍士殺氣騰騰地闖進來。昭宗夫人裴貞一說道：「有何急事要帶兵前來？」話音未落就被史太砍下腦袋。其他人等一看四處逃竄，只有昭儀李漸榮高喊：「只管殺了我們，不要傷害皇上！」昭宗被喊殺聲驚醒，一躍而起跳下了床，只見史太等人已提刀來到跟前。昭宗圍著柱子躲避，幾下就被史太追上一刀結束了性命。試圖用身體保護昭宗的李漸榮，一同被史太殺戮。次日，朱全忠對外謊稱：裴貞一、李漸榮謀逆，害死了昭宗。時年十三歲的太子李柷即皇帝位，是爲哀宗。

朝臣們當然知道昭宗是怎麼死的，卻都噤若寒蟬。天祐二年（西元九〇五年）二月，朱全忠先斬殺了昭宗的九個兒子，不久又把追隨昭宗的朝臣裴樞、獨孤損、崔遠等三十多人逼死在白馬驛。十一月，哀宗封朱全忠爲相國、總百揆，進封魏王加九錫。但朱全忠竟嫌哀宗動作太慢，拒不接受任命。哀宗嚇得驚慌失措，趕忙又寫了一份詔書：願意將皇位讓與朱全忠。朱全忠接詔後還是怒氣不減，暗罵哀宗不識時務。

天祐四年（西元九〇七年）四月，經過哀宗的三番五次請求，朱全忠才「勉強」接受了禪位詔書，稱皇帝建國號大梁，史稱後梁。

哀宗李柷受封濟陰王，遷往曹州幽禁。次年二月，朱全忠派人送給李柷一杯毒酒，徹底斷了大唐延續二百八十九年的命脈。

滿城盡帶黃金甲

乾符元年（西元八七四年），王仙芝在長垣（今河南長垣縣）起兵，黃巢領數千人響應，亂軍的如虹氣勢震動了朝廷。朝廷一方面繼續征討，一方面派人招降王仙芝。受不了高官厚祿誘惑的王仙芝準備投降，被黃巢痛扁了一頓。不久，兩人就分道揚鑣，成為義軍首領的黃巢號稱「沖天大將軍」，領兵征戰南北。就在這時，朱溫加入叛軍並屢立戰功，快速成長為一員大將。

廣明元年（西元八八〇年）黃巢領兵攻克洛陽，唱出了「待到秋來九月八，我花開後百花殺。沖天香陣透長安，滿城盡帶黃金甲」的豪氣。次年，黃巢做了長安城的主人，建立大齊政權。但此後黃巢卻變得驕逸起來，既不乘勝追擊逃亡巴蜀的唐僖宗，也不派兵繼續征戰，給朝廷以喘息機會。

不久，朝廷派重兵反擊，朱溫叛變，唐軍圍困長安城。黃巢無奈只能從糧草殆盡的長安城突圍，向山東方向撤退。中和四年（西元八八四年），走投無路的黃巢在狼虎谷拔劍自刎。

雄渾壯美的唐代雕塑

唐代的雕塑較之前代，內容更豐富，表現範圍更廣闊，技巧更熟練，手法更趨於寫實，作品雄渾壯美、絢爛成熟，足以與質樸遒勁、含蓄蘊藉的秦漢雕塑，健壯精練、極富裝飾性意味的南北朝雕塑相媲美。根據雕塑表現的內容，我們可以把唐代雕像分成佛教雕塑、陵墓雕塑和一般的裝飾雕塑。

佛教雕塑

唐代佛教興盛，佛教造像也隨之流行，有「傾國造像」之風。這時的佛教造像，宗教色彩大爲減弱，手法更爲寫實。他們大多集中在石窟中，遍布全國各地。

洛陽龍門有唐代造像石窟十餘處，最重要的是奉先寺。奉先寺始修於咸亨三年（西元六七二年），至上元二年（西元六七五年）竣工，是由皇后武則天施助宮中脂粉錢兩萬貫修鑿的。

奉先寺本尊盧捨那大佛面容莊嚴典雅，表情溫和親切，右手掌心向前舉在胸前，五指自然地微屈，表現了一個富於同情而又睿智明朗的理想形象，盧捨那大佛的創造是中國雕塑藝術史上偉大的典範之一。

碑首

浮雕、透雕與線刻兼用。兩側由六龍糾盤組成，其鏤空的肢爪尖銳有力，龍身遍體鱗甲。碑額中間浮雕「迦陵頻迦」一對，相向凝視蓮花。雕工精緻，肌肉堅實，富有凹凸感。

太原天龍山石窟有許多唐代造像，是唐代「曹衣出水」樣式的代表作品。佛像大多袒胸露體，體格勻稱豐腴；衣薄透體，衣褶自然而有規律，突出了動作的變化。佛像一般是端坐垂下雙足；菩薩像或作立狀，或垂一足盤坐，而身軀微微側轉，姿態自然，變化豐富。天龍山唐代造像創造了人體美的典型，顯示了宗教美術塑造優美形象的高度成就。

敦煌莫高窟，位於甘肅西部的敦

彩塑菩薩像

菩薩慈眉善目，兩頰豐潤，反映了唐人的審美情趣。另外，菩薩像的服飾也十分艷麗，且全身飾物極多，符合當時服飾的風格。

煌縣城東南三十餘公里的鳴沙山與三危山之間的河谷中，綿延四公里。莫高窟是建築、彩塑、壁畫三者相結合的統一體，主體是彩塑。彩塑以其主體的造型而顯得形象突出，色彩與壁畫和諧而相得益彰。這些彩塑造像面相豐滿，比例適度，姿態優美，神情肅穆，完全參照人的形象而塑造。

陵墓雕塑

陵墓雕塑分爲陵墓石雕和墓俑雕塑。陵墓石雕是指統治者在其陵墓前設置的守墓。唐代的陵墓石雕，數量和種類都非常豐富。

從太宗起，共建有十八座帝陵。昭陵六駿是太宗昭陵前六匹駿馬的浮雕，是馳名中外的雕塑傑作，分別是青騅、什伐赤、特勒驃、颯露紫、拳毛和白蹄烏。貞觀十一年（西元六三六年），太宗命宮廷畫師閻立本繪寫圖形，並選用名匠把牠們雕成比真馬略小的六塊浮雕，又命書法家歐陽詢在每塊浮雕右上角寫下太宗親自撰寫的贊詞。六駿表現了馬的立、行、奔馳等各種神態，細節描寫真實而富於表現力。

墓俑也就是陶俑，是統治者作爲墓葬以及陪葬的用品。唐代的墓俑，有鎮墓獸、男女俑、動物俑等，大都具有濃厚的生活氣息。三彩女俑是唐代墓俑的精彩代表，女俑的服飾和裝束都體現了唐代「豐腴之美」的標準。

裝飾雕塑

唐代的裝飾雕塑也具有相當的水準，這些裝飾遍及碑石、墓誌、石棺以及工藝雕刻各方面。橋樑上的橋欄板雕刻、寺廟塔石的門楣樑柱、碑石和墓誌的裝飾雕刻等都顯示出雄奇奔放、飽滿瑰麗、意氣風發的時代風貌。

西安大雁塔是著名的佛教建築，爲唐代著名僧人玄奘翻譯經書之所。其塔門形制是在塔的下層四門上端橫以半圓形門楣石，門框也是用石頭建成。所有門楣、門框都刻有菩薩、天王像。這些刻畫表現了中國古代繪畫中所謂的「鐵線描」造型特點，是難得一見的唐代線刻藝術珍品。

父子兄弟連環殺

後梁乾化二年（西元九一二年）六月，太祖朱晃病重，召朱友文入宮託付後事。朱友珪得知後率部入宮殺死朱晃，並假傳遺詔繼承皇帝之位。次年二月，均王朱友貞等人密謀討殺朱友珪，由袁象先率數千名禁軍殺入宮中，無路可逃的朱友珪遭捕殺。均王朱友貞即位，成為後梁的末代皇帝。

朱全忠逼唐哀宗遞上「禪位」詔書，隨即改叫朱晃（取「日光普照」之意），建國號大梁。但朱晃長期在藩鎮養成的無知蠻橫、好色短視的習性，注定要把他一手締造的後梁王朝帶往覆滅之路。

荒淫成性

朱晃最終能成就帝業，他賢明的妻子張氏功不可沒。張氏自小生活在殷實之家，父親又做過刺史，生得端莊秀麗又深具智慧與謀略。而這些都是朱晃所欠缺的，因此朱晃一直在張氏面前表現得極爲內斂，遇大事總要虛心請教。

在藩鎮之間爭權奪利的鬥爭中，朱晃奸詐多疑的性格常常表露，對部屬肆意地懲罰，不僅增加了內耗，還直接影響軍隊士氣。有一次，朱晃派長子朱友裕攻打朱瑾，朱友裕在勝利後沒有生擒朱瑾，朱晃就懷疑他私通朱瑾意圖謀反，嚇得朱友裕躲入深山不敢回來。張氏悄悄地派人把兒子找回來向朱晃請罪，朱晃還不肯原諒要把兒子拉出去斬首。張氏正色道：「他已向你請罪，說明他沒有謀反的意思。如果你執意要殺了他，今後還有誰敢爲你賣命！」這樣，朱晃才沒有再追究朱友裕。

五代．白瓷

不久，朱晃看見俘獲的朱瑾妻

子，就想據爲己有。張氏不動聲色地把朱瑾妻子叫到朱晃面前，說：「兄弟本應和睦相處，他們卻爲一些小事兵戎相見，讓夫人受累。如果哪一天汴州（今河南開封）落入敵手，我也會淪落到你這步田地！」朱晃想起當年朱瑾救自己於危難之中的情形，自覺愧對朱瑾，遂打消了心中的邪念。

後來張氏去世，臨終前給朱晃留下四個字：戒殺遠色！但張氏兩眼一閉，朱晃凶殘好色的本性更淋漓盡致地顯露出來。

乾化元年（西元九一一年）夏，朱晃到洛陽避暑，住在河南尹張宗奭家裡，見他的妻女兒媳長得漂亮，就一一強拉到床上姦淫。張宗奭的兒子張繼祚無法忍受這種奇恥大辱，要拿刀殺了朱晃，被張宗奭勸住。不幾天，朱晃心滿意足地離開張宗奭家，回宮去了。

後梁太祖朱晃像

朱晃，唐宣宗大中六年至梁太祖乾化二年（西元八五二年至西元九一二年），又名朱全忠、朱溫，宋州碭山（今屬安徽）人，五代時後梁的建立者，即後梁太祖。

朱晃把四個兒子全安排在京城以外任職，又先後把他們的妻子召到自己身邊，名爲侍奉，實爲滿足淫慾。尤其是朱晃最心愛的兒子朱友文之妻美貌動人，得到萬分的寵幸。朱友文爲謀得帝位，就犧牲了妻子任由父親胡作非爲。朱晃的另一個兒子朱友珪也想做皇帝，但性格呆板難以得到朱晃的正眼相待，心裡常常爲之憤懣。

弑父篡位

乾化二年（西元九一二年）五月，朱晃病入膏肓，盤算著安排後事。有一天，朱晃把朱友文的妻子叫到床前，命令她把丈夫召回來。朱友文之妻心領神會，馬上回去準備趕赴洛陽。但彌留之際的朱晃犯了一個致命的錯誤，就是說話時忽視了在一旁的朱友珪之妻。朱友珪之妻知道事關重大，偷偷地跑回去向朱友珪報信：「皇上要把朱友文叫回來繼承皇位，看來我們的死期將至！」朱友珪聽了之說便說：「與其這樣窩囊地死，不如轟轟烈烈幹一番大事，大不了也是一死！」

第二天，朱友珪就接到朝廷調他到萊州做刺史的指令，並命他立刻啓程赴任。按照朱晃當時的慣例，外放出去的官吏，很多都會在半路之上接到賜死的詔書。朱友珪大為恐慌，馬上喬裝打扮跑到禁軍大營去見統軍韓勍，並把目前的境況說了一遍。

韓勍向朱友珪進言：「事不宜遲，就在今晚成就大事！」是夜，朱友珪和韓勍領兵偷襲皇宮，寢宮侍從四散逃去，只留下朱晃一人。朱晃喝問一聲：「誰要謀反？」朱友珪毫不示弱：「不是外人！」朱晃氣得用手指著朱友珪的鼻子說道：「就知道你這賊子要謀反，只恨沒早早殺了你，留下禍害！今日你敢弒殺親父，看天下人如何容你！」朱友珪反罵一句：「你作惡多端早就該碎屍萬段！」朱友珪話才說完，心腹馮廷諤已上前一步把尖刀刺入朱晃的肚子。朱晃慘叫一聲，刀尖從後背穿出。朱友珪命人找來一條破氈布，把朱晃的屍體裹起來埋在寢宮地下。

朱友珪祕不發喪，派心腹丁昭溥密令朱友貞誅殺朱友文。不日，丁昭溥覆命，朱友文已死。朱友珪方才放心公布朱晃的死訊，同時公布了假造的朱晃遺詔，憑著這份外人一眼就能看穿的假詔，朱友珪堂而皇之地做了皇帝。為籠絡人心，朱友珪對朝臣和官兵進行了大肆封賞。

無路可逃

朱友珪坐穩皇位以後，馬上變得無所顧忌，荒淫奢侈的秉性堪比他死去的老父朱晃，人們無不暗自憤恨。不久，駐守懷州的龍驤軍發生嘩變，軍士們四處潰逃、燒殺搶掠，害苦了沿路的百姓。朱友珪得知後勃然大怒，派馬步軍都指揮使霍彥威平叛。霍彥威生擒了叛軍首領劉重遇，不日押回京城屠滅九族。同時，朱友珪下令繼續搜捕叛軍餘黨。

晚唐至五代．金銅坐佛一輔三尊錘揲造像

鳳歷元年（西元九一三年）初，朱友珪要徵召在大梁（今河南開封）的龍驤軍回京。均王朱友貞得知後派人到龍驤軍營蠱惑人心：皇上想誘你們龍驤軍入京，像處置懷州龍驤軍那樣誅殺之。馬上龍驤軍軍心大亂。朱友貞又上奏朱友珪：龍驤軍心懷叵測，恐怕有變。朱友珪不知是計，決心剷除龍驤軍。惶恐不安的龍驤軍將領一同來找朱友貞：「請殿下給我們指一條明路！」朱友貞說：「你們跟隨先帝（朱晃）南征北戰三十多年才建立基業，朱友珪卻敢在一夕之間殺死自己的父皇，何況你們？」朱友貞還激勵龍驤軍殺回京城。

同時，朱友貞與左龍虎統軍袁象先、都尉趙巖、宣義節度使楊師厚等人密謀，伺機發動政變剷除朱友珪。而朱友珪竟絲毫沒有察覺，繼續享受奢靡的生活。某一天，朱友珪正在寢宮玩樂，忽聽侍從來報：袁象先領著禁軍殺進皇宮。朱友珪聞之大驚，惶惶然帶著張皇后要翻牆逃跑。但袁象先已經衝了進來，朱友珪不想束手就擒，就命令心腹馮廷諤殺死自己。

於是，後梁王朝陷入無政府狀態，各路官兵傾巢而出，對京城進行大肆搶掠，政府官員亦有多人被砍死砍傷。而此時，龍驤軍正奔走在征討朱友珪的半路上。

袁象先等人拿著玉璽前往大梁呈獻，朱友貞說：「開封才是國家的創業之地，何必要把京城放在洛陽。」於是，朱友貞就在開封稱了皇帝，是爲後梁末帝。

後梁的窮途末路

朱友貞當上皇帝後，寵信趙巖、張漢傑等人，任由他們作威作福，對百姓橫徵暴斂。朱友貞對自家兄弟子侄以及忠於他的忠臣良將，則妄加猜忌，以致最後圍攏在朱友貞身邊的只剩下奸佞小人。

龍德三年（西元九二三年）四月，以李唐皇室後裔自居的晉王李存勗自稱皇帝，恢復大唐國號，史稱後唐。李存勗稱帝後，立即向後梁發起復仇之戰。李存勗大軍一路勢如破竹，沒過幾月就逼近汴州。

朱友貞驚慌不已，召集朝臣商議退敵之策，眾人皆無計可施。心腹鄭玨建議朱友貞帶著玉璽去李存勗軍營中詐降，朱友貞竟說：「玉璽不足惜，只是不知這樣能不能讓敵人退兵？」鄭玨不敢打包票，沉吟了半天說：「恐怕不能！」朱友貞只得把玉璽藏在寢宮，沒幾天卻不翼而飛。眼看著李存勗大軍要攻進汴州，朱友貞對都指揮使皇甫麟說：「李朱兩家是世仇，即使我投降了也不能活命，不如你把我殺了吧！」皇甫麟不肯，朱友貞把眼一瞪：「你不肯殺我，是不是想把我出賣給李存勗！」皇甫麟要拔劍自刎以明心志，朱友貞一把奪過他手中的劍揮向自己的脖子，立時血花四濺，朱友貞斃命，後梁王朝也隨之成為歷史煙雲。

火神澱之變

遼世宗耶律阮在位，輕信反叛的永康王之子耶律察割，以致引來殺身之禍。天祿五年（西元九五一年）九月，世宗應北漢皇帝劉崇的請求出兵，行至火神澱安營紮寨歇息。蓄謀已久的耶律察割趁世宗酒醉昏睡之時，進入營帳刺殺。隨即，齊王耶律述律在隨軍將領的支持下誅殺了耶律察割。

大同元年（西元九四七年）四月，遼太宗耶律德光在臨城（今河北臨城縣）去世，永康王耶律阮在隨軍將士的擁護下做了皇帝。但沒有得到述律太后認可前，耶律阮一直惴惴不安。果然，述律太后對耶律阮擅自稱帝的做法勃然大怒，誓言要把他擋在國門之外。

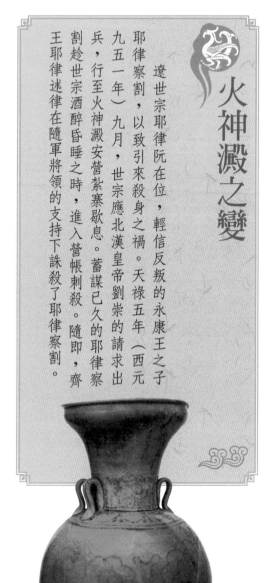

劍拔弩張

耶律阮自行稱帝後，帶著大軍繼續往回趕，不想在石橋（今內蒙古自治區巴林左旗境內）遭遇述律太后的軍隊。述律太后是太祖耶律阿保機的皇后，偏愛幼子耶律德光，以致阿保機死後借殉葬之名剷除了反對她的一百多人，扶立耶律德光即位。

五代·雲紋瓷器

後來阿保機的長子、耶律阮的父親耶律培因爲受不了猜忌，被迫投奔了後唐。耶律德光死後的帝位繼承，述律太后只看好幼子耶律李胡。因此她得知耶律阮稱帝的消息後，立即派後晉降將李彥韜統領軍隊前去討伐，李彥韜卻投降耶律阮。此後，耶律阮很快就回到遼國，把怨恨自己的述律太后送到了祖父耶律阿保機的陵園，正式舉行了盛大的登基儀式，是為遼世宗。

當初隨軍將領之所以擁立世宗稱帝，一是怕回國後遭述律太后毒手，二是想跟著世宗盡享榮華富貴。但世宗即位後卻把契丹人冷落在一邊，大量啟用漢人為官，他們的期望一下跌入谷底。隨著權力穩固，世宗開始整日與美人美酒為伴，把朝政交給寵信的漢人，越發引起契丹族將領和部落首領的嫉恨，他們紛紛起來反叛。自此世宗再無寧日，整天忙著四處滅火。

養虎為患

天祿二年（西元九四八年）正月，駙馬都尉蕭翰聯合耶律天德、劉哥、盆都密謀反叛。但由於籌劃不周，很快就被世宗覺察，世宗命人將耶律天德處死，其他幾個人也都遭到懲罰。第二年，蕭翰和妻子阿不裡公主串通明王耶律安瑞準備發動叛亂。重臣耶律屋質截獲了他們之間的往來書信，馬上向世宗報告。

世宗不再姑息，直接命人斬殺蕭翰，投進大牢的阿不裡公主也很快死去。只有耶律安瑞的兒子耶律察割狡詐，搶先向世宗揭發父親的罪行，表現出悔恨萬分的模樣。世宗看著痛哭流涕的耶律察割，生了惻隱之心，只把耶律安瑞貶到京城以外統領軍隊了事。耶律察割則受到世宗的賞識，在朝中做了官。

耶律察割表面迎合世宗，背地裡卻謀劃著篡位大計。每次出獵，耶律察割都說自己手上有疾病，不肯彎弓射箭，但他總是拿著鏈錘騎馬飛奔。耶律屋質愈來愈覺得耶律察割有反相，就提醒世宗戒備。世宗卻不以為然：「他能捨棄父親來幫助我，忠心可鑒！」耶律屋質直言：「他對父親都不忠不孝，何況是你！」世宗不語。後來耶律屋質再說此事，世宗以為是挑撥，就把耶律屋質的懷疑直接告訴耶律察割。耶律察割立即表現出委屈的樣子，說耶律屋質在嫉恨自己。自此，世宗對耶律察割深信不疑。

五代．青釉夾耳瓷罐

黃泉路上

天祿五年（西元九五一年）初，後漢河東節度劉崇在太原稱帝，建立北漢。劉崇害怕後周的郭威來犯，就寫了一封信給遼世宗：「我國皇帝已死，現在由我繼承帝位，希望貴國能依照後晉的先例提供援助。」世宗見信後大喜，答應了劉崇的請求。

不久，後周皇帝郭威征討北漢，劉崇急忙向世宗求援。世宗也早有南下中原建立霸業的想法，正好藉此機會實現，就冊封劉崇為「大漢神武皇帝」，並表示即日出兵援助。等世宗把文武百官召集起來準備討論具體的出兵方案時，卻遭到大家的一致反對，沒有人願意南下。世宗遂強令將領們跟隨他南下。

聽到遼軍答應援助的消息，劉崇派大將李存瑰進攻後周，準備與遼軍合在一處滅掉後周。遼軍將領迫於世宗高壓，領兵緩慢前行。九月初，遼軍行至新州（今河北涿鹿縣）的火神澱，安營紮寨歇息。世宗藉機與生母蕭太后去行宮拜祭了父親耶律培，回來後與將領們喝酒、玩樂，以致最後喝得酩酊大醉、不省人事。

入夜後，所有的營帳都熄滅了燈火，只見幾個人影鬼鬼祟祟地闖進一座營帳，對著床上一個爛醉如泥的人舉刀亂砍，幾聲慘叫傳出。就在發覺異常的人們往這裡聚集時，那幾個人已竄出營帳逃之夭夭。進入營帳的將領們發現，世宗已渾身是血躺在床上，他的母親蕭太后亦未能倖免。

重臣耶律屋質見世宗暴亡，指出兇手就是試圖奪位的耶律察割。隨即，將領們把已聞風逃到山裡的齊王耶律述律找回來，讓他下令抓捕耶律

五代．貫休．十六羅漢之阿氏多

睡王耶律璟

遼穆宗耶律璟成天癡迷於玩樂，討厭過問朝政大事，而且嗜酒，常常是喝了睡、睡醒了又喝，人們就給他送了「睡王」的綽號。爲防止自己酒後犯錯，穆宗常常在大臣們面前說：「我喝醉酒後發布的命令，你們都不要去執行，等我酒醒後重新審視。」穆宗嘴上這麼說，心裡從來不把國事放在心上。

穆宗還聽信女巫用男子膽配製長生不老藥的妄語，爲取膽殺人無數。後來穆宗發現上當，處死了女巫。爲尋求刺激，穆宗發明了許多慘無人道的酷刑，如鐵梳、燎（火烤）、斷手足、爛肩股、折腰脛、劃口、碎齒等。

應曆十九年（西元九六九年）二月，穆宗外出狩獵，歸來後大醉於行宮，平日受不了折磨的侍從們聯手要了他的命，並逃之夭夭。朝廷得知後，火速派人趕至行宮擁立世宗次子耶律賢爲帝。弒殺穆宗的兇手，五年後才被緝拿處決。

察割及其同黨。耶律述律照辦，領命的將士很快就回來覆命：賊人耶律察割及其同黨、族人一併被誅殺。眾將領遂擁立耶律述律（後改名耶律璟）在遼軍大營前即位，是爲穆宗。

五代．都省銅坊銅鏡

都省銅坊是官營手工作坊，其產品主要供應上層人物。鈕上方鑄一「官」字。「官」字款表明此鏡是官營作坊的產品，鑄生產者姓名是為了明確責任，保證質量。

陳橋兵變

後周顯德七年（西元九六〇年）正月，宰相范質、王溥得到遼國和北漢合軍來犯的假情報，派遣趙匡胤統領大軍前去抵禦。不日，趙匡胤在陳橋驛安營紮寨，部將把準備好的黃袍披到他身上。於是，就出現了趙匡胤以「皇帝」身分返回京城逼後周天子禪位的一幕，大宋王朝的歷史從此開啓。

後漢乾祐三年（西元九五〇年）年底，鄴都留守、天雄軍節度使郭威領兵出征，行至澶州（今河南濮陽）上演了一出黃袍加身的大戲。十年後，風雲變幻，歷史上演了同樣驚人的一幕。

點檢爲天子

後周王朝，經過郭威、柴榮兩代君主的苦心經營，在政治、軍事、經濟方面成績卓越。然而柴榮病故，帝位傳承給了只有七歲的幼主柴宗訓。主少國疑，人們都在擔憂這個國家的命運，深恐再次陷入戰亂頻仍、生靈塗炭的生活。

顯德七年（西元九六〇年）正月初一，後周朝廷正在舉行朝賀，忽然一份緊急軍情打破了歡樂祥和的氣氛：遼國和北漢合軍來犯！情勢危急，束手無策的符太后趕忙讓大臣們商議如何退敵。宰相范質、王溥出列上奏：請讓殿前都點檢、歸德軍節度使趙匡胤領兵抵禦。不料趙匡胤卻說自己將寡兵少，難以出戰。范質則說：可將全國的兵馬交由點檢趙匡胤調遣。趙匡胤沒再吭聲。太后准奏，派趙匡胤即日起兵趕赴前線，趙匡胤領命。不一刻，京城就傳出「點檢爲天子」的流言，聞之者無不惶恐。只有皇宮在禁軍的把守下，隔絕成了另一個世界，沒有人知曉。

第三天，大軍開出京城，行至陳橋驛安營紮寨歇息。軍士們三五成群地坐在營帳外休息，談論著京城裡的流言。突然，有人站起來大呼一聲：「皇上年幼無知，我們爲他拚死拚活地賣命，他也不會知道。京城流傳『點檢做天子』的說法，看來是人心所向。不如我們現在就順應人心擁立點檢做天子，盡享榮華富貴！」一呼百應，軍士們吵著要見趙匡胤。

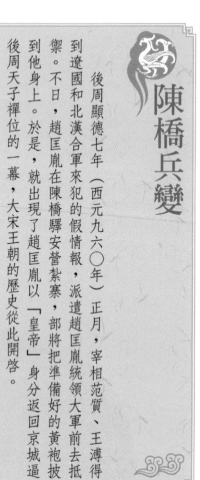

聽到帳外人聲嘈雜，趙匡胤的弟弟趙匡義和歸德軍節度使掌書記趙普趕快出帳。聽了將士們的意見，趙普說道：「當今天子年幼難安人心，擁點檢為帝是眾望所歸。我覺得可以在明天早上行事。」隨後，趙普命眾將士回去安歇，同時派人快馬加鞭地趕回京城，把變故告訴留守大將石守信。

黃袍加身

第二天拂曉，軍營裡突然歡聲雷動，趙匡胤被驚醒，還沒來得及下床，就見趙匡義帶著幾位將士闖了進來。眾人把一件黃袍披在趙匡胤身上，高呼萬歲。趙匡胤做出一副訝異的樣子，被眾將士簇擁著出了營帳。隨即，站立在營外的所有將士都跪倒在地，請趙匡胤回京主持大局。

騎在馬上的趙匡胤卻遲疑不動，對眾將士說：「我受皇帝恩寵才有今日，怎敢妄自尊大擅行不義！」趙普趕忙上前進言：「這是人心所向，請您不要推辭！至於周家幼主，只要您給予他們禮遇，就不算負了他們。」趙匡胤說出自己的擔憂：「你們是貪圖富貴，才立我為天子。如果你們願意服從我就答應，否則我不敢為之！」眾將士齊聲高呼：「唯命是從！」

趙匡胤這才放心，與將士們約法三章：一、善待周家皇室成員和朝臣，不能有無禮之舉；二、愛護百姓，不能搶掠擾民；三、服從命令者重賞，違逆者殺無赦。其實趙匡胤的擔心不無道理，五代以來每一次兵變都是狼煙四起、屍橫遍野，即使兵變的成功者也不過一二十年，就成了後來兵變者的刀下鬼。因此，趙匡胤要讓這次兵變「和平」地進行，以收攏和安定人心。

很快地，趙匡胤就領兵折返京城，百姓們意外發現大軍回來了，無不驚惶。但是軍士們嚴守軍紀，對百姓秋毫無犯，人心很快就恢復平靜。趙匡胤則領著重要將領直奔都點檢公署，而宮內的早朝尚未結束。

平和登基

大臣們對陳橋驛發生的變故渾然不知，正在討論著其他政事。就在這時，有人來報趙匡胤領大軍回京了，太后、朝臣聞之面面相覷。猛然醒悟的范質緊緊抓住王溥的手臂，愕然說道：「哪來緊急軍情？我們倉促遣將，才釀成今日之大禍！」但後悔有什麼用，事已至此只能著手收拾殘局。

就這樣，趙匡胤以歷史上少見的平和方式完成了改朝換代的大業。隨後，趙匡胤採取一系列措施，結束了五代以來的分裂割據局面，大宋國力也日益展現出蒸蒸日上的繁榮景象。

完顏亮血刃金熙宗

金熙宗完顏亶統治後期猜忌多疑、酗酒妄殺，使得朝中人人自危。趁著這種混亂局面，完顏亮召集心腹和部分文臣武將，於皇統九年（西元一一四九年）十二月九日晚衝入皇宮殺死金熙宗，自命為皇帝，是為海陵王。

完顏亮崛起

完顏亮，本名迪古乃，是金太祖庶長子完顏宗幹的第二個兒子。完顏宗幹在金熙宗早期推動的政治改革中發揮舉足輕重的作用。受父親影響，完顏亮少年時就仰慕中原文化，喜歡結交儒家子弟。爲表達自己的鴻鵠之志，完顏亮寫下「大柄若在手，清風滿天下」的豪情。

不久，完顏亮參加了軍隊，由於他作戰勇猛，而且足智多謀，年僅十八歲就做了行軍萬戶。之後完顏亮一路青雲直上，先後擔任驃騎上將軍、龍護衛上將軍等職，並受命留守中京（今內蒙古自治區寧城境內）。

隨著年齡的增長，完顏亮認識到只有掌握皇權才能實現「清風滿天下」的夢想，而且他是開國皇帝完顏阿骨打的親孫子，當然有權力問鼎皇位。做了中京留守後，完顏亮開始結交一些英雄豪傑，例如後來成爲他左膀右臂的奚人蕭裕。

皇統七年（西元一一四七年）五月，完顏亮回到上京（今內蒙古自治區巴林左旗境內），受封爲同判大宗正事，加特進。完顏亮注意到金熙帝一直對皇后裴滿氏寵信有加，就想盡辦法接近裴滿氏。很快地，裴滿氏就對完顏亮表示了好感，兩人常常在一起商議國家大事。憑借裴滿氏的鼎力

金・羅地繡花鞋

相助，完顏亮很快就升任尚書左丞相。期間，完顏亮把他極爲賞識的蕭裕放在了兵部侍郎的位置。第二年六月以後，完顏亮又改任平章正事等職。在職位的頻繁更替與陞遷中，完顏亮在政府各部門安插和培植了眾多的心腹。

金．耀州窯鴨蓮水丞

高五．二公分，敞口，弧壁，鼓腹，圈足。器型外體滿施青黃色釉，腹部採用刻花之技法，繪水波游鴨，其圖案紋樣與宋代相比已趨於簡化。

酗酒妄殺

金熙宗以前，皇位繼承沿用部落傳統的兄終弟及方式。爲了穩固皇權，金熙宗學習漢人的父死子繼制度，並決定自他開始實行。但不幸的是，完顏濟安被冊立爲太子沒多久後就夭折了。爲了消除心中的愁苦，金熙宗常常以酒爲伴，大小國事也基本交給皇后裴滿氏處理。

金熙宗嗜酗酒，而且酒醉之後常常濫殺無辜。而且，金熙宗的猜忌多疑日益嚴重，除了心愛的皇后，世上簡直沒有第二個能讓他信任的人。皇統七年（西元一一四七年）五月，意氣風發的完顏亮回到上京，獲得許多人的好感。但在金熙宗眼裡卻是國家的禍患，只是礙於皇后裴滿氏的面子，金熙宗才予以留用。後來，完顏亮才慢慢地獲取了金熙宗的信任，被視爲心腹之臣。

受到金熙宗和裴滿氏的雙重信任，完顏亮的仕途更加平坦順直。皇統八年（西元一一四八年）十一月，完顏亮升任右丞相。利用日益顯赫的聲望，完顏亮繼續結交貴族朝臣以及社會名士，壯大自己的嫡系力量。同時，完顏亮充分利用他與裴滿氏的密切關係，隨時掌握宮廷內的一舉一動。突然，金熙宗在這一年冬天大開殺戒，一口氣殺死了十多個嬪妃、親王和大臣，原因僅僅是懷疑他們試圖謀反。以這樣莫須有的罪名大肆殺戮，使得朝野上下人人自危，無不陷於惶恐之中。金熙宗也因此盡失人心。

即使這樣，完顏亮還是得到陞遷的機會，被金熙宗授予都元帥之職，

金代貴族服飾復原圖

統領全國軍隊。兩個月後，完顏亮又被擢升爲太保、領三省事，成爲金熙宗少數可信賴、權傾一時的人物。

血刃宮廷

皇統九年（西元一一四九年）正月，完顏亮生日之時，金熙宗派給事寢殿小底大興國去送賀禮，皇后裴滿氏也趁機讓小底大興國把賀禮一塊送去。金熙宗得知後勃然大怒，杖責小底大興國，並令他把裴滿氏的賀禮追回。小底大興國由此對金熙宗心生怨恨。

四月間，天災頻發，雷電屢屢擊震皇宮，金熙宗以爲這是上天警示他，就命翰林學士張鈞草擬「罪己詔」，以「奉答天戒」。等張鈞擬就「罪己詔」呈上，金熙宗突然臉色大變怒斥張鈞：「你敢含沙射影地誹謗我！」不由張鈞分說，就命左右侍從把張鈞拉出去砍了腦袋。平日與完顏亮不合的左丞相完顏宗賢趁機火上澆油，盛怒之下的金熙宗立即下旨把完顏亮貶斥出京，去汴京做領行台尚書省事。

赴汴京上任途中，完顏亮特意在中京停留，與中京留守蕭裕商定，一旦他在汴京起兵，蕭裕就在中京接應。完顏亮還沒趕到汴京，金熙宗又下了一道詔書命他即日返回上京。完顏亮嚇得出了一身冷汗，以爲謀反的陰謀暴露。回到上京完顏亮才知道虛驚一場，金熙宗盛怒之下貶斥了他，事後又覺得他不是心懷不軌之人，於是收回了成命。

完顏亮見金熙帝如此猜忌，於是，祕密召集以往培植的心腹，並聯合朝中反對金熙宗的大臣，準備發動政變廢黜金熙宗。一切準備妥當後，

完顏亮之死

完顏亮即位後先肅清異己分子鞏固帝位，接下來就著手準備討伐南宋的戰爭。爲了備戰，完顏亮不顧國力向人民橫徵暴斂，兵力不足就把二十至五十歲的人悉數徵入軍隊，戰馬不夠就極盡民間的騾馬充數，同時預徵五年的租賦滿足軍需，民怨鼎沸。

正隆六年（西元一一六一年）九月，金軍兵分四路、水陸並進向南宋發起偷襲。十月八日金軍橫渡長江，不想先後遭遇宋軍的伏擊、火攻，金軍受重創只能鎩羽而歸。這時，金吾衛上將軍完顏福壽領兵兩萬奉調南征，士兵不願南下攻打宋朝，以致軍中發生嘩變，完顏福壽逃回了東京，擁立曹國公、東京（今遼寧遼陽）留守完顏雍稱帝，是爲世宗。完顏雍即位後，公布了完顏亮的纍纍罪行，並截斷了他回歸金國的路。被困瓜州的完顏亮無奈，只能硬著頭皮攻擊宋軍，但金軍將士早已無心戀戰。

十一月二十六日，完顏亮準備破釜沉舟強行渡江，向將士們下了死命令：渡江時後退者斬！次日晨，忍無可忍的兵部尚書完顏元宜聯合部分將領襲擊完顏亮營帳。完顏亮聽到吶喊聲以爲是宋軍來襲，急忙起身穿衣，還未等他取下刀箭，雨點般的箭已射中他。完顏亮大叫一聲倒地，將士們立即闖進營帳，朝還未嚥氣的完顏亮連砍數刀，直至斃命。隨後，完顏元宜攜完顏亮屍首領兵回國。

完顏亮決定在十二月九日深夜採取行動。

這天晚上，完顏亮領人潛入皇宮，不想被侍衛發覺，侍衛急喊一聲，驚動了寢宮內的金熙宗。金熙宗要尋枕下佩刀，被一旁接應完顏亮的給事寢殿小底大興國攔住。這時，完顏亮提刀闖了進來，照著金熙宗一刀劈下，接著其他人也上前亂刀砍下，頃刻間金熙宗就沒了呼吸。隨後，完顏亮傳出假詔：「召完顏宗賢等人來皇宮議事。」完顏宗賢等人一到，完顏亮立即下令格殺。

第二天，完顏亮對外公布了金熙宗的死訊，自立爲皇帝，是爲海陵王。完顏亮即位後，害怕別人也學著他弒君，就大肆屠殺反對他、或可能反對他的人。就連當初與他一同參與政變的人，也沒有幾個人得以善終。

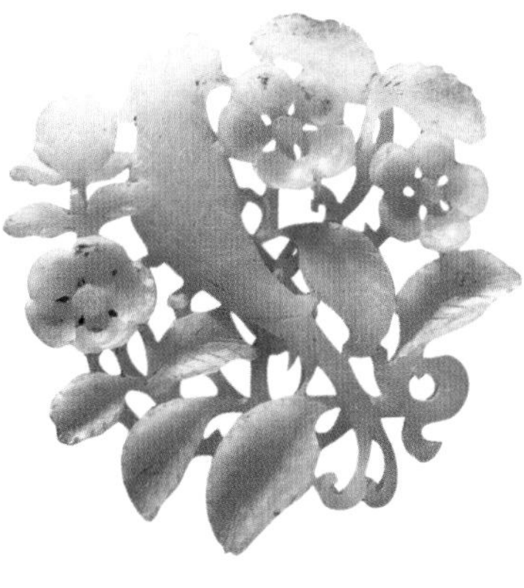

金·白玉花鳥佩

被趕下台的宋光宗

宋光宗即位後，任由皇后李鳳娘獨霸後宮、把持朝政，對已是太上皇的孝宗大行不孝之舉，引發朝野動盪。紹熙五年（西元一一九四年）六月，宋孝宗病死，宋光宗仍一意孤行不問喪事。趙汝愚、韓侂胄等人藉機發動政變，要太皇太后下旨令光宗退位，立嘉王趙擴為帝。

父子離心

淳熙十四年（西元一一八七）十月，高宗趙構去世，孝宗趙慎爲表孝心決定守孝三年。後來在眾大臣的極力勸諫下，孝宗才勉強離開高宗靈柩去朝中聽政。過了不久，對政事倍感厭煩的孝宗禪位給太子趙惇，自己則專心守孝。但他把想法一說出來，就遭到知樞密院事黃洽的反對：「我相信太子能擔當大任，但太子妃卻不足以母儀天下！」對太子妃的驕橫孝宗有所耳聞，但他並不認爲有黃洽說得那麼嚴重，何況太子妃還是他當年看著娶進宮的。

已過不惑之年的趙惇得了皇位，自然是歡天喜地，爲這一天他不知煎熬了多少時光。坐上皇位的趙惇（是爲光宗）感覺極其踏實，再也沒心思討好孝宗。就連每月例行的問安禮，光宗也推脫著不去。本來就感失落的孝宗心裡當然不樂意。

有一天，光宗興高采烈地領著後宮嬪妃在聚景園遊樂，被孝宗身邊的內臣看到了，就告訴了孝宗。孝宗聽了心生怒氣：當年高宗在世時，每次

宋．朱漆戧金蓮瓣形人物花卉紋奩

此漆奩由蓋、盤、身及底四部分套合而成，平面呈六瓣蓮花形狀。奩身為折枝花卉，奩蓋面為仕女在花園中遊樂的圖像，其中，主人衣著華美，手持扇，而婢女持長頸瓶侍立，圖像生趣盎然。在奩蓋內有銘「溫州新河金念五郎上牢」十字，是作器匠人的名號商標，為南宋時作為商品的日用器物所常見。

出遊他都要恭請，現在卻遭兒子如此冷遇。後來，孝宗舉行家宴，到了吃飯的時間，仍遲遲不見光宗。這時重華宮的宦官放出一群雞，在園中捕捉嬉笑，嘴裡還不停地喊著：「今天捉雞不著！」當時臨安人把向人討飯叫「捉雞」，這不明擺著在罵孝宗！孝宗的臉紅一陣白一陣，終於忍耐不住憤然離席。

悍后掌權

其實光宗能對孝宗做出這麼多悖禮之舉，和皇后李鳳娘有極大關係。李鳳娘生性好妒，而且手段潑辣，因而光宗一上台就把大權相讓。李鳳娘手握大權，第一件事就是把祖宗三代都封了王，然後是家人親友、奴才家丁全分派了官職。安頓好了家人，李鳳娘就著手清除後宮異己。有一天，光宗看見伺候他洗手的宮女雙手纖細白嫩，就不由地誇讚了一句。李鳳娘得知後，就令人砍下這個宮女的雙手，裝進盒子給光宗呈上。光宗嚇得臉都白了，聲音顫抖地下令趕快扔掉。

接下來，李鳳娘把目標放在了光宗寵愛的黃貴妃身上。某一年冬至，光宗出宮主持祭祀大典，李鳳娘就藉機毒殺黃貴妃。光宗回來後問及死因，李鳳娘惡狠狠地說：「暴病而亡！」光宗再不敢多問半句，只能暗自悲戚。光宗剩下的兩位妃子，見李鳳娘如此惡毒，就苦苦哀求把她們貶爲平民。李鳳娘求之不得，就放她們出了宮。從此，李鳳娘與光宗過起「一夫一妻制」的生活，這可是歷朝歷代的皇帝後宮罕見的事。

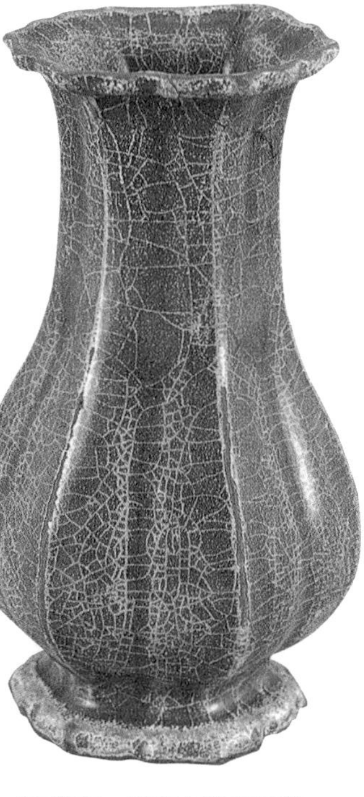

南宋・官窯六瓣花口瓶

清除了後宮，李鳳娘馬上把關注點放在兒子趙擴身上。李鳳娘就鼓動光宗去找孝宗，請他准許立趙擴爲太子。對此，光宗沒有絲毫的遲疑，因爲他也想讓兒子早日成爲儲君。可光宗的話還沒說完，孝宗就連連搖頭，說：「趙擴生性柔弱，不適合做太子；魏王之子趙秉聰慧英武，倒是太子的合適人選。」光宗聽後心裡不高興，但又不好當面頂撞，悻悻而歸。回宮後李鳳娘問起，光宗就原原本本地說了。李鳳娘發狠地說：「太上皇不僅看好魏王的兒子，更是看好魏王。如此下去，你的皇位如何能保得住！」漸漸地，光宗有了朝不保夕的感覺，本來脆弱的神經開始滑向崩潰的深淵。

過宮風波

終於，精神壓力極大的光宗病倒了。孝宗聽說後，趕忙派人四處尋找藥方給兒子醫病。出於對李鳳娘的芥蒂，藥做好後孝宗就讓人把光宗召來服藥。李鳳娘知道後哪肯放過：「我說得沒錯吧，太上皇就是想用藥慢慢毒死你，然後讓魏王或他的兒子接替你。」不久，在一次家宴上，李鳳娘當面向孝宗提出立兒子趙擴爲太子之事。孝宗不想理會，李鳳娘卻步步緊逼：「趙擴是皇上唯一的嫡子，爲何不能做太子！該不是誰另有所圖吧！」孝宗聽後勃然大怒，拂袖而去。回去後，李鳳娘繼續向光宗煽風點火，光宗則橫下一條心，今後再也不踏進重華宮（孝宗居所）半步。光宗的不孝之舉，不僅讓孝宗憂憤，就是朝中大臣也看不下去，紛紛勸諫光宗去探望孝宗，以孝行做天下人的表率。連太學生都加入勸諫的行列，聯名上書要求他過宮以盡人子之道，最終也沒能奏效。

紹熙五年（西元一一九四年）初，憂憤中的孝宗一病不起，雖然心裡還念叨著光宗，光宗卻吝嗇地沒有到病榻前來過一次。忍無可忍的朝臣紛紛請求自黜、居家待罪，光宗卻一概不准。五月，孝宗病重，宰相留正領群臣苦諫光宗過宮探望父親，光宗仍執意不肯。爲此，京城內外到處都在議論光宗的不孝。

轟然下台

紹熙五年（西元一一九四年）六月，備受兒子冷落的孝宗帶著無限悲涼離世。朝臣們再去請本應主動到場的光宗，受李鳳娘蠱惑，光宗斷然拒絕了見父親最後一面的機會。朝臣請不動自稱生病的光宗，只好請太皇太后代爲主持孝宗的葬禮。事後，朝臣們都以侍奉不盡孝道的光宗爲恥，紛紛上書請辭，就連宰相留正也堅決要求告老還鄉。眼看著朝政崩潰、謠言四起，光宗和李鳳娘才慌了神，只是已無回天之力。

這時，知樞密院事趙汝愚找到知閤門事韓侂冑，想讓他勸諫太皇太后出面廢黜光宗，立嘉王趙擴爲帝。太皇太后聽奏，卻猶豫不決。第二天，不甘心的韓侂冑又到慈福宮勸諫，太皇太后仍不肯點頭。韓侂冑無奈只好退出宮門，正不知所措時，曾侍奉孝宗的重華宮提舉關禮恰巧路過，上前寒暄。韓侂冑吞吞吐吐不敢說出實情，耿直的關禮惱了：「有什麼事你就痛快說，能盡力我絕不含糊，不能盡力我也不會到處亂說。」韓侂冑

南宋・劉松年・四景山水圖

《四景山水圖》之二，絹本，設色，寬四十一公分、長六十九公分，南宋劉松年繪，北京故宮博物院藏。此圖描繪了西湖夏日景色。劉松年，錢塘（今浙江杭州）人，南宋孝宗、光宗、寧宗三朝的宮廷畫家。

這才放心，把面見太皇太后的事情告訴關禮。關禮早已憤恨光宗的不孝，轉身進了太皇太后寢宮，痛哭流涕不止。太皇太后急問：「怎麼回事？」關禮哭訴：「如今皇上有病，朝內大臣紛紛離去，就連宰相留正也回了老家，眼看著國將不國！朝廷能夠依靠的只有趙汝愚。如今趙汝愚有心幫趙家匡扶朝政，卻得不到太皇太后的旨意，恐怕他也要離去。」太皇太后大驚：「趙汝愚是皇家宗室，怎能像一般人那樣撒手不管！」關禮答道：「如今，只因趙汝愚想仰仗太皇太后。如果太皇太后不答應他的意見，他也沒有辦法，只能請辭回家！一旦趙汝愚離去，天下如何治理，請太皇太后思量！」太皇太后無法，只好命關禮告訴趙汝愚：「明天一早就上朝宣旨。」趙汝愚得信，立即命殿帥郭果領兵夜守南北內宮。

第二天一早，太皇太后臨朝下詔：令光宗退位，傳位給嘉王趙擴，是爲寧宗。渾然不知的光宗和李鳳娘聽到詔令後立時傻了眼！可事已至此，不能繼續干政的李鳳娘只能陪著已半瘋半癲的光宗，在深宮的靜室中事佛。慶元六年（西元一二〇〇年）七月，李鳳娘嚥下最後一口氣，據說是被宮人用蓆子包裹後草草下葬的。

養虎成患的衛紹王

衛紹王完顏永濟在位期間，為抵禦虎視眈眈的蒙古強敵，不得不起用桀驁不馴的悍將胡沙虎。最終，不服管東的胡沙虎於至寧元年（西元一二一三年）八月二十五日，領兵殺入皇宮誅殺衛紹王。一個月後，胡沙虎在自家門口。被部將術虎高琪亂刀砍死

多事之秋

泰和八年（西元一二〇八年）十一月，金章宗病死中京（今內蒙古自治區寧城），因沒有子嗣，就把衛紹王完顏永濟推上皇位。

金章宗給衛紹王留下的是一個不折不扣的爛攤子。對外，蒙古和南宋不斷地對金國發動戰爭，而金國軍隊的戰鬥力遠不如以前，一次次地遭受敵軍重創。對內，天災人禍頻發：金章宗統治後期政治腐敗、縱容李妃干政；又接連發生了三次黃河大決堤，河水氾濫使無數人流離失所；沉重的軍需賦稅壓得人民喘不過氣來，各地不斷發生民變。

衛紹王即位後，不是先整肅朝綱、強兵富民，而是糾纏於宮廷內鬥。金章宗留有遺詔，嬪妃賈氏和范氏已懷有身孕，如果將來生下男孩就立為儲君。衛紹王假借金章宗生前的重託，派平章政事僕散端和尚書左丞孫即康照顧兩位孕婦。不久，就傳出「意外」：賈氏和范氏先後胎死腹中。接下來，衛紹王把矛頭指向金章宗在位後期肆意干政的李妃。衛紹王利用重臣完顏匡對李妃的嫉恨，宣布李妃罪行並將其誅殺。即位第二年，衛紹王就將自己的兒子立為太子。

這時，已完成蒙古統一大業、攻佔西夏都城中興府（今寧夏回族自治

金．白瓷小口黑花罐

罐高三十一公分，口徑五公分，底徑十一公分。器型優美，釉色瑩潤，在白瓷地上以黑點點綴花草，圖案多樣，極富情趣，為金代瓷器中的佳品。

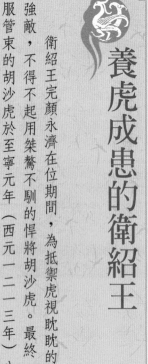

區銀川市）的成吉思汗，準備改變以往對金國小範圍的作戰策略，進行大規模的軍事入侵。

悍將驕橫

面對虎視眈眈的蒙古，衛紹王起用悍將胡沙虎禦敵，任命他爲西京（今山西大同）留守。胡沙虎是一個性情暴虐、驕橫貪婪之徒。胡沙虎從太子護衛做起，先後擔任過太子僕丞、鷹坊直長等職，後來金章宗封他做右副點檢，他竟公然違抗、倨傲不就。

胡沙虎之所以敢如此猖狂，就是基於朝廷對他的倚重。早期，胡沙虎在與宋、遼作戰時，以驍勇善戰聞名。時間一久，胡沙虎居功自傲、桀驁不馴的本性就暴露出來。在西京留守任內，胡沙虎不用心訓練軍隊，整天飲酒作樂、狩獵遊玩。

大安三年（西元一二一三年），蒙古軍來犯，還未及交戰，胡沙虎就被敵軍強盛的兵勢嚇住，領著一幫將領兵士棄城而逃。途中，胡沙虎又在定安（今河北涿鹿縣）遭遇蒙古軍，卻被打得一敗塗地，一直潰退到蔚州（今河北蔚縣）。後來，胡沙虎一路強搶官民金銀財物、馬匹糧草。淶水縣（今河北淶水縣）縣令當面指責了胡沙虎幾句，結果被胡沙虎活活打死。左諫議大夫張行信、右丞相徒單

河北昌黎源影塔

鎰等人得知此事後向衛紹王上奏彈劾，胡沙虎無法抵賴，被衛紹王罷了官。

養虎成患

胡沙虎被罷官後並不安分，暗自結交衛紹王身邊的宦官侍從。這些人得了好處，就極力在衛紹王跟前說胡沙虎的好話。衛紹王雖然知道胡沙虎居功自傲，但邊關吃緊需要精兵強將去應付，而金國已無將可用，因此決定再次起用胡沙虎，任命他爲右副元帥鎮守中都（今北京）。

到達中都後，胡沙虎領五千人馬駐紮城北。至寧元年（西元一二一三年）八月，就在蒙古軍向中都推進之時，胡沙虎依然是我行我素，在軍營裡花天酒地。衛紹王得知後，立即派來使臣督戰。胡沙虎對使臣十分囂張跋扈，使臣被胡沙虎的凶殘模樣嚇得呆若木雞，知道此地凶險未敢做半點停留，就回中京覆命去了。

使臣原原本本地把胡沙虎的言行給衛紹王回稟了一通，衛紹王一言不發，最後命使臣退下。胡沙虎見衛紹王再沒有反應，就更加的趾高氣揚、不可一世，他叫來了提控宿直將軍蒲察六斤等人密謀，準備剷除衛紹王以掌控皇權。

惡有惡報

八月二十五日，胡沙虎假稱奉密詔征討謀反的大興府尹徒單南平，領叛軍向中京進發。當晚兵至城下，爲麻痺城內守衛，胡沙虎命兵士們大喊：快開城門，蒙古軍已殺到北關！同時，胡沙虎派人引誘徒單南平。徒單南平不知有變，就騎馬出城來到廣陽門，被藏在暗處的胡沙虎一槍挑於馬下。殺了徒單南平，胡沙虎領兵來到東華門，強攻不下就讓兵士抱來乾柴，縱火焚燒東華門，瞬間烈焰騰

金・華嚴寺飛天壁畫

空，守城士兵紛紛逃竄，胡沙虎趁亂撞開城門。叛軍一擁而入，佔領了中都。

胡沙虎自封監國大元帥，並派人叫來禮部令史張好禮，命他即刻鑄造監國大元帥大印。沒料到張好禮拒絕了胡沙虎的要求，胡沙虎沒辦法，把他呵斥出去。次日天亮，胡沙虎領兵來到皇宮，逼迫衛紹王遷出。然後，胡沙虎令兵士在宮內搜查皇帝玉璽，把宮內翻了個底朝天才找出一顆金印。後來胡沙虎就把金章宗之兄完顏珣找回來登基，是爲宣宗。對自己扶上位的宣宗，胡沙虎也沒客氣，要了一大堆官爵：澤王、太師、尚書令、都元帥……。

十月，胡沙虎部將術虎高琪與蒙古軍交戰，連遭敗績，胡沙虎怒罵術虎高琪，結果術虎高琪又吃了敗仗。術虎高琪心想回去也是受死不如鋌而走險，於是和親信商議剷殺胡沙虎。當天，回到中都的術虎高琪直接領兵包圍了胡沙虎府第，術虎高琪將試圖逃跑的胡沙虎亂刀砍死。從發動政變到死於非命，胡沙虎的好日子僅僅過了一個月。

金國建立典章制度

金國從完顏阿骨打建國起，就開始仿效中原建立典章制度，到金章宗時，金國制度已大致基本完成，主要表現在以下幾個方面：（一）全面廢除奴隸制度。金章宗下詔將宮籍監戶、僧道寺院裡的所有奴婢放為平民，不久又以法律的形式將廢奴制度固定下來。（二）限制猛安謀克的世襲特權。金章宗重新規定猛安謀克制度，大幅限制猛安謀克女真戶的世襲特權。（三）保護封建農業。金章宗限制女真戶獵牧的時間和次數，保護封建農業的發展。（四）完善科舉制度。金章宗推崇孔子、興辦儒學，在科舉考試中增設經童科、制舉宏詞科，科舉考試成為政府取才的重要途徑。（五）健全禮制法典。金章宗命人修成《大金儀禮》，並定期祭祀三皇五帝和禹湯文武。泰和元年（西元一二〇一年）修成《泰和律》，自此金國有了較為完備的成文法典。（六）鼓勵異族通婚。金章宗下詔鼓勵女真人和漢人通婚，並認為此舉有利於國家長治久安。

金章宗實施的上述改革，使社會經濟得到長足發展，全國人口和賦稅收入都達到金國歷史的頂峰，呈現出繁榮昌盛的氣勢。對此，《金史》給予極高的評價：「治平日久，宇內小康，乃正禮樂，修刑法，定官制，典章文物粲然成一代治規」。

大宋出了個假皇帝

史彌遠為獨攬大權，陰謀刺殺了昔日的靠山韓侂胄。隨後，史彌遠獨攬軍政大權，暗自培植了一位儲君趙貴誠。嘉定十七年（西元一二二四年）八月宋寧宗病死。蓄謀已久的史彌遠公布假詔，架空太子趙竑，擁立趙貴誠（後改名昀）為帝，是為理宗。

落井下石

開禧三年（西元一二〇七年），南宋朝中的主和派見敗局已定，就鼓動寧宗派出議和大臣，與金國進行祕密和談。但主力已攻至長江北岸的金國根本不把南宋的議和大臣看在眼裡，提出了極盡苛刻的和談條件：進獻韓侂胄首級，增加歲幣，支付金軍犒軍費。韓侂胄聞之，勃然大怒，誓言要與金軍決一死戰。但此時朝廷中，主和派以絕對優勢佔據了上風，其中最有力人士莫過於禮部侍郎史彌遠。

史彌遠，出身宦官之家，自小被右相史浩收養，十六歲時進入官場，擔任補承事郎之職。後來，史彌遠與樞密都承旨韓侂胄結好。韓侂胄罷黜趙汝愚後在朝中勢力大漲，史彌遠也隨之得到重用，幾年間就官拜禮部侍

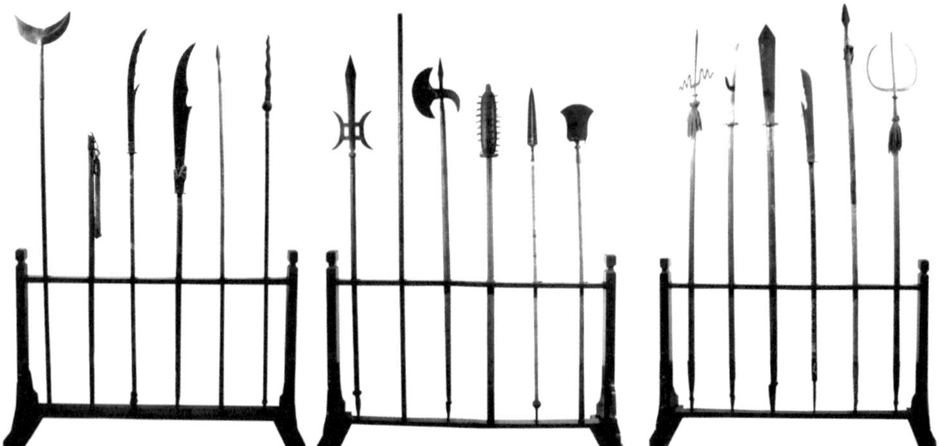

十八般兵器

郎。

對於韓侂胄發動北伐戰爭，史彌遠站在主和派的陣營極力反對。看到戰爭失敗，認爲有機可乘的史彌遠開始爲自己奪權布局。史彌遠先私下要寧宗誅殺韓侂胄以平息金國怒氣以保邊關安寧，寧宗直接拒絕了史彌遠的建議，史彌遠只得另闢蹊徑，找楊皇后和太子趙曮商議此事，試圖利用韓侂胄當年反對冊立楊皇后以及立趙曮爲太子之事，達到借刀殺人之目的。同時，史彌遠聯絡因反對北伐遭韓侂胄貶斥的錢象祖等人，期望能合力扳倒韓侂胄。

宋寧宗趙擴像

迂迴之術

史彌遠要楊皇后借用在內宮的便利，僞造三份誅殺韓侂胄的密詔。假詔做好後，分別交到了史彌遠及其心腹張嵫、李壁等人手中。韓侂胄雖然對史彌遠、李壁等人的詭異之舉早有察覺，但根本沒有放在心上。

開禧三年（西元一二〇七年）十一月初，韓侂胄像往常一樣坐轎上朝，路過六部橋下時突然被人從轎中劫持，身旁侍衛也被來人打散。隨後，韓侂胄被人扔到玉津園的夾牆裡面，用亂棍打死。

直到韓侂胄死後三天，寧宗才得知此事。但已被金國鬧得焦頭爛額的寧宗也不好發作，就命人用木盒把韓侂胄的頭顱裝好送給了金國。第二年，兩國達成合議：金國的地位由叔上升爲伯，宋每年增歲幣銀三十萬兩，絹三十萬匹，同時付犒軍費二百萬貫。

投石問路

剷除了韓侂胄，史彌遠一步登天做了宰相，隨後又兼任了樞密使，把文武二府軍政大權攬於一身，使趙匡胤當年苦心設計的文武二府分而治之的祖制付諸東流。

史彌遠正準備大展宏圖，宮中突然傳出太子趙曮暴亡的消息。趙曮死後，寧宗另立趙竑爲太子。史彌遠聽說趙竑喜歡彈琴，馬上找了一位色藝俱佳的女子悄悄給趙竑送去，讓她將東宮的一舉一動都要事無鉅細地向他報告。

趙竑早已看不慣史彌遠的專權跋扈，就常常在這位美女面前抱怨，並發誓自己當了皇帝一定把他貶斥到蠻荒之地，爲此還寫下了「史彌遠當遠配八千里」的話，而趙竑的一言一行早已入了史彌遠的耳裡。

史彌遠雖然時常耳聞東宮對他的不滿，就想親自試探一下，看趙竑到底能不能爲己所用。逢七月七日，史彌遠當面給趙竑呈送了一些乞巧把玩之物，但趙竑在酒宴之上把這些東西全摔到了地上，史彌遠心裡僅有的那點期望已蕩然無存。此後，史彌遠羅

南宋・馬遠・梅石溪鳧圖

此圖為南宋畫家馬遠所作，絹本設色，寬二十六公分，高二十八公分。此畫繪梅枝斜出石上，水中有群鳧飛集浮泳，構圖新巧。

霅川之變

趙竑黯然離開京城去湖州赴任。湖州潘壬、潘丙兩兄弟出於對史彌遠專權的憤恨，就聯絡紅襖軍頭目李全起事，擁立趙竑為帝。但到了約定時間，卻不見李全蹤影，潘壬、潘丙兩兄弟索性自己行事，帶著一幫鹽販漁民半夜衝進湖州城，把趙竑架到州衙做皇帝，同時以李全的名義發布檄文，公布史彌遠纍纍罪行，號稱發兵二十萬進行討伐。

第二天一早，趙竑才發現擁立自己的不過是一群百十來人的烏合之眾。為保住身家性命，趙竑趕忙向朝廷告急。史彌遠得知後，即派出軍隊鎮壓。史彌遠怕再生變故，就派心腹秦天錫以診病的名義到湖州，逼令趙竑自殺。因湖州又稱霅川，所以這場變故被稱為「霅川之變」。

列趙竑種種不是，以遊說寧宗廢立太子。看到成效不大，史彌遠就做起了其他打算。

假詔立帝

經過一番思索，史彌遠看中了沂王的養子趙貴誠。爲了培養趙貴誠，史彌遠還叫來國子學錄鄭清之做趙貴誠的老師。

嘉定十七年（西元一二二四年），寧宗一病不起。史彌遠向鄭清之謊稱皇上有密旨，讓趙貴誠做好即位的準備。八月，寧宗彌留之際，史彌遠急令翰林學士入宮擬就二十五道假詔，只待寧宗一死應付局面。同時史彌遠派人恐嚇楊皇后：皇宮已在史彌遠的掌控之下，不順者禍及九族！寧宗去世當晚，史彌遠命殿前都指揮使夏震領兵圍住皇宮，宣布假造的遺詔：廢趙竑爲濟王，立趙貴誠爲太子承繼大位。爲掩人耳目，史彌遠又堂而皇之地掏出一份假詔，宣稱：先帝去世之前已留下密詔，立趙貴誠爲太子，並賜名昀。

這時，聽聞寧宗去世的趙竑已換上了喪服，一邊做著皇帝的美夢，一邊等著宮人宣召。讓他做夢也想不到的是，趙貴誠早已被人簇擁著來到寧宗靈柩前行跪拜哀禮，準備即位。隨後，趙竑終於等來了宮人宣他入宮。草草拜過寧宗靈柩，趙竑就等著做皇帝，不想卻被夏震帶出寢殿。正狐疑之時，就見一個身穿黃袍的少年走向金鑾殿，趙竑這才明白自己被暗算了。

海山：氣盛者爲王

大德十一年（西元一三〇七年）正月，元成宗去世。海山一派和阿難答一派為爭奪皇位展開了殊死決鬥。海山之弟愛育黎拔力八達、中書右丞相哈剌哈孫聯手採取行動，掃平了阿難答一派。五月，海山在上都即位，並封自己的弟弟愛育黎拔力八達為皇太子。

元朝統治者不同於其他少數民族，進入中原後沒有徹底地推行漢化政策，就連皇位的繼承也沒有固定的模式，往往以勢力強盛者爲尊，導致勢均力敵的各方爲爭奪皇位展開惡鬥。大德十一年（西元一三〇七年）正月，元成宗鐵穆耳去世，太子已先他而死，由此針對皇位的新一輪政爭隨即展開。

勢均力敵

元成宗身後，最有實力問鼎皇位的當屬懷寧王海山，他是忽必烈曾孫、元成宗親侄，當時正統領重兵鎮守和林。但皇后卜魯罕看中的皇位繼承人卻是元成宗的弟弟、安西王阿難答。爲了成功奪取皇位，卜魯罕拉攏了以中書左丞相阿忽台爲首的中書省、中政院官員。海山一方也實力雄厚，圍攏了宗王禿剌、海山之弟愛育黎拔力八達、中書右丞相哈剌哈孫等人。

哈剌哈孫，不僅精通蒙、漢文，

元·耀州窯纏枝蓮紋香爐

此爐敞口，平沿，鼓腹，三獸足。口沿飾雙線仰蓮紋，肩飾回紋，腹部由細弦紋襯底，浮雕纏枝花卉紋，下腹飾雙線仰蓮紋，近底部飾五道凸弦紋。釉色青中泛黃，釉下隱見冰裂紋，渾厚柔和。胎體厚重，製作規整。為元代耀州窯器中的精美之作。

也是蒙古貴族中爲數甚少的尊重儒學之人。在丞相任內，哈剌哈孫好結交出身儒家的優秀人才，並提拔他們在朝中做官。一旦朝中有大事要決斷，哈剌哈孫必定會把漢臣召集起來商議。

無論輩分或年齡，阿難答都大於海山，但是要論兩人在戰場上的表現，阿難答則遠遜於海山。至元五年（西元一二六八年），海都叛亂，阿難答和海山都參加了平叛戰爭，且都立有戰功。但戰爭能取得最終勝利，海山卻是關鍵所在。當時的北方要塞和林本來由寧遠王闊闊出鎮守，元成宗見其指揮無方，就命令海山取代。大德五年（西元一三〇一年），雙方在和林展開生死決戰，海山成功襲擊海都之子察八兒，並俘虜了海都的另一個兒子斡魯溫孫，海都叛軍投降。

雖然在爭奪帝位的關鍵時刻，阿難答已蠢蠢欲動，雖然海山遠在漠北的和林，但他卓越的戰功已然是朝中許多人理想的皇位繼承人。加上有中書右丞相哈剌哈孫的支持，海山在奪取帝位的征途中如虎添翼。

劍拔弩張

皇后卜魯罕和安西王阿難答心知海山繼承帝位是人心所向，但他們又不甘心把這大好時機拱手相讓，於是就盤算著先穩定局面，伺機奪取皇位。卜魯罕下懿旨由自己垂簾聽政，阿難答輔政。中書右丞相哈剌哈孫立即派出兩路人馬：一路往北迎接海山，一路往南迎接愛育黎拔力八達。

在海山兄弟還沒有趕回大都之前，手中掌握中樞大權和戍衛軍隊的哈剌哈孫採取陽奉陰違的辦法，表面上陽奉卜魯罕的旨意，暗地裡卻關閉府庫，指使中樞各衙門凍結印章的使用，使得卜魯罕發布的政令無法實施。但以拖待變的辦法不能長久，對方準備妥當就會公然稱帝，那樣海山就會陷於更加不

元大都遺址公園內的大都浮雕地圖

利的地步。哈剌哈孫正心急如焚之時，海山派來的使者脫脫來到大都面見哈剌哈孫。事不宜遲，哈剌哈孫趕忙把卜魯罕、阿難答等人伺機謀變的陰謀告訴脫脫，並讓他趕快回去告知海山。脫脫沒敢停留，起身上馬要趕回和林，但哈剌哈孫的行蹤早已被卜魯罕暗中監視。卜魯罕得知脫脫要返回和林，密令通政使設置關卡阻止其通行。所幸哈剌哈孫指示通政使官員更改了脫脫的通行文書日期，脫脫得以順利闖關回到和林。見到海山，脫脫立即把大都的嚴峻形勢說與海山。海山聞之，急令軍隊做好準備，即日發兵大都。

此前，身在懷州的海山之弟愛育黎拔力八達已得到哈剌哈孫送來的密報，就去問老師李孟該如何決斷，李孟說道：「懷寧王海山遠在漠北，你只有盡快啓程趕回大都，才能安定人心！」愛育黎拔力八達聞畢隨即率領大軍向大都進發。

皇后卜魯罕和安西王阿難答也一刻沒有停止謀變的步伐，他們密謀除掉哈剌哈孫，掌控戍衛軍隊。哈剌哈孫卻託病在家不肯上朝，使得他們無計可施。就在他們準備斷然採取行動時，愛育黎拔力八達的軍隊已趕到大都城下。卜魯罕心知他們沒有力量阻止愛育黎拔力八達進城，就準備設宴擒殺。

鴻門宴上

大德十一年（西元一三〇七年）三月初，愛育黎拔力八達回到京城沒幾天，就接到阿難答的請柬，說是設家宴爲愛育黎拔力八達接風洗塵。愛育黎拔力八達已和哈剌哈孫見過面，對大都的形勢瞭如指掌。於是愛育黎拔力八達將計就計，接受了阿難答的邀請。

就在愛育黎拔力八達赴宴之時，哈剌哈孫已在宴會場地埋伏好了武士。所以，在雙方把酒言歡之時，還沒等阿難答動手，哈剌哈孫的武士已手持利刃闖進宴會廳，試圖反抗的中書右丞相阿忽台被武士砍了腦袋，阿

元·青花玉壺春瓶

撇口，細長頸，圓腹，圈足外撇。通體青花裝飾，胎骨潔白細膩，釉汁光潤，造型優美，青花色澤淡雅，畫面層次分明，紋飾清晰。

難答、明裡帖木兒等人束手做了階下囚。同時，另有一隊武士已衝進內宮控制了皇后卜魯罕。隨後，愛育黎拔力八達以禍亂祖宗家法的罪名誅殺了阿難答。卜魯罕、阿難答等人枉費心機策劃的政變，還沒來得及實施就胎死腹中。

剷除了阿難答，皇位的合適人選只剩下海山兄弟，但這時海山還沒有趕回大都，寧遠王闊闊出就建議愛育黎拔力八達：如今罪人已誅、宮禁肅清，你應該盡早登位，以安定人心。愛育黎拔力八達心裡明白，即使自己搶先稱帝，皇位也未必能做安穩，因爲哥哥海山的聲望和軍力遠在自己之上。因此愛育黎拔力八達開口說道：「我出兵是因爲罪人禍亂祖宗家法，並非想要做皇帝。我的哥哥海山德高望重，讓他做皇帝才是天下人的心願，我已經派人去迎接他。」

功成業就

離開大都之前，海山的母親答己想讓次子愛育黎拔力八達做皇帝，就利用陰陽之術對海山進行心理戰，說海山做了皇帝就會短壽。海山聽了極爲不滿，直指陰陽之術是騙人的把戲，根本不足信，同時把自己要做皇帝的決心告知母親。

半路之上，海山遇到了監國愛育黎拔力八達派出的使者。使者立即把大都發生的變故告訴海山，並表達了愛育黎拔力八達迎接他到大都做皇帝的誠意。海山聽了心裡高興，於大德十一年（西元一三〇七年）五月抵達大都。

過了幾日，忽裡台大會在上都召開，海山被公推爲新皇帝，是爲武宗。爲了表達對弟弟愛育黎拔力八達的感激之情，海山在母親答己的見證下，把愛育黎拔力八達立爲皇太子。四年後武宗病死，愛育黎拔力八達繼承皇位，是爲仁宗。

通惠河古河道遺跡

通惠河河道於元代至元三十年（西元一二九三年）秋開鑿成功。

元英宗：斬草留根之禍

元英宗即位後，清除了權臣鐵木迭兒，但卻放縱鐵木迭兒的養子鐵失。至治三年（西元一三二三年）八月，鐵失勾結黨羽在上都附近的南坡發動叛亂，弒殺了元英宗。隨後，鐵失等人擁立晉王也孫鐵木兒為帝，是為泰定帝。然而，為鞏固皇權，泰定帝在即位一個月之後就肅清了鐵失及其黨羽。

元朝後期政治黑暗，大多數皇帝不理朝政，整天癡迷於奢華享樂的生活；貴族和大臣爲爭權奪利欺上瞞下、鉤心鬥角。僅僅大德十一年（西元一三〇七年）至元統元年（西元一三三三年）短短二十六年間，元朝就走馬觀花地換了九個皇帝；元英宗就是在這種背景下登上皇位。

撥亂反正

元英宗碩德八剌出生在懷州（今河南洛陽附近），從小就過著士大夫式的生活，深受漢文化的熏陶。延祐三年（西元一三一六年）在父輩的權力之爭中，碩德八剌以「柔儒、易控制」的優勢贏得皇太子之位。四年後，十七歲的碩德八剌接替死去的仁宗做了皇帝。同時，權臣鐵木迭兒仰仗答己太后的支持重新坐上右丞相的高位，掌控朝政大權。

鐵木迭兒平日作惡多端，爲人所不齒。在仁宗時，有個叫張弼的地主因殺人被關進大

元・剔黑花卉鳥紋蓮式盤

此盤剔黑雕刻花卉鳥紋，雕工精湛，線條流暢，圖案精美，想像豐富。盤沿仿蓮花瓣形，設計巧妙，此盤是元代剔黑漆器製品中的代表作。

兩都之爭

致和元年（西元一三二八年）七月，泰定帝在上都病死。爲預防身後發生皇位之爭，泰定帝立兒子阿速吉八爲太子。但泰定帝死後，權臣倒剌沙卻久久不讓阿速吉八即位。知樞密院事燕鐵木兒見有機可乘，發動政變準備迎立懷王圖帖睦爾在大都稱帝。倒剌沙在上都得知燕鐵木兒政變，把太子阿速吉八扶上皇位，同時發兵討伐燕鐵木兒，但軍隊還沒趕到大都就被擊潰。

九月，懷王圖帖睦爾在大都即位，是爲文宗。其後上都和大都軍隊再戰，上都軍隊慘敗，倒剌沙棄城投降，阿速吉八乘亂逃亡。即位前，圖帖睦爾公開宣布要把在察合台汗國逃難的哥哥和世㻋接回來做皇帝。

次年正月，文宗兌現自己的諾言禪位給和世㻋，是爲明宗。不久，明宗出巡到上都附近的旺忽察都（今河北張北縣境內），已是皇太子的圖帖睦爾和權臣燕鐵木兒前來接駕。三天後，明宗暴亡於旺忽察都行宮。就這樣，圖帖睦爾在離開皇位八個月後又重新即位。爲此，許多人認爲明宗是被毒死的，暴病而亡只是文宗與燕鐵木兒精心策劃的陰謀。

牢，爲活命就讓家人給鐵木迭兒送了五萬貫錢，鐵木迭兒收了賄賂就強迫地方官員放人。不久東窗事發，蕭拜住、楊朵兒只、賀勝等四十多位朝臣聯名上書要求處死鐵木迭兒。罪證確鑿，鐵木迭兒趕忙跑到答己太后的寢宮躲起來。仁宗懾於母后的威嚴，就把鐵木迭兒罷官了事。

英宗即位後，鐵木迭兒重新做了右丞相，把英宗當小娃娃一樣看待，做事也毫不顧忌。首先，鐵木迭兒把矛頭指向先前聯名上書指控他的大臣，他假借答己太后懿旨抓捕了領頭的中書平章蕭拜住、中丞楊朵兒只，當面指責他們違逆太后。沒想到楊朵兒只一句話就把他頂了回去：「我們要依法辦事，早把你殺了！如果我們眞的違逆太后，你還能活到今天！」鐵木迭兒惱羞成怒，把蕭拜住、楊朵兒只當街斬首。

接下來，鐵木迭兒又對一同指控他的上都留守賀勝定了大不敬的罪名，直接拉上街市殺了。英宗聽聞鐵木迭兒的惡行，勃然大怒，嚴令他把關在牢裡的其他大臣放了，鐵木迭兒竟置若罔聞。英宗忍受不了鐵木迭兒的囂張氣焰，就決定給他施以顏色，罷免了鐵木迭兒的同黨、左丞相合散。

鐵木迭兒決定廢帝，但鐵木迭兒還沒採取行動，風聲就走漏出去。英宗立即率領禁軍捕殺了準備謀反的鐵木迭兒黨羽合散、失列門等人，始料不及的鐵木迭兒又一次躲到了答己太后那裡。後來，鐵木迭兒在家裡抑鬱成疾，不久就病死了。

斬草留根

鐵木迭兒死後沒多久，答己太后也死了。英宗下詔給鐵木迭兒定了「貪饕無厭」的罪名，褫奪了他的官爵和封號，並把他的長子宣政院使八里吉思處死，次子治書侍御史鎖南貶斥回家，同時沒收他的家產全部。

但是英宗卻有意無意地放過了一個人——鐵木迭兒的養子鐵失。鐵木迭兒當權時，引薦鐵失做了御史大夫。後來，鐵失又領左、右阿速衛，成爲皇家禁軍統帥。鐵木迭兒一死，鐵失就接管了他一手豢養的黨羽。正是這斬草留根之舉，給英宗帶來滅頂之災。

元．剔黑花卉鳥紋蓮式盤
此盤剔黑雕刻花卉鳥紋，雕工精湛，線條流暢，圖案精美，想像豐富。盤沿仿蓮花瓣形，設計巧妙，此盤是元代剔黑漆器製品中的代表作。

英宗是一位有抱負的皇帝，他在肅清朝綱之後開始著力於社會經濟的發展。在中書左丞相拜住的支持下，英宗大量啓用漢族官員充當要職，淘汰整天無所事事的冗員；實行「助役法」，向地主和蒙古貴族收取助役費補貼農民。英宗大刀闊斧的改革很快就取得成效，社會經濟得以恢復發展，史家把英宗實行的這些措施稱爲「英宗新政」。但是，英宗的做法也觸犯了蒙古貴族和其他統治階層的利益。

在一旁靜觀其變、伺機而動的鐵失看到英宗施行的「新政」已惹惱了統治階層的許多人，就與黨羽串聯準備發動政變。鐵失先與晉王也孫鐵木兒的心腹、王府內史倒刺沙結交，兩人來往頻繁、相談甚歡。隨後，鐵失派心腹斡羅思去漠北找也孫鐵木兒，承諾事成之後擁立他做皇帝。誰知也孫鐵木兒不爲所動，還讓人把斡羅思綁送上都（今北京正北灤河上游）交英宗處理。但不巧的是，待斡羅思被押送到上都時，英宗已走在回大都（今北京）的路上了。

南坡之難

至治三年（西元一三二三年）夏，英宗晚上經常失眠，虔誠信佛的他就命人做佛事。中書左丞相拜住以國力不堪重負爲由勸諫，鐵失黨羽卻暗地裡鼓動佛僧向英宗進諫：國家危難，做佛事就能得到安寧！拜住聽了駁斥道：「做佛事不過能讓你們中飽私囊、掩飾罪行！」於是鐵失決定在英宗返回大都的路上下手，因爲沿路擔任護衛任務的都是他統領的阿速衛兵。

八月五日，英宗從上都啓程返回大都。是夜，英宗一行在上都以南三十里的南坡歇息。鐵失決定就在今晚發動政變，他先召集知樞密院事也先帖木兒、被英宗貶斥回家的鐵木迭兒之子鎖南等人，商定如何行動，然後穩住阿速衛兵。夜深人靜時，鐵失等人手持利刃先衝進中書左丞相拜住營帳，格殺了拜住。隨後，他們闖入英宗營帳，鐵失手起刀落，砍掉了英宗的頭顱。

英宗被弒，元朝一下陷入群龍無首的地步。鐵失等人把玉璽送到晉王也孫鐵木兒那裡。九月，也孫鐵木兒在龍居河（今蒙古共和國克魯倫河）畔即位，是爲泰定帝。同時，泰定帝封鐵失爲知樞密院事、也先帖木兒爲中書右丞相。

但時間僅過了一個月，穩固了皇權的泰定帝就聽從心腹之臣旭邁傑的建議：不除殺害先帝的元兇，則陛下美名不著！以迅雷不及掩耳之勢誅殺了叛亂者鐵失、也先帖木兒、鎖南等人，並肅清了他們的黨羽及其家人親友，這些人在被砍頭的前一刻還渾然不知，還在彈冠相慶。

疆域最遼闊的王朝

成吉思汗鐵木真和他的子孫為元朝奠基之初，曾率領蒙古鐵騎橫掃歐亞大陸，開拓了遼闊的疆域。根據《元史》的記載，元朝的疆域「北逾陰山，西極流沙，東盡遼東，南越海表」，「東、南所至不下漢、唐，而西北則過之」。

按照今天的地理位置概念，北到蒙古共和國、俄羅斯西伯利亞，南到南海，西南包括西藏、雲南，西北至新疆東部，東北至外興安嶺、鄂霍次克海，都屬於元朝的疆域，總面積約為一千二百萬平方公里。因此，元朝是中國歷史上疆域最為遼闊的王朝。

元．塡漆花鳥紋革皮箱

臻於巔峰的元代天文學

天文學在中國有著悠久的歷史，早在三千多年前殷商時期的甲骨卜辭裡，就有許多關於天文學現象的記載。元代天文學，一方面繼承了前人豐富的天文學成果，另一方面又吸收了阿拉伯世界的天文學知識。在繼承和吸收的基礎上，經過元代傑出的天文學家郭守敬、王恂等人辛勤的勘測和實驗，不但創製了大批天文觀測儀器，舉行了大規模天文觀測活動，而且成功地編製了中國古代最卓越的一部曆法——《授時曆》。

建設天文臺

天文學的發展離不開天文臺的興建，元代在上都（今內蒙古正藍旗境內）、大都（今北京）和登封（今河南登封）等地修建了多處天文臺。

至元八年（西元一二七一年），元世祖忽必烈在上都主持興建了上都天文臺，並任命阿拉伯天文學家扎馬魯丁負責興建工作，地點位於上都故城北門。上都天文臺東西長一百三十二公尺，南北寬五十二公尺，高約十二公尺，平面呈凹字形。它的兩側和城牆連成一體，為整個城垣的組成部分，但高於城牆，後壁突出牆各約一公尺。扎馬魯丁製造的置於天文臺的七件天文儀器明顯帶有西域特色，與中國傳

簡儀（模型）

元代天文學家郭守敬設計製作的簡儀突破了渾儀環圈交錯不便觀測的缺點，將環組分別架立，裝置簡便，而效用更廣，是當時世界上先進的天文儀器。

統天文儀器有所不同。

至元九年（西元一二七二年），世祖決定遷都大都，他到達大都後，積極網羅天文人才，於至元十六年（西元一二七九年）批准修建大都天文臺，地點選擇東城牆下（今北京建國門外滄子河北），由太史院主管。臺高七丈，分為三層，院牆長約一百二十三公尺，寬約九十二公尺。大都天文臺上層為天文觀測臺，中層放置圖書資料及星圖、渾象、計時漏壺及室內儀器，下層為太史院辦公地點。大都天文臺是一座規模宏大、工作人員眾多、設計周密、設備完善的天文臺。

登封天文臺位於今河南登封縣告成鎮，始建於元朝初年，至今保存得較好，是中國現存最早的古天文臺建築，也是世界上重要的天文古跡之一。觀星臺的結構分兩部分：一是由迴旋踏梯簇擁著高聳的臺身，二是由臺身北壁凹槽內向北平鋪的圭。臺身呈覆斗狀，高九．四六公尺，連小室通高十二．六二公尺，臺頂平面呈方形，每邊長八公尺多，底邊十六公尺多。臺北壁正中的凹槽進壁是測量日影的「圭表」。

精美絕倫的天文儀器

元代傑出天文學家郭守敬曾提出：「曆之本在於測驗，而測驗之器莫先儀器。」也就是說天文觀測的前提是創造先進的天文儀器。為此，郭守敬創製了各類觀測儀器達十三種之多，包括用於天體方位的測量、日影測量、時間測量、天象演示的設備以及便於野外觀察的輕便儀器，著名的有簡儀、仰儀、圭表等。

簡儀是對前人渾天儀的簡化和改進。它是模擬天球，測量日、月和金、木、水、火、土五星及恆星位置的一種天文儀器。這與現代望遠鏡所用的英國式裝置十分相似。改進後的簡儀精確程度更高。簡儀是中國天文學上的珍品，比世界同類儀器要早三、四百年；而且，簡儀中應用的滾珠軸承裝置，比西方發明的滾珠軸承裝置要早四百年。至今簡儀尚存有明代的複製品。

仰儀是元代創製的一種天文儀器，用來測量太陽位置，日

登封觀星台

建於至元年間，在河南登封告城鎮。台高九．四六公尺，台前石圭由三十六方青石板連接組成，全長三十一．一九公尺，又稱「量天尺」。

食方向、虧缺及時刻。它是銅製空心球面儀器，半球面刻有東南西北四方位和十二時辰，還刻有與觀察地球緯度相應的赤道坐標。太陽光通過半球上一塊帶孔的板投下一個倒映像在坐標上，即可讀出太陽在天空的位置，可稱得上是世界上第一臺太陽投影觀察儀。它改仰觀爲俯視，減小了太陽直視時日照耀眼之苦，而且不容易疲乏，也是一種完全創新的天文儀器。

圭表由「圭」和「表」兩個部件構成。「表」是垂立在地面上的標桿，「圭」是表下向正北方向延伸的一條石板。「圭」與「表」成垂直狀。圭表是用以觀察正午時太陽影子的長度，以測定時間，求得週年常數、黃赤道交角，劃分四季以及編製曆法所用的天文儀器。郭守敬曾在大都建立了高達四十尺的銅表，與應用針孔成像原理的景符聯用，除了測量太陽正午時的影長外，還可以用於觀測星星、月亮的影長。這在古代是無與倫比的。現今河南登封告成鎮尚存有元代的觀星臺的石圭，觀測天文的效果仍然很好。

領先世界的天文觀測

元代疆域空前廣大，爲元朝政府主持天文觀測提供有利條件。由郭守敬領導進行了一次規模空前的緯度測量，在東起朝鮮半島，西到川滇與河西走廊，南近占城，北窮鐵勒，陸續建立了二十七個日影測量站進行觀測。史書稱之爲「四海測驗」。由於這個觀察網除分布在各地大城市外，還在北緯十五度至六十五度每隔十度設置了觀察點，因此它所取得的數據，準確性十分高，與現代緯度值比較，絕大多數平均誤差在半度以內。

黃道面與赤道面相夾的角度即今天所稱的「黃赤交角」，爲天文學中最基本的數據之一，許多曆法計算上的問題都要用到這個數據。在元代以前，測得的數據不是很精確，長期以來都認爲黃赤交角爲二十四度。郭守敬利用新的天文儀器對黃赤交角進行重新測量，得出黃赤交角爲「二十三度九十分」的數據，換算爲現今的度數是二十三度三十三分五十三秒，與現代的觀測值相差僅僅一分六．八秒。這在當時世界上無疑是最精確的。

二十八星宿是中國古代測量恆星位置的基礎。當時人們將黃道附近的星星分爲二十八宿，用一星代表一宿。兩星間的距離稱爲「距度」。元以前曾進行過五次測距，但誤差仍很大。經過郭守敬精密的測定後，精確程度大大提高，其絕對誤差總和爲二度十分，平均誤差只有四分五秒，比北宋崇寧年間所測試的數據的精確度提高了近一倍。

郭守敬還觀測到前人未曾命名的

一千多顆新星，使元代能觀測的星宿達到將近二千五百顆。而歐洲在文藝復興之前所能測量到的星星也不過一千零二十二顆。這都是元代天文學臻於巔峰的最好證據。

《授時曆》

實際上，元代天文學是在編訂新曆法《授時曆》的過程中得到發展的。忽必烈在至元十三年（西元一二七六年）正月設立太史局，把編製曆法作為統一王朝的一項重大措施。太史局由太子贊善兼國子祭酒王恂負責。王恂奏准起用告病還鄉的原左丞許衡參領其事，郭守敬也被任命協助工作。

在編製曆法的過程中，許衡負責理論性的指導，實際工作則由王恂和郭守敬分別負擔，其他參與者為南北日官陳鼎新、毛鵬翼、劉巨淵、王素等人。經過四年的努力，在至元十七年（西元一二八〇年）冬至，新曆告成，忽必烈賜名為《授時曆》，意即「敬授民時」。

《授時曆》的編成是中國古代天文學上的一大突破，用郭守敬自己的話來說，就是「考正者七事」、「創法者五事」，即考證了七項天文數據和計算出五項新的數據。

七項天文數據：一是至元十三年到至元十七年（西元一二七六至西元一二八〇年）的冬至時刻；二是冬至日太陽的位置；三是月亮過近地點的時刻；四是回歸年長度及歲差常數，一年為三百五．二四二五日；五是冬至前月亮過升交點的時刻；六是二十八宿的赤道坐標；七是元大都日出、日沒時刻及晝夜長短。

五項新的數據：太陽每日在黃道上的運行速度，月球每日繞地球運行的速度，由太陽的黃道經度推算出赤道經度，由太陽的黃道經度推算出赤道緯度，月道與赤道的交點。

階梯式滴漏

中國現存最完整的階梯式漏壺，鑄造於元延三年（西元一三一六年）。整件滴漏共有四壺，由日壺、月壺、星壺、受水壺組成。四壺大小不一、容量不等，自上而下依次安放，通高二百六十四．四公分。

日壺的水以恆定的流量滴入下層的月壺，月壺之水滴入星壺，星壺之水滴入受水壺。受水壺壺蓋正中立一銅表尺，上有時辰刻度。銅尺前放一木製浮箭，木箭下端是一塊木板，叫浮舟。受水壺中的水隨時間的推移而逐漸增加，浮舟托起木箭緩緩上升。將木箭的頂端與銅表尺上的刻度對照，就可知道當時的時間。

國破人無蹤

洪武三十一年（西元一三九八年）閏五月，明太祖朱元璋去世。建文帝朱允炆即位後，即與心腹之臣齊泰、黃子澄等人密謀削藩，使得燕王朱棣以討伐奸賊的名義發動靖難之變。歷經四年戰亂，朱棣佔領南京稱帝，建文帝則在宮內的一場大火中不知蹤跡。

分封藩王埋禍根

朱元璋能成爲中國歷史上殺戮功臣最多的皇帝，完全出於對臣子強烈的猜忌心，總怕一夕被他人奪了權。對於子孫，朱元璋卻有著極其信任的心態，先後於洪武三年（西元一三七○年）、十一年（西元一三七八年）、二十四年（西元一三九一年）把他們分封到各地做了藩王。不僅如此，朱元璋還允許諸王擁有軍隊，少則三千，多則上萬。鎮守邊關的藩王權勢更大，如秦、晉、燕三王不僅擁有強大的軍隊，還有權統領地方軍作戰。

當初朱元璋提出分封諸王的意向，就有朝臣站出來反對：藩王勢力強盛必會形成擁兵自重、威脅皇權的局面。朱元璋卻不以爲然，認爲受封的都是皇家宗室，定能以大明社稷爲重，不會出現分而治之的局面；而且，還可以讓藩王監督朝廷，以防出現權臣當道的情勢。爲此，朱元璋特地頒布了一項「清君側」的祖制：朝無正臣，內有奸逆，必舉兵誅討，以清君側！朱元璋並未料想到，他親手制定的定國安邦之策，竟成了他身後藩王亂國的根源。

藩王們常常違反朝廷法令，專心經營各自的小王國。其中勢力最強盛的當數燕王朱棣，他是朱元璋的四子，洪武三年（西元一三七○年）受封燕王，十年後鎮守與蒙古接壤的北平（今北京市）。至建文帝稱帝，朱棣已苦心經營北平近三十年，築城屯田，建樹頗多。

孱弱太孫藏隱患

領軍打下江山的朱元璋，深知創業難守業更難的道理，分外重視皇權的穩固和皇位繼承人的培養。在朱元璋開國稱帝的同時，就冊立長子朱標爲太子，並確立了嫡長子繼承皇位的祖制。爲了能讓大明在他身後國運昌隆，朱元璋親自出馬聘請名儒宋濂做太子的老師。

但是太子朱標在洪武二十五年（西元一三九二年）四月早逝。朱元璋不得不面臨重新選定繼承人的問題，按照他制定的嫡長子繼承制度，應該冊立朱標的次子朱允炆（長子朱雄英夭折）爲皇太孫，但他又認爲朱允炆性格柔弱，恐難以擔當大任，就想從他的兒子中選擇繼承人。

有一次，躊躇不決的朱元璋和翰林學士劉三吾說起此事，劉三吾卻不認同朱元璋的想法：「嫡長子繼承制是皇上親自製定的，怎能輕言廢棄？況且皇長孫四海歸心，選擇他皇上自會無憂。」從而，朱元璋下定決心立朱允炆爲皇太孫。

朱允炆受封皇太孫時剛滿十歲，生性與朱元璋相反，不喜歡習武卻特別好學儒家之道。相處時間長了朱元璋也改變了對太孫的看法，認爲他寬厚仁慈定能成爲一代明君。一天，朱元璋對朱允炆說：「我把防範外族侵擾的重任都交給了你的皇叔，你可以安做天子之位。」不想朱允炆卻說：「如果他們叛亂，我該怎麼辦？」朱元璋由不得心中一驚，沉默片刻反問朱允炆：「如果你做了天子，該怎麼處置？」朱允炆說：「如果他們遵守朝廷法令，我就重賞他們；如果他們

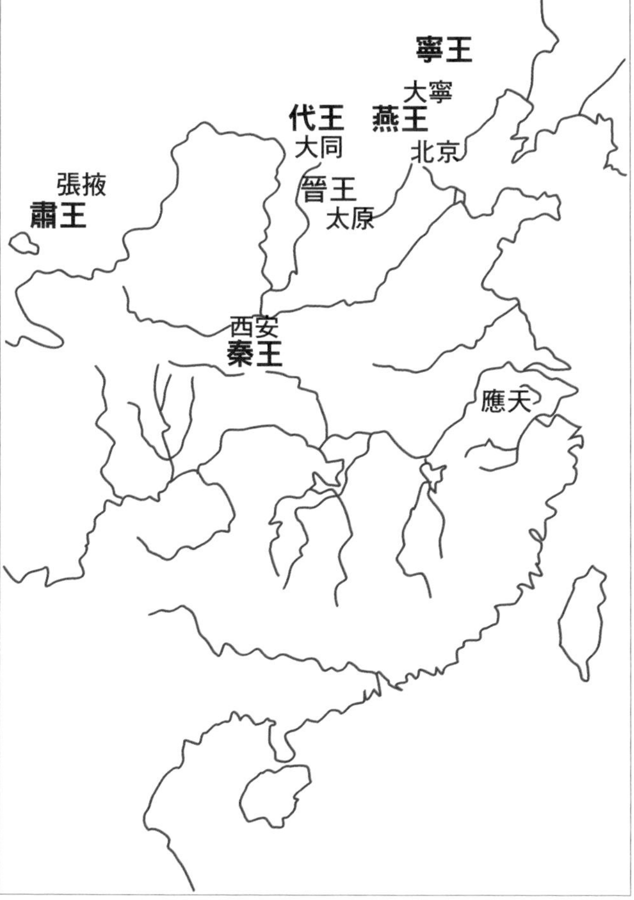

明初分封諸王圖

偶有違法，我就用朝廷禮法約束他們；一旦他們抗拒朝廷，我就要削藩；如果還不能阻止，我就會起兵討伐。」朱元璋覺得朱允炆考慮得很周到，心裡甚爲滿意。

不久就發生了一件讓朱元璋擔憂的事：一天，燕王朱棣暗地裡拍著朱允炆的後背笑言：「想不到你這孩兒會有今日！」朱元璋無意間看到，立即怒斥朱棣：「你怎敢如此無禮！」朱棣嚇得低頭不語。朱允炆見皇叔尷尬，就急忙上前爲之開脫。已進入風燭殘年的朱元璋，深切感受到朱允炆的擔心不無道理，但面對手握重兵的藩王，他已沒了當年充沛的精力和實力去處置。

謀事不周遭反擊

洪武三十一年（西元一三九八年）閏五月，朱元璋走到人生盡頭，並留下了一份遺詔：皇太孫性情寬厚，繼承皇位是眾望所歸，文武諸臣要同心輔佐；各藩王須盡心鎮守封地，勿來朝奔喪。朱元璋臨死前對藩王的憂心可見一斑。

雖然有朱元璋遺詔，但各地藩王仍想要回京奔喪。建文帝朱允炆怕生變故，就嚴令他們恪守封地，以致燕王朱棣已經走到淮安，硬是被趕回封地。建文帝的做法讓諸王極爲不滿，傳言朝中有奸佞小人挑撥皇上與諸王的關係，製造叔侄不和。爲此還有藩王暗自操練軍隊，準備相互串聯以興師問罪。

建文帝聽聞，立即召集心腹重臣齊泰、黃子澄商議。兵部尚書齊泰認爲燕王實力最爲雄厚、野心也最大，擒賊先擒王，消滅了燕王其他諸王就好對付了。太常寺卿黃子澄卻認爲這樣做師出無名，應當先對付有不法行爲的藩王，這樣就不會引起大的恐慌。

此時，正好有人舉報周王的不法行爲，黃子澄認爲周王是燕王的手足可以藉機除之。建文帝覺得有理就派人到開封祕密抓捕了周王朱橚，宣布其罪狀並廢之爲庶人，隨之把他流放到煙瘴之地雲南，旋即又召回京城幽禁。緊接著，建文帝又把矛頭指向齊王朱榑、代王朱桂、岷王朱楩、湘王朱柏等人，湘王受不了侮辱自焚而死，其他藩王則被貶爲庶人，流放邊遠蠻荒之地。

齊泰、黃子澄見削藩已初見成效，就建議建文帝把目標直指燕王朱棣。但是他們不知道，自從周王被抓捕，朱棣已成了驚弓之鳥，暗地加緊訓練軍隊以應付建文帝。

建文元年（西元一三九九年）六月，燕王府護衛百戶倪諒告發朱棣謀反，建文帝立即密令北平布政使張昺、都指揮謝貴抓捕朱棣。都指揮張信曾是燕王舊部，得知建文帝密詔後立即告訴了朱棣。朱棣見形勢逼人，與謀士們商議應變之策。不久，褫奪燕王爵位、逮捕王府官屬的詔令公布，朱棣以執行詔令爲由把張昺、謝貴誘至王府殺掉。隨即，朱棣控制北平，並打出「誅殺齊泰、黃子澄，以清君側」的「靖難」大旗。

成者爲王敗者寇

燕王發兵初期，連陷懷來、永平、通州等地，打得明軍措手不及。建文帝聞之，派元功宿將耿炳文統領三十萬大軍迎敵。但初戰不捷，明軍遭到燕王軍夾擊，損兵三萬。建文帝立即換下耿炳文，派曹國公李景隆接替。李景隆是個紈袴子弟，而且妄自尊大，致使明軍連遭敗績。尤其白溝河一戰損兵十萬，李景隆卻臨陣逃亡。

戰爭一直持續到建文四年（西元一四〇二年）六月，燕王領軍渡過長江兵臨南京城下。見大勢已去，李景隆親自打開城門投降。這時皇宮方向燃起熊熊烈火，據說是悲憤至極的建文帝帶著嬪妃引火自焚。

燕王朱棣隨即命令軍士包圍皇宮，搜查建文帝蹤跡。但多番找尋，始終沒有建文帝的下落，朱棣就命人把從皇宮內找出的一具焦屍視作建文帝的遺體安葬。六月十三日，朱棣以勝利者的姿態坐上皇位，是爲成祖。同時，朱棣爲表示對建文帝的蔑視，廢除了他在位期間的年號。

明惠帝像

明惠帝朱允炆，明洪武十年至建文四年（西元一三七七年至西元一四〇二年），年號建文，朱元璋之孫，皇太子朱標的次子。生於洪武十年（西元一三七七年）十二月，洪武三十一年（西元一三九八年）登基。朱允炆為加強中央集權，接受齊泰、黃子澄建議進行「削藩」。燕王朱棣以「靖難之役」攻下南京，建文帝去向不明。清乾隆元年追諡「恭閔惠皇帝」。

奪門之變：一朝見天日

明英宗在位期間，寵信宦官王振，後在王振的鼓動下御駕親征，不幸在土木堡被瓦剌軍俘獲。留守北京的郕王朱祁鈺在于謙等人的支持下即位，是為景帝。一年後，英宗被瓦剌首領也先放回，景帝將其禁錮南宮。直至景泰八年（西元一四五七年）正月景帝病重，被禁錮了七年的英宗才被石亨等人解救，於奉天殿復位，景帝聞之則抑鬱而終。

經過明太祖、成祖兩代皇帝的苦心經營，明朝的國力日益強盛。宣德十年（西元一四三五年）明英宗即位，初期重用楊士奇、楊榮、楊溥三人，政治還算清明，但後來卻由宦官王振獨攬大權。

身陷土木堡

元朝滅亡後，蒙古的漠北勢力分裂成瓦剌和韃靼兩部。不久瓦剌歸附明朝，其首領脫歡受封順寧王。到英宗時，脫歡之子也先已統一了漠北蒙古，瓦剌勢力盛極一時。

爲騙取明朝物品，名義上稱臣的瓦剌經常以朝貢的方式來明朝索領賞賜。正統十四年（西元一四四九年），瓦剌派人向明朝貢馬，把派來的二千人謊報爲三千人。假相被戳穿後，仍蠻橫地要求按三千人領取賞賜。已在朝中獨攬大權的王振氣憤不已，直接拒絕了貢使的無理要求。

七月，早已對中原大地饞涎欲滴的也先藉口明朝「侮辱貢使」，出動

智化寺

北京智化寺原為司禮監太監王振的家廟，後敕賜名報恩智化寺，由此可見太監在明代的地位。

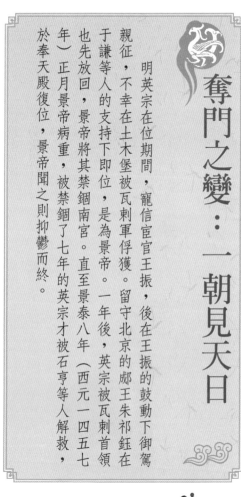

大軍進犯明朝。英宗聞之，立即召集朝臣商議禦敵之策。王振見建功立業的機會來了，就極力鼓動英宗御駕親征。

於是，英宗英宗攜王振率領五十萬大軍開赴大同前線，命郕王朱祁鈺留守北京。經過十多天的跋涉，明軍到達大同前線。此時，雙方的一場惡戰剛剛停息，滿山遍野都是戰死的明軍屍首，直看得英宗與王振心驚肉跳。王振看到英宗臉上流露的怯意，謊稱瓦剌軍見皇上御駕親征已被嚇回漠北，勸諫英宗退軍。英宗一聽，即刻詔令班師回朝。

王振的家鄉蔚州離大同很近，王振想藉機回家鄉，糊塗的英宗爽快地答應了，命令大軍繞行蔚州。不日，大軍行至懷來等候後面的輜重，在懷來城外的土木堡安營紮寨休息。

英宗剛在土木堡落腳，也先就得到密報，急令軍隊向土木堡前進。因而等英宗準備啓程繼續前行之時，才發現自己已被瓦剌軍團團圍住。土木堡是缺水少糧之地，明軍很快就陷入絕境。猶如困獸的明軍別無他法，只得向外突圍。見大勢已去的護衛將軍樊忠悲憤至極，一鐵錘砸爛了王振的腦袋。

明英宗像

明英宗朱祁鎮是宣宗的長子。正統十四年（西元一四四九年），北征瓦剌失敗，於土木堡被俘，其弟朱祁鈺繼位。次年明英宗被放還，景泰八年（西元一五五七年）復辟。明英宗前後在位共二十三年，年號正統、天順，廟號英宗。

儘管明軍全軍覆沒，但英宗卻奇跡般地活了下來，被也先擄至漠北。也先原本以爲可以挾持英宗做爲利器拿下中原，不想北京得到英宗被俘的消息，經歷一番混亂之後重歸平靜，留守北京的郕王朱祁鈺被擁立爲皇帝，是爲景帝。

十月，也先帶著英宗兵臨北京城下，于謙領二十萬大軍迎戰。幾番交手，也先沒有佔到便宜，就想用送還英宗之計誘殺于謙等人，于謙予以嚴詞拒絕。也先見戰局對自己愈來愈不利，就下令回撤。于謙得知消息領兵窮追猛打，也先被打得潰不成軍，倉皇逃回了塞外。

七載入囹圄

回到塞外，也先才意識到英宗是一塊燙手的山芋，留著沒用，殺又殺不得。也先索性把英宗送還北京。景泰元年（西元一四五〇年）八月，英宗回到闊別一年的北京，被心存芥蒂的景帝安排在南宮居住。

景帝爲了斷除英宗復位的念頭，令心腹把南宮封閉起來，只在大門上留一個小口用來遞送必需的生活用品。同時，景帝還在南宮外圍安置了錦衣衛，不間斷地監視英宗的一舉一動。就這樣，一位堂堂的太上皇開始了長達七年的囹圄生活。

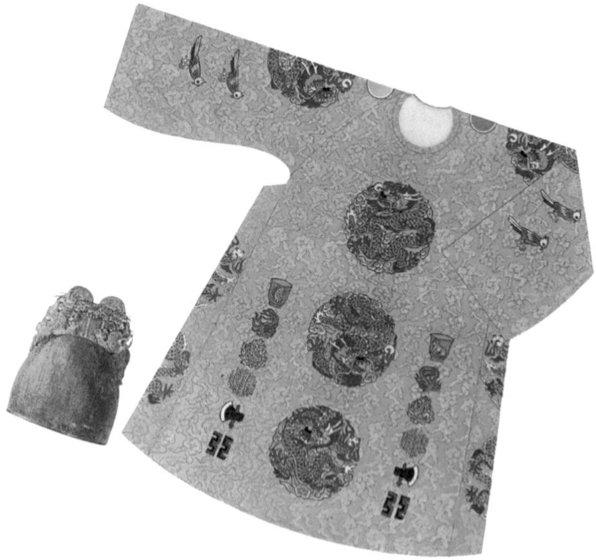
皇帝常服

其間，景帝又背棄當初即位時的承諾，把英宗的長子、太子朱見濬廢爲沂王，改立自己唯一的兒子朱見濟爲太子。但朱見濟被立爲太子後不到一年就死了。景帝再沒有兒子可立爲太子，但又不想讓朱見濬復太子位，儲君的位子就空了下來。

景泰八年（西元一四五七年）正月，景帝身患重疾一病不起，儲君問題成爲朝野關注的焦點。就在朝臣們議論紛紛之時，京師團營提督石亨、副都御史徐有貞、團營都督張軏、宦官頭目曹吉祥等人已悄悄地聚在一處，謀劃著設立儲君之事。

一朝見天日

正月十六日凌晨，石亨謊稱邊關傳來緊急軍情，以護衛京城爲名調集軍隊入城。石亨騙過守城衛士，領兵闖入皇宮，並把各個城門關閉。隨即，石亨等人來到南宮，試圖打開門鎖。但南宮的門鎖已銹蝕不堪，怎麼也打不開。情急之下，徐有貞命令軍士抬來一根粗壯的木頭撞門，撞了半天也沒有撞開。石亨等人眼看著天就亮了，便派幾名軍士翻牆而入，內外使力把宮牆砸開。

英宗早被驚醒，坐在屋內等石亨等人進來。英宗問：「你們是什麼人？」石亨等人趕忙跪地，齊呼萬歲：「請太上皇復位！」英宗一言不發，任由石亨等人攙扶著登上輦車，直奔奉先殿而去。輦車行至東華門，守門衛士欲上前阻攔，英宗在車內大聲說道：「我是太上皇！」守門衛士聞之趕忙放行。如此英宗兵不血刃進入奉天殿，並在久違的皇帝寶座上坐定，這時東方天空已泛出魚肚白。

石亨即令軍士大開各個宮門，鳴鐘擊鼓引朝臣們進殿。等眾朝臣像往常一樣魚貫進入奉天殿，不禁被眼前的一幕驚呆了。半晌，才有人反應過來：這不是被幽禁在南宮的太上皇嗎？只聽徐有貞站出來高喊一聲：「太上皇復位啦！」朝臣們立即跪倒高呼萬歲。見群臣驚愕，英宗安撫道：「大家各謀其事、各安其位！」

這時，還躺在病榻上的景帝，看見太監慌慌張張地闖進來：「太上皇復位了！」一下癱軟在床。英宗復位的消息對景帝的病情無異於雪上加霜，不出一個月，突然遭奪權的景帝就一命嗚呼了。英宗廢黜死去的景帝帝號，以親王之禮埋葬他，並稱其爲郕戾王，暗含終身爲惡、死不悔改之意。同時，英宗下令處決了一批擁立景帝的朝臣，于謙、王文等人因此慘遭毒手。

北京保衛戰油畫

喪鐘敲響：明末三大案

明朝萬曆後期，宮廷內發生了三起因「國本之爭」引發的大案：梃擊案、紅丸案、移宮案，總稱為明末三大案。其中最不能忽視的主角是鄭貴妃，她先為兒子朱常洵爭取儲君之位，失敗後又試圖掌控朝政，把明朝末年各派政治勢力的政爭推向高潮，同時也敲響了明朝覆亡的喪鐘。

梃擊案不了了之

明神宗即位初期，在內閣大學士張居正的輔佐下推行新政，出現了社會安定、經濟快速發展的昇平局面。十年後，張居正去世，神宗開始過著嗜酒貪色、恣意妄爲的深宮生活。

後宮佳麗中，最受神宗寵愛的莫過鄭恭妃。萬曆十四年（西元一五八六年）正月，鄭恭妃爲神宗生下三子朱常洵。神宗想立朱常洵爲太子。但又怕朝臣們反對，就決定先晉封鄭恭妃爲貴妃，以試探朝臣們的態度。不想，神宗的詔令剛一下達，就在朝臣當中掀起軒然大波。

根據明朝嫡長子繼承的祖制，立儲君是國家的頭等大事，被稱爲「國本」。神宗在沒有嫡子的情況下，應當立長子朱常洛爲太子。對神宗試圖破壞祖制的想法，朝臣們當然極力反

張居正爲皇帝編著的《帝鑒圖說》

萬曆怠政

萬曆皇帝的老師，萬曆第一任內閣首輔，萬曆新政的策劃與執行人張居正過世後，萬曆十四年（一五八六年）十一月明神宗開始沉緬於酒色之中。後因立太子之事與內閣爭執長達十餘年，最後索性三十年不出宮門，不理朝政，不郊、不廟、不朝、不見、不批、不講。

萬曆十七年（一五八九年）年，神宗不再出現，內閣出現了「人滯於官」、「曹署多空」的現象；以至於萬曆中期以後方入中樞的廷臣不知皇帝長相如何。國家重臣，雖然對政事憂心如焚，卻無計可施。首輔李廷機有病，連續上了一百二十次辭呈，都得不到消息，最後他不辭而去。

爲什麼萬曆皇帝多年不上朝，國家還能運轉？明朝是中國很特別的一個朝代，除了六部官員之外，明朝還有其特別的內閣制，由內閣成員輔佐朝政，奏摺事務都要先經過內閣之後才送至御前，這也導致明朝內閣首輔權利極大，因此產生著名的嚴嵩，張居正等權相。皇帝並不直接參與國內事務運營，完整的官吏體系有著自己的運作方式，只有特別重大的軍事民事外交事件才會眞正驚動皇帝。其次明朝有著最嚴厲的監察機構，錦衣衛，東西兩廠，官員雖有報喜不報憂的慣性，但各地各種信息還是能夠傳遞到皇帝處，使其能夠瞭解眞正的社會動向。

對。神宗無奈，漸漸斷了立朱常洵爲太子的念頭。

萬曆二十九年（西元一六〇一年），神宗將長子朱常洛立爲太子，同時封朱常洵爲福王。至此，這場持續時間長達十五年的國本之爭才告一段落。

即使朱常洛被立爲太子，頗感失落的鄭貴妃也不甘心，長時間不讓兒子朱常洵趕赴封地，試圖留在身邊以待時機。做了太子的朱常洛依舊備受神宗冷落，所居慈慶宮侍衛寥寥無幾，保衛措施也異常鬆弛。就是在這種背景下，發生了震驚朝野的梃擊大案。

萬曆四十三年（西元一六一五年）五月四日，門前冷落的慈慶宮突然闖進一個手持木棍的大漢，先是上前把守護宮門的太監李鑒打昏，然後直奔朱常洛寢宮。所幸太子內侍韓本用聽聞李鑒慘叫聲及時趕到，與隨行的六、七個太監一擁而上，才將大漢制服。隨後，大漢被送至大牢。

神宗聽聞慈慶宮發生的凶險之事，大爲震驚，即派皇城御史劉廷元審理罪犯。經歷一波三折的審訊，案情有了眉目。原來這手持木棍的大漢叫張差，他招供說：他的同鄉馬三道、李守才常給皇宮送炭，一天這兩人讓他跟著一個叫龐保的太監進宮，並許諾事成之後給他賞賜。進城後他被帶到一處大宅院，有個叫劉成的太監給他指出慈慶宮，說：「你手持木棍進去打人，見一個打一個，如果能打死裡面穿戴不凡的小爺，你的後半輩子就能盡享榮華富貴；而且，即使出了事也會有人搭救你。」如此，他才幹出進宮打人的事。

張差所說的龐保和劉成，都是鄭貴妃宮中的太監。神宗一聽事情涉及鄭貴妃，謀害的又是自己的兒子，就命令鄭貴妃親自去見太子朱常洛，以防止事態進一步擴大。隨後，神宗親自下詔把張差處死，牽扯其中的馬三道、李守才被流放邊遠煙瘴之地，太監龐保、劉成則被活活打死於內廷。

至此，梃擊大案的審查戛然而止，成爲人們心中無法釐清的謎團。

紅丸案撲朔迷離

萬曆四十八年（西元一六二〇年）七月，神宗去世，久居東宮的太子朱常洛即位，是爲光宗。失去靠山的鄭貴妃一下子變得惶惶不可終日，擔憂自己遭受報復。於是，鄭貴妃煞費苦心，一邊拉攏光宗寵幸的李選侍，一邊向光宗進獻美女，極力討好光宗。

明・緙絲十二章袞服

不出半個月，身體消受不了的光宗就像變了個人，躺在床上動彈不得。經過太醫診治，光宗才勉強拖著病身子上朝，朝臣們看到光宗容顏憔悴，無不憂心忡忡。

鄭貴妃見光宗如此的弱不禁風，就叫來了原來在她宮中當差、現在已是司禮監秉筆兼掌御藥房的太監崔文升。兩人一番密謀之後，崔文升面見光宗，並進獻了通利藥（其實就是大黃）。光宗服下後病情更加嚴重，一晚上連洩三十多次。給事中楊漣得知後，怒罵崔文升：「賊臣不懂醫術卻胡亂給皇上吃藥，分明是想謀害皇上！」其他朝臣也對崔文升的行爲不滿，紛紛站出來譴責。光宗見朝野動盪，召見首輔方從哲等重臣，說自己會用心調養、愛惜身體，同時下詔把崔文升驅逐出宮。

鄭貴妃又找來首輔方從哲，讓他向光宗推薦其心腹、鴻臚寺丞李可

明．平番得勝圖

這是一幅描繪明萬曆三年（西元一五七五年）平定西北的歷史畫卷。

灼。八月二十九日中午，方從哲覲見已病入膏肓的光宗，提及鴻臚寺丞李可灼，光宗一聽馬上就問李可灼在哪兒。李可灼來後，爲光宗診治了一番，然後掏出自己煉製的紅丸讓光宗服下。才過了半會工夫，光宗就覺得身體舒服了許多。傍晚，李可灼又讓光宗吃了一顆紅丸，說是穩定病情。隨後，李可灼藉口離開寢宮。次日凌晨，寢宮中傳出噩耗：光

紅丸（仙丹）探祕

古代的許多帝王都抱著長生不老的幻想，這就給了方士以所謂的「仙術」行騙的溫床。他們常常以煉製紅丸（仙丹）供帝王服用，妄言能達到長生不老的效果，結果無疑是癡人做夢。

方士煉製仙丹的主要原料是硃砂，化學名為硫化汞，少量服用能起到鎮心安神、瀉火養心的作用，但長期服用就會致人癡呆、甚至死亡。

後來，方士們為增加神祕感，還在煉丹時加入婦人經水、人乳、秋石等物。最終，追求長生不老的帝王們不僅沒有長命，還過早地離開了人世。

宗死了！

朝臣們聞之，憤然要求朝廷將李可灼抓進大牢。誰料首輔方從哲在草擬的遺詔中竟然還賞賜李可灼白銀五十兩，消息傳出人們無不痛斥，方從哲趕忙又把賞賜一節去除。不日，太子朱由校即位，是爲熹宗。熹宗按著朝臣們的意見，將太監崔文升發遣南京，鴻臚寺丞李可灼流放邊遠之地。

移宮案引發新爭

光宗彌留之際，把朝臣召入寢宮安排後事。光宗一再囑咐朝臣要立李選侍做貴妃，誰知李選侍貪得無厭，叫自己的兒子朱由校闖進寢宮對光宗直言：「要把我母親封爲皇后！」朝臣們聞之不禁一怔，光宗也臉色大變不發一語。朱由校見氣氛不對，才悻悻而退。

光宗的死訊傳出，朝臣們紛紛聚到乾清宮。不想同居乾清宮的李選侍卻蠻橫地讓內監關閉宮門。經過給事中楊漣等人據理力爭，朝臣們才得以進宮。隨後，朝臣們要擁立光宗長子朱由校即皇帝位，卻怎麼也找不到朱由校。原來朱由校是被權欲熏心的李選侍藏了起來，李選侍試圖以挾制朱由校達到垂簾聽政、掌控朝政大權之目的。楊漣氣憤地說：「怎能讓婦人得逞！」王安主動去見李選侍，說明了外面的情勢，李選侍無奈地放出了侍在她房內的朱由校。但朱由校剛邁出房門，李選侍就後悔了，要王安把朱由校留下。王安哪裡肯聽，擁著朱由校往外就走，朝臣們見情況緊急，立即上前護住朱由校上了輦車。

朱由校暫且安頓在慈慶宮，眼看著要舉行登基大典，總不能讓未來的皇帝住在慈慶宮。加上朝臣們早已對李選侍的蠻橫作爲不滿，紛紛要求她搬出乾清宮。大臣左光斗在上疏中這樣說：乾清宮是皇帝專用的宮殿，行將即位的新帝也已成年，不需要哺乳，因此李選侍沒有繼續住下去的理由。如果她執意不走，恐怕是要做大明的武則天。爲此，尚書周嘉謨赴乾清宮請李選侍移宮。李選侍見朝臣們態度堅決，就想叫朱由校來壓制朝臣。結果李選侍派出的太監走到

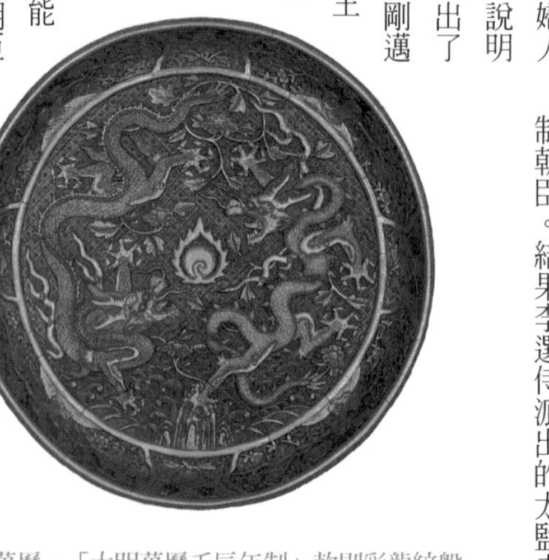

明萬曆．「大明萬曆壬辰年制」款剔彩龍紋盤

魏忠賢的發跡與敗亡

魏忠賢，河間肅寧（今河北肅寧縣）人，是中國歷史上臭名昭著的宦官。

魏忠賢自小目不識丁，好騎射、鬥毆、賭博，被人們看做無惡不作的市井無賴。有一次，魏忠賢因賭博欠債受辱，一氣之下閹割了自己，入宮做了太監。泰昌元年（西元一六二〇年）熹宗即位，魏忠賢藉著靠近熹宗的機會，費盡心機地把熹宗引向聲色犬馬的生活，漸漸取得熹宗信任。

魏忠賢發現，熹宗特別喜歡做木工，而且做起來全神貫注。這時如果有人來打擾，熹宗總會不耐煩地推開。於是魏忠賢常常找熹宗做木工的時間奏事，熹宗不想聽就一股腦推給魏忠賢處理。時間不長，朝臣們皆知許多事情都是魏忠賢替皇上拿主意。善於投機鑽營之人紛紛投到魏忠賢門下，魏忠賢也藉此在朝中培植親信、翦除異己，很快就形成不可一世的閹黨勢力。

天啓六年（西元一六二六年），浙江巡撫潘汝楨爲逢迎魏忠賢，竟異想天開地要爲魏忠賢修生祠，結果弄得百姓傾家蕩產、怨聲載道。天啓七年（西元一六二七年），熹宗去世，信王朱由檢即位，是爲思宗。被壓抑已久的正義朝臣立即上書彈劾魏忠賢，思宗准奏貶謫魏忠賢去鳳陽祖陵司香。不日，思宗又下令抓捕魏忠賢，走到半路的魏忠賢得知詔令，驚懼之中找了一棵樹上吊自殺了。

麟趾門就被楊漣擋住了，楊漣怒斥太監：「小小的選侍，有什麼資格召見太子！」

隨即，楊漣和劉一燝帶領群臣面見朱由校，要求朱由校下諭旨令李選侍移宮。不想首輔方從哲嘟囔了一句：「遲搬早搬有什麼大不了的！」楊漣一聽急了，大聲說道：「太子馬上就要登基做皇帝，哪有皇帝住在太子宮，反讓一個選侍住在正宮的道理！就是兩宮聖母在世，也得夫死從子，何況她一個不入流的選侍，怎能如此欺侮皇帝！如果今天李選侍還不搬出乾清宮，我們就不離開半步！」其他朝臣聞之，紛紛大聲附和。朱由校遂下定決心，命令李選侍即刻移宮。李選侍見到朱由校諭旨，只得騰出乾清宮，搬到噦鸞宮居住。

李選侍之所以能在移宮大案中表現強硬，全憑身後的小宦官魏忠賢出主意。後來，魏忠賢得到熹宗寵信。爲把持朝政、陷害忠臣良將，魏忠賢於天啓五年（西元一六二五年）肆意歪曲三大案事實，並編成《三朝要典》，爲楊漣、左光斗等人羅織罪名。最終，熹宗聽信魏忠賢讒言，將楊漣、左光斗等人殺害，意圖專權的李選侍則被晉封爲康妃。此後，魏忠賢閹黨愈加的不可一世，將明朝帶入了政治最黑暗的歷史時期。

祺祥政變　慈禧得勢

清咸豐帝去世前，為防止後宮干政，任命肅順等八人為贊襄政務王大臣，總攝朝政。不想咸豐帝一死，慈禧就暗通恭親王奕訢，發動政變將八大臣或殺或逐。從此，慈禧開始了對中國近半個世紀的統治，直至清朝覆亡的前夜。

苦心上演託孤戲

咸豐十年（西元一八六〇年），英法聯軍進犯北京。咸豐帝倉皇逃往熱河（今河北承德），諭令六弟恭親王奕訢留守北京與英法兩國議和。一年後，咸豐帝在熱河病危，由此拉開了一場驚心動魄的皇權之爭，劍拔弩張的兩派分別是懿貴妃和肅順。

懿貴妃，葉赫那拉氏惠征之女，滿洲鑲藍旗人，起初只被咸豐帝封爲懿貴人，後來生下了皇子載淳，受封懿貴妃。肅順，愛新覺羅宗室貴族，滿洲鑲藍旗人，歷任御前大臣、總管內務府大臣、戶部尚書、協辦大學士等職，與其兄鄭親王端華及怡親王載垣相互倚重，是咸豐朝權傾一時的人物。

咸豐臨死前，諭令太監：速召肅順、載垣、端華、景壽、穆蔭、匡源、杜翰、焦佑瀛進殿！片刻之後，肅順等人匆匆忙忙地趕來。只見咸豐帝雙眼微閉，臉上流露出無限的憂慮：他知道自己行將入土，但還有許多事讓他放心不下：皇子載淳尚且年幼，即位後必定無法親政；皇后又是個沒主見之人，難以託付；懿貴妃野心十足，難保她不起干政之心；六弟奕訢則與他人心隔肚皮，實難取信……思前想後，咸豐帝決心把皇子載淳託付於肅順等八大臣，避免日後出現懿貴妃干政的局面。

聽完咸豐帝宣布任命他們爲「贊襄政務王大臣」（八大臣），肅順等人立即惶惶然回奏：「皇上把這麼重的擔子交付給我們，我們本當赴湯蹈火、萬死不辭，但朝中文武大臣眾多，沒有皇上的御筆親書，我們回去恐難以服眾。」咸豐帝一聽也是，就命人拿來筆墨，可是他的手已無縛雞之力，哪能拿得起筆？只好讓軍機大臣穆蔭代爲擬旨：立載淳爲皇太子；肅順等八大臣盡心輔弼，贊襄一切政務。就在八大臣要退下之時，咸豐帝心頭閃過一道陰影，立即叫住了他們。八大臣心裡一驚，趕忙又跪地聽旨。咸豐帝說道：「我有兩顆印章，一顆爲『御賞』在皇后那裡，一顆爲『同道堂』在懿貴妃那裡，以後下詔，須同時加蓋這兩顆印章。」肅順一聽，心馬上涼了半截，皇上分明是想以后妃來節制他們。

百試不爽「苦肉計」

七月十七日，咸豐帝去世。躊躇滿志的八大臣準備發詔，不想懿貴妃拒絕在詔書上加蓋「同道堂」印章，同時將了八大臣一軍：對外發布的詔令，必須待兩宮覽過才可蓋章。進退兩難的肅順知道前途凶險，但又不能僵在這裡，索性暫時依順她，日後再作打算。爲麻痺懿貴妃，八大臣擬詔尊皇后爲慈安太后、尊懿貴妃爲慈禧太后，懿貴妃才爽快地在詔書上加蓋印章。

肅順自以爲運籌帷幄，卻想不到慈禧比他們動作更快。慈禧暗地裡鼓動山東道監察御史董元醇上奏，請兩宮皇太后垂簾聽政。八大臣聽後以「本朝無垂簾聽政故事」爲由嚴加駁斥，並擬旨要嚴辦董元醇。慈禧不願意在詔書上蓋章，八大臣就聲稱要罷朝。

慈禧知道自己力量單薄，就做了讓步。同時，慈禧在朝中尋覓靠山，試圖剷除八大臣以專朝政，多番斟酌之後還是覺得恭親王奕訢可用。在咸豐帝離開京師的這一年時間，全憑奕訢與西方列強周旋，《北京條約》的簽訂無疑也會讓奕訢討得西方列強的歡心。但奕訢也遭到肅順的嚴加防範，三番五次嚴令奕訢不准來熱河奔喪。

爲了及時聯絡奕訢，慈禧設計將安德海以押送內務府的名義送回了京師。是夜，安德海懷揣慈禧的懿旨溜進了恭王府，並一五一十地向恭親王奕訢訴說了熱河的情況。奕訢聽聞之後，緊急聯絡了各國駐華使節，爭取

清代．皇后寶座

到他們對政變的支持。同時，奕訢又密會了在京津一帶手握重兵的兵部侍郎勝保。

殺肅順慈禧得勢

安頓好一切，奕訢立即動身趕赴熱河。事先毫不知情的八大臣看到奕訢，簡直不敢相信自己的眼睛。奕訢一臉憨厚地說自己是奉了兩宮太后懿旨前來奔喪，八大臣只能無奈地點頭稱是。哭祭完咸豐帝，奕訢要去見兩宮太后，一直跟在後面的肅順怕他們串通謀變，就以叔嫂避嫌的理由阻止。慈禧知肅順又在作梗，就鼓動慈安太后出面解圍。終於，奕訢見到了兩宮太后。慈禧見機不可失，立即與奕訢商議剷除八大臣之法。奕訢從容地說了一句：「只要離開熱河，凡事都好解決！」

不日，奕訢離開熱河返回京師。奕訢馬不停蹄地奔走在各個重臣之間，取得戶部尚書、內閣大學士、蒙古親王等人的支持。隨即，奕訢讓兵部侍郎勝保在密雲一帶布上重兵，枕戈待旦。

留在熱河的慈禧等人先藉「以減其勞」的幌子解除贊襄政務王大臣載

慈禧太后像

垣的禁衛軍兵權，然後以爲咸豐帝舉行國葬、扶新皇帝登基爲由催促八大臣回京。原想賴在熱河布局的肅順沒有理由推託，只好決定在九月二十日啓程。出發前，慈禧有意把端華、載垣等人與老謀深算的肅順分開，命肅順護送咸豐帝靈柩。這樣，慈禧與慈安攜帶皇子載淳以及端華、載垣等人輕車快馬走在前面，肅順等人在後守護咸豐帝靈柩緩慢而行，使肅順就看不見前面的隊伍。

先行一步趕回京師的慈禧，一看到迎接的文武百官，就一把鼻涕一把淚地訴說肅順等人在熱河的無法無天，文武百官早已厭惡平日就專橫跋扈的肅順，紛紛要求治其重罪。慈禧立即詔令奕訢奉旨解除八大臣的職務，並緝拿一同回京的端華、載垣等人。隨之，慈禧又公布了八大臣的罪行，詔令抓捕肅順。

此時，肅順一行才走到密雲。當晚在行館歇息之時，肅順突然被外面的嘈雜聲驚醒，原來整個行館已被包圍。至此，咸豐帝託付的八位贊襄政務王大臣，全成了慈禧的階下囚。

慈禧將其中的五人革職並流放新疆，載垣、端華被賜死，肅順被押赴刑場斬立決。處理完八大臣，慈禧將兒子載淳扶上皇位，決定次年起使用「同治」年號，八大臣擬定的「祺祥」年號理所當然地被廢棄。同時，慈禧也開始了在養心殿垂簾聽政的生活。這種狀況一直持續了近半個世紀，直至清朝覆亡的前夜。

失去庇佑的安德海

祺祥政變中，安德海不算一個重要人物，但他甘受皮肉之苦、替主子慈禧回京聯絡恭親王奕訢，足以說明慈禧對他的信任程度。後來，安德海跟著慈禧飛揚跋扈起來，遭到許多人的痛恨。

同治八年（西元一八六九年），同治帝大婚在即，安德海就主動請纓到江南置辦龍袍，慈禧不顧「內監有不奉旨出京者斬」的祖制，悄悄放他出了京城。安德海一出京城就到處招搖，沿途的地方官見了，爭相逢迎巴結。轉眼到了山東地界，巡撫丁寶楨得知後，立即把安德海在路上的惡行惡狀寫成密信呈送恭親王奕訢。

奕訢早就想除掉安德海，以內務府名義下了一道密令：嚴加緝拿，就地正法！丁寶楨接獲密令，立即把安德海抓了起來。等慈禧得知，安德海早已人頭落地。

光桿皇帝的變法夢

光緒二十四年（西元一八九八年），光緒頒布《定國是詔》推行變法，很快就遭到以慈禧為首的保守派反撲。譚嗣同意圖借助袁世凱解救光緒，不想被袁世凱出賣。慈禧得知後，悍然下旨囚禁光緒，並瘋狂抓捕推動變法之人。最終，變法以譚嗣同等戊戌六君子血染刑場而悲壯收場。

光緒二十年（西元一八九四年），中日甲午戰爭清政府慘敗。次年，日本威逼清政府簽訂《馬關條約》。這時，各地舉人正在北京趕考，聽說《馬關條約》就要簽訂紛紛表達憤怒。康有爲藉此機會發動一千三百多名舉人聯名上書光緒，要求拒簽和約、變法圖強，以挽救國家民族之命運。

維新變法

康有爲倡導的聯名上書，雖然未能阻止《馬關條約》的簽訂，但卻給危難中的國人以警示，同時也引起光緒的老師翁同龢的注意，翁同龢多次私下會見康有爲商討變法事宜。在翁同龢的介紹下，光緒開始接觸有關日本明治維新、倡導國內變法的書籍。漸漸地，光緒心中的民族情感被激發出來，他也想讓中國像日本那樣通過變法走上富強之路。

光緒載湉是醇親王的兒子，慈禧的外甥、內侄，登基時年僅五歲。光緒十九歲時，慈禧「歸政」，但實權仍在慈禧手中，光緒徒有皇帝的虛名。如今光緒想要推行變法，自然得獲取慈禧的首肯。於是，躊躇滿志的光緒就去頤和園面見慈禧，說明了自己的想法，慈禧半天沒有吭聲。光緒沉不住氣，又追問了一句，慈禧才慢吞吞地說道：「你也長大了，該有自己的主見，只是做事不要壞了祖宗的規矩！」

光緒二十四年（西元一八九八年）四月，光緒任命康有爲爲總理衙門京章上行走，作爲變法的智囊。同時，光緒啓用了譚嗣同、林旭、劉光第、楊銳等人作爲變法的中堅力量。二十三日，光緒對外頒布了《定國是詔》，踏上變法圖強的不歸路。光緒推行變法的主要措施有：設立農工商、路礦總局，倡導發展實業，改革財政；廢八股，開辦新式教育，設立京師大學堂，外派公費留學生；裁撤綠營，編練新軍，創辦海軍；裁汰冗員，廢除旗人特權，廣開言路准許士民上書。根據康有為的建議，光緒對維新變法設定的最終目標是實行君主立憲政治體制。

袁世凱告密

維新變法表面上熱熱鬧鬧，但政令一到地方就如泥牛入海，沒有幾個官員踏踏實實地去施行。因為把守地方權柄的大都是守舊官僚，支持變法就會觸動其手中的特權。而且，他們注意到，從《定國是詔》頒布的那一天起，慈禧就沒有露面，也沒有對變法做任何表態，顯然她也不支持變法。

果然，變法施行僅五天，慈禧先是找藉口逼迫光緒將他的老師、協辦大學士翁同龢革職並趕其回籍；同時規定凡是新封的二品以上官員，都必須到她那裡謝恩；隨之又強令光緒任命榮祿為直隸總督兼北洋大臣。慈禧的三道旨意可謂切中要害，不僅大大削弱了推行變法的力量，還掌控了重要官員的任命權以及京津地區的軍權。

然後，慈禧把榮祿找來密謀：九月初光緒與她到天津閱兵時，發動政變廢黜光緒。消息不脛而走，傳遍了整個京城。光緒聞之心急如焚，多次與維新派骨幹分子商議對策，但他們既無實權也無兵權，只能倚重其他的軍事力量與強大的守舊勢力抗衡。經過全力搜尋，發現早年在天津小站編練新軍的袁世凱可堪重用。

直隸按察使袁世凱雖是榮祿的部將，但他此前加入強學會有支持變法的言論，而且他的部隊就駐紮在天津

中日雙方簽訂《馬關條約》的繪畫

大清銀幣

附近。光緒聽從維新派的建議，在八月一日、二日接連召見袁世凱。一番推心置腹的交談之後，光緒升任袁世凱爲候補侍郎，讓他專辦練兵事宜。袁世凱表現得受寵若驚，並向光緒表達了爲保護變法赴湯蹈火的決心。

慈禧在內廷安插的耳目，立即把消息送到頤和園。慈禧聞之命榮祿調兵遣將，布防於北京到天津的路上，嚴防袁世凱調動軍隊。同時，榮祿將重兵駐紮在京城郊外，加強京城的防衛能力。光緒身邊也突然來了許多陌生的太監，監視著他的一舉一動。光緒十分焦灼，託林旭給康有爲等人帶去密詔，說他將要大禍臨頭，請康有爲等人盡快離京。

康有爲等人接詔後立即聚在一起商量對策，但面對勢力強勁的慈禧和榮祿，每個人都束手無策。最後譚嗣同站了起來，說道：「我們不能眼睜睜地看著皇上身陷囹圄，更不能眼睜睜地看著變法失敗，我去找袁世凱讓他派兵解救皇上！」

八月二日晚，譚嗣同獨自來到法華寺面見袁世凱。譚嗣同開門見山，對袁世凱說：「現在只有你能救皇上，如果你願意，就請全力以赴！如果你貪圖富貴，就把我殺了去慈禧那裡領賞！」袁世凱表現的一臉正色：「你把我袁某當做什麼人！皇上是我們的聖主，救皇上是你我共同的責任！」譚嗣同被袁世凱的正氣感染，請他出動新軍先殺榮祿，再領兵來京包圍頤和園解救光緒。末了，譚嗣同還囑咐袁世凱小心榮祿的奸詐，袁世凱慷慨激昂地說：「殺榮祿如同殺一條狗！」八月五日，袁世凱再次向光緒表態支持變法，然後乘火車趕回天津。然而，袁世凱一到天津，就拋棄了光緒去向榮祿告密。

光緒遭囚

送走了袁世凱，榮祿連夜將光緒意圖利用袁世凱發動政變的消息報告了慈禧。慈禧聽後氣急敗壞，帶著大批人馬從頤和園趕回紫禁城。慈禧突然回宮，光緒嚇得臉色大變。這時，慈禧已闖進了光緒寢宮，惡狠狠地指著光緒的鼻子斥罵，然後命人把光緒送往南海瀛台。

第二天，光緒就在慈禧的威逼下發了一道詔書：皇上生病，不能料理朝政，請太后臨朝聽政。同時，慈禧下令抓捕推動維新變法的所有官員，並廢除光緒頒行的變法詔令（僅保留了京師大學堂等少數幾項）。

此前，康有為已離開京師，乘船逃往香港，沒有被抓住；梁啓超聞風躲到日本使館，後喬裝逃往日本，亦沒有被抓。其他推動變法的人大都被抓了起來，其間譚嗣同還在四處活動、以圖解救光緒。有人就勸他趕快逃跑，譚嗣同凜然說道：「各國變法，無不流血而成；今中國未聞有因變法而流血者，此國之所以不昌也。有之，請自嗣同始！」不日，譚嗣同被抓了，在獄中留下「我自橫刀向天笑，去留肝膽兩崑崙」之豪言。

八月十三日，譚嗣同、康廣仁、林旭、楊深秀、楊銳、劉光第六人被押至宣武門外菜市口刑場。面對劊子手舉起的屠刀，譚嗣同毫不懼色，昂首挺胸大呼道：「有心殺賊，無力回天！死得其所，快哉快哉！」

隨著六君子的頭顱落地，維新派的變法圖強之夢徹底破滅。光緒也成了一個徹頭徹尾的囚徒皇帝，除去被慈禧挾逃西安的歲月，直至去世也沒能離開瀛台半步。

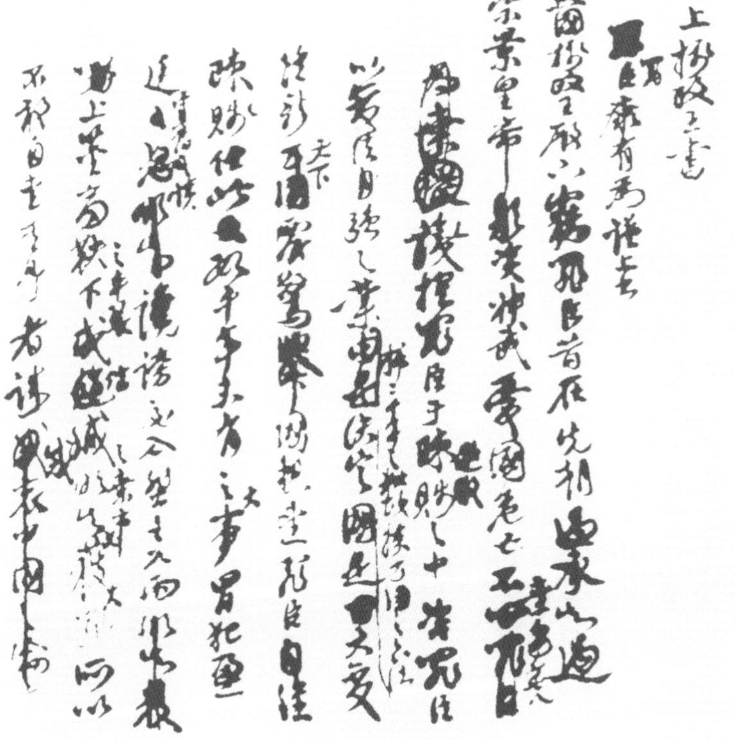

清・康有為上攝政王書

國家圖書館出版品預行編目 (CIP) 資料

宮廷政變 / 童超主編 . -- 第一版 . -- 新北市 : 風格司藝術創作坊出版 : 知書房出版發行 , 2021.03
面 ; 公分 . -- (圖說天下) (中國大歷史)
ISBN 978-986-5493-10-3(平裝)

1. 中國史

610.4　　110003305

宮廷政變

主　　編：童　超
責任編輯：苗　龍
發　　行：知書房出版
出　　版：風格司藝術創作坊
地　　址：235 新北市中和區連勝街 28 號 1 樓
Tel：(02) 8245-8890
總 經 銷：紅螞蟻圖書有限公司
Tel: (02) 2795-3656　Fax: (02) 2795-4100
地　　址：台北市內湖區舊宗路二段 121 巷 19 號
http://www.e-redant.com
版　　次：2021 年 8 月初版　第一版第一刷
訂　　價：320 元

ISBN　978-986-5493-10-3　　Printed in Taiwan